Claudia Praxmayer

Spuren aus Eis

D1917884

Über dieses Buch:

Für eine Umweltschutzorganisation soll Lea im kirgisischen Hochgebirge eine Dokumentation drehen. Doch der spannende Auftrag entpuppt sich schnell als Höllentrip: Durch Zufall filmt sie Politiker, die mit dem Abschuss eines Schneeleoparden einen skrupellosen Deal besiegeln – Augenzeugen unerwünscht! Um sich selbst und die brisanten Aufnahmen zu retten, muss Lea das Land so schnell wie möglich verlassen. Aber in der Hauptstadt warten bereits der kirgisische Geheimdienst und ein zu allem entschlossener Auftragskiller auf sie. Eine atemlose Flucht beginnt …

Über die Autorin:

Claudia Praxmayer ist gebürtige Salzburgerin und hat Biologie studiert. Sie arbeitet in München als selbstständige PR-Beraterin und Autorin mit dem Schwerpunkt Medizin und Naturwissenschaft. Als aktives Mitglied des NABU Deutschland engagiert sie sich seit vielen Jahren ehrenamtlich im Bereich Artenschutz und setzt sich für bedrohte Tierarten ein.

Claudia Praxmayer

Spuren aus Eis

Thriller

Genehmigte Lizenzausgabe 2018
der Buchvertrieb Blank GmbH, Vierkirchen
Copyright © 2016 dotbooks GmbH, München
Umschlaggestaltung: HildenDesign, München (www.HildenDesign.de),
unter Verwendung von Bildmotiven von Shutterstock.com/CS Stock und
Shutterstock.com/Oleksandr Mazur.
Gesamtherstellung: GGP Media GmbH, Pößneck
Printed in the EU
ISBN 978-3-94601-284-9

Kapitel 1

»Kirgistan?«

Lea Winter sah ihre Chefin entgeistert an. Dagmar Elbmeier, die Geschäftsführerin der *Wildlife Protection Society*, lehnte sich in ihrem Stuhl zurück und zuckte mit den Schultern.

»Bodo kann nicht. Also bleibst nur du.«

»Ich betreue das Gorilla-Projekt, schon vergessen? Kirgistan und die Schneeleoparden sind nicht meine Baustelle.«

Dagmar Elbmeiers Mund umspielte ein Lächeln.

»Jetzt schon. Ein Fernsehteam aus München landet in vier Tagen in Bischkek. Ich brauche jemanden vor Ort.«

»Und wie stellst du dir das vor?«

»Ganz einfach. Du fliegst da hin, nimmst die Fernsehleute in Empfang und fährst mit ihnen rauf in die Berge. Dort filmt ihr, wie Oleg einem Schneeleoparden einen Sender anlegt, du redest über die bedrohten Katzen, und fertig. Alles schon organisiert und dauert nicht länger als eine Woche.«

Typisch Dagmar. Wenn sie ein Ziel vor Augen hatte, steuerte sie darauf zu wie ein Cruise-Missile.

»Und außerdem«, fügte die Geschäftsführerin hinzu, »ist das nach deiner Kongo-Geschichte der reinste Urlaub. Keine Rebellen, keine Unruhen, alles unkompliziert.«

Ein sarkastisches Lachen war alles, was Lea für diese Bemerkung übrig hatte. Sie war vor einigen Monaten in den Kongo gereist, weil Rebellen drei Gorillas abgeschlachtet und einen ihrer Ranger ermordet hatten. Ihr Gorilla-Projekt lag gefährlich nahe an einer der illegalen Coltan-Minen. Dass es die Coltan-Mafia aber auch auf sie abgesehen haben könnte – darauf wäre sie im Traum nicht gekommen. Bis sie entführt worden und in einem Rebellen-Camp gelandet war. Wäre Ian McAllister von Interpol, den sie kurz vor ihrer Kongo-Reise bei einem Vortrag kennengelernt hatte, nicht gewesen, wäre sie aus dieser Aktion vermutlich nicht heil herausgekommen. Nach ihrer Rückkehr nach Deutschland – mehr tot als lebendig – war sie noch wochenlang von quälenden Albträumen heimgesucht worden.

Damit war ihr Abenteuerdurst für die nächsten Jahre definitiv gestillt. Sie würde bestimmt nicht nach Kirgistan reisen. Gleichgültig, welche Argumente Dagmar aus dem Ärmel zog.

»Wir sind eine kleine Organisation, da muss eben jeder mit anpacken, wenn Not am Mann ist«, fügte ihre Chefin in versöhnlichem Ton hinzu und knipste ein mütterliches Lächeln an.

»Denk an die Schneeleoparden. Wir sind angetreten, um sie vor dem Aussterben …«

»Schon gut, schon gut. Hör auf damit!«

Es machte sie wütend, wenn Dagmar die Verantwortungs-Keule auspackte. Lea wusste selbst, in welch rasender Geschwindigkeit Tierarten von der Erdoberfläche verschwanden. Würde sie sonst für einen Hungerlohn in einer Naturschutz-Organisation arbeiten? Da musste sich Dagmar schon etwas Besseres einfallen lassen.

»Es interessiert dich vielleicht, zu hören, dass Manni Fuchs dabei ist.«

Raffiniertes Biest, schoss es Lea durch den Kopf. Ausgerechnet Manni Fuchs. Die Ikone der deutschen Tierfilmer-Szene, Preisträger beim *Wildscreen-Film-Festival.* »*Der* Manni Fuchs?«

»Ihr kennt euch, oder?«

»Leider nur vom Telefon.«

Sie dachte an den Beitrag, den Manni Fuchs über ihr Gorilla-Projekt im Kongo hatte machen wollen. Der Sender hatte den Dreh in letzter Minute gekippt.

»Also, was ist? Machst du's?«, drängte ihre Chefin.

»Gib mir ein paar Stunden zum Nachdenken.«

»Klar. Hier hast du schon mal einige Unterlagen, den Rest findest du auf dem Server. Bodo kommt später ins Büro und wird dich briefen, Irene kümmert sich um deine Flüge.«

Dagmar schob eine Mappe über den Tisch. Lea war zu perplex, um etwas zu erwidern.

***

Wenig später warf Lea die Wohnungstür hinter sich ins Schloss und pfefferte ihre Tasche in die Ecke. Sie ging ins Wohnzimmer, fuhr das Laptop hoch und holte sich ein Glas Rotwein aus der Küche. Sie überlegte kurz, sich die Lippen nachzuziehen, entschloss sich aber dagegen und machte es sich vor dem Bildschirm bequem. Ein Blick auf ihre Skype-Liste sagte ihr, dass Ian McAllister online war. Bei *Interpol* in London wurde also noch gearbeitet. Sie zögerte einen Moment, dann klickte sie auf seinen Namen. Das Video-Fenster ging auf, und Ian lächelte ihr entgegen.

»Hallo, meine Schöne! Heute schon so früh auf Sendung?«

McAllisters Stimme klang leicht verzerrt. Lea musste grinsen.

»Du klingst wie Frankenstein.«

»Du rufst also an, um mir Komplimente zu machen?«

Er zwinkerte ihr in Zeitlupe über den Äther zu. Leas Gesicht verfinsterte sich.

»Ich habe leider schlechte Nachrichten. Unser Wochenende fällt ins Wasser.«

McAllister brachte sein Gesicht näher an die Kamera. Lea konnte die steile Falte sehen, die sich über seiner Nasenwurzel gebildet hatte.

»Was ist los?«, fragte seine elektronisch verzerrte Stimme.

»Ich muss nach Kirgistan.«

»Nach Kirgistan?«

Lea musste ihre ganze Beherrschung aufbieten, um nicht loszuheulen. Sie hatte sich sehr auf das Wochenende mit ihm in London gefreut. Ihr zweites. Sie wollte ihn endlich wieder spüren, riechen, schmecken. Skypen war gut, live war deutlich besser. Als die Geschichte mit Ian vor zwei Monaten ins Rollen gekommen war, hatte sie sich keine Vorstellung davon gemacht, wie unerträglich weit sich 1.000 Kilometer an manchen Tagen anfühlen konnten.

»Ich muss für Bodo einspringen und ein Kamerateam begleiten.«

»Bist du sicher, dass du schon so weit bist?«

Leas Herzschlag beschleunigte sich. Nein, sie war sich nicht sicher. Aber das würde sie vor ihm nicht zugeben.

»Klar. Jetzt, da ich einen Selbstverteidigungskurs hinter mir habe. Was soll da groß passieren?«

Er fixierte sie mit seinen Wolfsaugen. Sie wusste, dass er ihre Schauspielerei bemerkte.

»Also gut, wenn du meinst. Dann müssen wir wohl ein anderes Wochenende finden, an dem ich über dich herfallen kann.«

Lea öffnete langsam die oberen zwei Knöpfe ihrer Bluse und beugte sich leicht nach vorne.

»Unbedingt«, hauchte sie ins Mikro und lächelte.

***

Zwei Stunden später lag Lea im Bett und konnte sich nicht auf den Text konzentrieren. Die Buchstaben trieben über die Seite wie Möwen auf unruhiger See. Mit einem Ruck setzte sie sich auf und stopfte sich ein Kissen in den Rücken. Es war schon spät, aber sie wollte den Hintergrundbericht unbedingt zu Ende lesen. Natürlich wusste sie einiges über das Schneeleoparden-Projekt, aber sie musste vor der Kamera absolut sattelfest sein. Dazu gehörte auch, dass sie die Zahlen und Fakten aus dem Effeff kannte. Nur noch geschätzte 270 Schneeleoparden in Kirgistan, 4500 bis 7000 weltweit leben im Hochgebirge Zentralasiens, in 12 Ländern … Der Schnellhefter glitt ihr aus der Hand, ihr Kopf kippte langsam zur Seite. Erst ein ziehender Schmerz im Nacken ließ sie hochfahren. Zwei Uhr morgens. Unten auf der Straße grölte eine Gruppe Betrunkener. Bestimmt wieder ein Junggesellenabschied. Berlin Mitte zog das Partyvolk an wie ein Kadaver die Geier. *Hoffentlich*, schoss es ihr durch den Kopf, *kotzen sie nicht wieder in den Hauseingang*. Angewidert schloss sie die Augen und zwang sich, an Kirgistan zu denken. Aber anstelle schneebedeckter Gebirgszüge und grüner Hochebenen spulte ihr Gehirn Bilder von Manni Fuchs ab. Die Preisverleihung beim *Wildscreen-Film-Festival*. Der alte Haudegen hatte die Gelegenheit genutzt, eine Breitseite auf seine Kollegen abzufeuern. Nicht einmal der Moderator war imstande gewesen, ihn zu bremsen. Sie sah Manni noch genau vor sich, wie er seine blonden Haarfäden angriffslustig nach hinten schleuderte, das wettergegerbte Gesicht ein einziger Vorwurf. Lea freute sich darauf, mit ihm zu arbeiten, aber sie hatte auch einen Heidenrespekt davor. Unten fiel eine Mülltonne scheppernd um. Wie im Fieber wälzte sie sich auf dem Bett, strampelte sich von der Bettdecke frei. Der ungewöhnlich warme Mai war nur ein Teil des Problems. Die Hitze kam aus ihrem Inneren. Lea war nach ihrer Entführung im Kongo lange genug in Therapie gewesen, um zu wissen, was sich hier anbahnte: Angst. Sie spürte den beschleunigten Puls durch ihre Arterien donnern. Untermalt von Wortfetzen, die durch das gekippte Fenster drangen. Lea stand auf, ging in die Küche und machte sich eine Tasse Tee. Ians Hemd schlackerte um ihre schmale Gestalt, längst war sein Geruch aus dem Gewebe verflogen. Ein Blick auf den Bildschirm ihres Laptops sagte ihr, dass *McIan007* immer noch online war. Sie setzte sich auf den Stuhl und aktivierte das Symbol. McAllisters müdes Gesicht erschien.

»Hey, was ist los?«

Lea lächelte die gepixelte Fläche an. Seine Stimme wirkte beruhigend, auch wenn sie aus fast 1000 Kilometern Entfernung an ihr Ohr drang.

»Kann nicht schlafen.«

Sein Gesicht kam näher und füllte jetzt fast das ganze Videofenster aus.

»Ist das mein Hemd?«

Lea tat, als würde sie das Kleidungsstück das erste Mal an sich wahrnehmen.

»Das habe ich überall gesucht.«

»Willst du es wiederhaben?«

McAllister schüttelte den Kopf.

»Nein. Sieht sexy an dir aus. Sag mir lieber, was dir durch den Kopf geht.«

»Die Sicherheitslage in Kirgistan. Wie schätzt du die ein?«

»Im Norden, da, wo du dich aufhalten wirst, unproblematisch. Kritisch ist der Süden. Um Osch und Dschalalabad kommt es immer wieder zu Zusammenstößen zwischen Kirgisen und Usbeken.«

»Bischkek und die Berge sind deiner Meinung nach also ungefährlich?«

McAllister rieb sich das Kinn. Im Schein der Bürolampe schimmerten seine Bartstoppeln silbrig.

»In Berlin kann dich auch jederzeit ein Auto umnieten.«

Sie zog ihre fein geschwungenen Augenbrauen hoch, bevor sie antwortete.

»Nach deinen Jobs in Kolumbien und El Salvador kann ich dich mit meinem Kirgistan-Trip natürlich nicht beeindrucken.«

Seine Mundwinkel gingen nach oben und gruben Furchen in seine Wangen.

»Du willst mich beeindrucken? Schmeichelhaft. Trotzdem muss ich dich jetzt aus der Leitung werfen. Berg mit Arbeit!« Sein Zeigefinger, der auf einen unförmigen Stapel deutete, war das Letzte, was Lea sah, bevor das Bild einfror.

***

Auch Manni Fuchs konnte nicht schlafen. Das warme Wetter in München kratzte ihn nicht, er war von seinen unzähligen Afrika-, Asien- und Südamerika-Drehs Schlimmeres gewohnt. Ihn drückten seine Schulden und die drei Grappa, die er bei seinem Stammitaliener getrunken hatte. Nach einer Flasche Lugana nicht die beste seiner Entscheidungen. Er spürte, wie der Alkohol in seinen Eingeweiden brannte und sich mit den Peperoncinos der Penne all'arrabbiata zu einer teuflischen Mischung verband. Wenn die leichte Übelkeit und das Blubbern in seinem Bauch das Einzige wären. Aber seit er seinen 54. Geburtstag drei Monate zuvor erfolgreich ignoriert hatte, wurde er das Gefühl nicht los, langsam hinfällig zu werden. Statt junger, knackiger Weiber gingen nur noch seine Zipperlein mit ihm ins Bett. Eine schlechte Verdauung gehörte genauso dazu wie eine gewisse Empfindlichkeit gegenüber Alkohol. Vor allem Weißwein. Der ließ ihn wie eine alte Witwe nachts mit Herzrasen im Bett sitzen. Er warf sich unruhig auf seinem Bett hin und her. Dieser Beitrag in Kirgistan musste sitzen. Der Ressortleiter des öffentlich-rechtlichen Senders hatte unmissverständlich klargemacht, was er von ihm erwartete und was Manni zu erwarten hatte, wenn er nicht mit spektakulärem Filmmaterial zurückkam. Manni brummte und spürte, wie seine Wut das explosive Gemisch im Magen zum Kochen brachte. Er knipste die Lampe an und öffnete die oberste Schublade des Nachttischkästchens. Seine Finger ertasteten die glatte Oberfläche der in Folie eingeschweißten Kondome, schoben sie zur Seite und umschlossen eine Tablettenschachtel. Ein Blick durch die Brille, die er sich vor die Augen hielt, genügte. Er grinste bei dem Gedanken, dass er sich beinahe einen Dauerständer verpasst hätte, und warf das Viagra zurück in die Schublade. Ächzend richtete er sich auf, schob die Bügel der Brille hinter die Ohren und fand schließlich die Tabletten gegen Sodbrennen. Er warf eine ein und schob sicherheitshalber noch eine zweite hinterher. Mit einem großen Schluck Wasser spülte er die Chemiebomben durch seinen Schlund, in der Hoffnung, dass sie ihren Job schnell erledigten. Er ließ sich zurück auf das Bett fallen und schloss die Augen. *Hyänen!* Sie waren wie Hyänen, diese Youngster. Kamen mit ihren Videofilmchen in die Redaktionen und glaubten, ihn ausbooten zu können. Ihn, Manni Fuchs! Mit ihren lächerlichen Schlangenbändiger- und Krokodil-Würger-Sequenzen. Steve Irwin für Arme, Adrenalin-Junkies, die keine Ahnung vom Geschäft hatten. Eine Welle aus Zorn überflutete ihn und ließ seinen Magen pumpen wie einen Blasebalg. Er sprang aus dem Bett, hechtete ins Badezimmer und übergab sich schwallartig. Ein zäher Speichelfaden lief ihm übers Kinn, und als Manni die Tiefen seiner Kloschüssel auslotete, musste er an seine Exfrau und an seine Ost-Immobilie denken. Beide hatten sich fast zeitgleich zu einem finanziellen Albtraum entwickelt. Auf allen vieren kroch er zurück in die schützende Umarmung seines Bettes. Er stürzte den letzten Rest Wasser hinunter. Seine Lider flatterten, und erste Kopfschmerzen streckten ihre Fühler nach ihm aus. Er versuchte, sich zu entspannen und flach zu atmen, um seinen zürnenden Magen nicht noch mehr zu reizen. Den Gedanken an seine Wohnungen in Chemnitz, die jetzt leer standen und bald zwangsversteigert würden, verdrängte er, so gut es ging. Das Gesicht seiner Exfrau ließ sich nicht so leicht aus den Synapsen kicken. Ihr Reißverschluss-Mund, die eng zusammenstehenden Augen, aus denen fortwährend Enttäuschung über ihr Leben, ihren Mann und ihre erschlaffende Haut sprach. Er hatte ihr die schönsten Jahre ihres Lebens gestohlen, und dafür ließ sie ihn jetzt bluten. Sein Magen fing wieder krampfartig an zu zucken, und nur unter Aufbietung seiner gesamten Konzentration gelang es ihm, ihren vorwurfsvollen Blick aus seiner Vorstellung zu verbannen.

Er würde sich gleich am folgenden Tag von seinem Wunder-Doc ein paar Vitamine spritzen lassen und sich wie neugeboren fühlen. Vielleicht mit seiner Harley eine Runde drehen und in einem der vielen Cafés den jungen Dingern in ihren kurzen Röcken nachschauen. Vielleicht konnte er was klarmachen? Die Vorstellung schmeichelte seiner Seele und seinem Gedärm gleichermaßen. Eingelullt in Gedanken an feste Schenkel und zarte Haut, fiel er in einen traumlosen Schlaf.

***

Oleg Radschenkow hatte sich auf seinem Laptop durch die letzten Bilder geklickt. Nichts! Eine Bergziege, ein Murmeltier, und ein verschwommener Schatten, der eine Zieselmaus sein könnte. Das war alles. Kein einziger Schneeleopard war auf den Bildern der Kamerafallen zu sehen. Verdammt! Nie hatte er eine Sichtung dringender gebraucht. Er rieb sich das Gesicht, spürte, dass eine Rasur längst überfällig war. Ihnen blieben noch zwei Tage, bevor das Kamerateam aus Deutschland ankam, und sie hatten nicht die leiseste Idee, wo sich Aksana herumtrieb. Sie konnte mittlerweile über alle Berge sein. Wochenlang war die Schneeleopardin in der Nähe des Lagers umhergestreift, und jetzt keine Spur mehr von ihr. Radschenkow erhob sich von seinem Campingstuhl und streckte den Rücken durch. Er streifte seine Turnschuhe vor der Jurte ab und duckte sich durch den niedrigen Eingang. Auf dem Kocher stand lauwarmer Tee. Er goss sich eine Tasse ein und ließ sich mit überkreuzten Beinen zwischen den zerwühlten Schlafsäcken nieder. Es roch nach Männerschweiß und alten Socken. Sie hatten nur verdammte fünf Tage Zeit, um einen Schneeleoparden zu fangen und ihm ein Sender-Halsband zu verpassen. *Was für ein Schwachsinn!* Das letzte Mal hatten sie sechs Wochen dazu gebraucht. *Geist* oder *Phantom der Berge* nannten die Kirgisen die scheuen Tiere. Das menschliche Auge konnte sie selbst auf kurze Distanz oft nur schwer ausmachen. Er faltete die topographische Karte auseinander und legte sie auf den Boden. Gelbe Punkte markierten die Standorte der Kameras. Er musste jetzt entscheiden, wo sein Team die Fallen auslegen sollte, damit die Vorbereitungen abgeschlossen waren, wenn er mit dem Kamerateam zurückkam. Sein Tee war mittlerweile kalt geworden. Er tastete in seiner Jackentasche nach einem Stift und malte fünf Kringel auf die Karte – für jede Falle einen. Stellen, an denen sie in den vergangenen Wochen wiederholt Spuren von Aksana gefunden hatten. Alte Spuren. Er wartete, bis die Farbe auf der Karte getrocknet war, und faltete sie zusammen. Es war ein Schnellschuss. Aber es half nichts, er würde dieses eine Mal über seinen Schatten springen müssen. Bodo hatte ihm bei ihrem letzten Telefonat eingeschärft, wie wichtig dieser Fernsehbeitrag für das Projekt war. Die Eingänge auf das Schneeleoparden-Spendenkonto waren in den vergangenen Monaten rückläufig gewesen. Griechenland-Krise hin oder her – für die Schneeleoparden ging es ums Überleben. Das mussten die Menschen kapieren. Und sie mussten auch verstehen, dass seine wissenschaftliche Arbeit die Basis dafür war. Ohne seine Forschung würde es keine besseren Schutzmaßnahmen geben. Er musste schwarz auf weiß belegen, wie sich die Tiere durch die Bergwelt bewegten, welche Routen sie wählten, welche Beutetiere sie schlugen, wie sich die Klimaänderung auf die Katzen auswirkte. Erst dann konnte er in diesem Land etwas bewegen. Er musste mit seinen Leuten raus in die Dörfer, Menschen aufklären und um ihre Mithilfe werben. Die Alten überzeugen, die Kinder begeistern, die Hirten besänftigen. Für gerissene Schafe entschädigen, mit falschen Vorstellungen aufräumen. Ohne Spenden aus dem Ausland stand das Projekt über kurz oder lang vor dem Aus. Die mageren Projektförderungen, die er erbettelte, trugen nur das Notwendigste. Teures Equipment, wie GPS-Sender, Halsbänder und Empfangsgeräte nicht eingerechnet. Für ihn war moderne Technologie der einzige Weg, zuverlässige Daten über diese Katzen zu erhalten. Seine Katzen.

»Oleg würde seine Frau, ohne mit der Wimper zu zucken, gegen einen Schneeleoparden eintauschen«, war ein geflügelter Satz in seinem Freundeskreis.

Er hob den Kopf. Draußen war das Brummen eines Motors zu hören. Das musste sein Team sein, das mit der Jurte für die Gäste aus dem Tal hochkam. *Endlich.* Er schlüpfte in seine Turnschuhe und ging ihnen entgegen. Der alte LKW schwankte bedenklich, als er über den ausgewaschenen Weg auf ihn zuholperte. Im Licht der untergehenden Sonne schimmerten die schneebedeckten Gipfel des Tian-Shan-Gebirges rot. Oleg hatte keine Augen für das Naturschauspiel, denn er wusste, dass die grimmigen Wolken dahinter nichts Gutes verhießen. Es würde Schnee geben.

Kapitel 2

Seine Fingerkuppen waren süchtig nach der spröden Oberfläche. Millimeter für Millimeter befühlten sie die Rundung, bis ein Impuls in seinem Finger den Globus in Bewegung setzte. Igor Felipowitsch Potkov durchströmte jedes Mal ein elektrisierendes Gefühl, wenn er den *Coronelli-Globus* berührte. Die Eroberung der Erde durch den Menschen. Mutige Männer, die unermüdlich nach neuen Ländern, schnelleren Handelswegen, wertvolleren Waren gesucht hatten. Pioniere und Entdecker. Schon damals waren sie die Triebfeder der Wirtschaft. Er stoppte die träge Bewegung der Kugel. Sein Finger blieb an einer hellen Stelle hängen: *Nova Hollandia*. Das heutige Australien. Sein Globus war nur eines der vielen Modelle, die *Coronelli* im 17. Jahrhundert angefertigt hatte. Eine Vorlage für den Erdglobus, die Kardinal d'Estrées für Ludwig den XIV. in Auftrag gegeben hatte. Trotzdem war er erstaunlich detailliert ausgearbeitet und reich verziert. Potkov lächelte. *Nova Hollandia* ließ ihn sofort an die Coltan-Mine denken, an der sich seine Holding im vergangenen Jahr beteiligt hatte. Sein Finger umrundete die Konturen des Kontinents. Zwar hatten nach dem *Coronelli* noch andere Globen ihren Weg zu ihm gefunden, darunter ein seltenes Exemplar von Jodocus Hondius, das jedem Museum zur Ehre gereichen würde, aber keines der anderen Exemplare erfüllte ihn mit dieser Zärtlichkeit. Er hatte den Globus erworben, als er seinen ersten Zehn-Millionen-Dollar-Deal abgeschlossen hatte. Da war er 26 gewesen. Genauso alt wie sein Sohn heute.

Sein Finger setzte über das Meer, vorbei an einem kunstvoll ausgeführten Schiff, stoppte auf dem Schriftzug *Asia* und tastete sich weiter vor bis zu der Stelle, an der sich das heutige Kirgistan befand. Er würde über Moskau nach Bischkek fliegen. London inspirierte ihn, aber Moskau war immer noch seine Heimat. Selbst nach all den Jahren, die er im pulsierenden Finanzzentrum Europas zugebracht hatte, befiel ihn immer wieder die Sehnsucht nach den mäandernden Ufern der Moskwa, an denen er sich als Student herumgetrieben hatte. Kein noch so exquisites Sushi oder Kobe-Beef konnte in solchen Momenten seinen Appetit auf einen ordentlichen Borschtsch stillen.

Er war in Troizk, einem Kaff 40 Kilometer vom Moskauer Stadtzentrum entfernt, aufgewachsen. Seine Babuschka hatte nach dem frühen Tod seiner Mutter ein strenges Regiment geführt. Sie lebten in bescheidenen Verhältnissen, aber da die Alte feilschen konnte wie ein Teppichhändler auf dem Bazar, hatte es ihm selten an etwas gefehlt. Sie vererbte ihm nicht nur ihr Häuschen, sondern auch ihren unstillbaren Hunger nach einem besseren Leben und die Nase für lukrative Geschäfte. Das unfehlbare Gespür für Timing hingegen hatte er von seinem Vater, der sich aus dem Staub gemacht hatte, noch bevor Kindeserziehung mit seiner Liebe zu Hochprozentigem kollidieren konnte. Mit derartigen Talenten und einem überaus scharfen Verstand ausgestattet, gelang ihm früh der finanzielle Durchbruch – mit der Privatisierung russischer Staatsunternehmen, vornehmlich Öl und Gas. Danach folgten Goldminen in Südafrika, Raffinerien in Sibirien, Immobilien auf der ganzen Welt. Seine Holding investierte in zahlreiche Branchen, die mit Rohstoffen oder ihrer Verarbeitung zu tun hatten. Und jetzt stand er vor dem nächsten großen Coup. Sein Blick fiel auf den Glaskasten neben der Ledercouch. Das Damastmesser mit den Elfenbeinintarsien, wertvollstes Stück seiner Waffensammlung.

Ein Geschenk von Scheich Egbaria. Die Zeit war gekommen, es einzuweihen.

Er versetzte den Globus noch einmal in Rotation und ließ die Welt des 17. Jahrhunderts an sich vorüberziehen.

***

Lea starrte aus dem Beifahrerfenster. Als Oleg sie am Vortag vom Flughafen abgeholt hatte, waren sie sicherlich genau dieselbe Strecke gefahren. Trotzdem kam ihr die Umgebung völlig fremd vor. *Seltsam!* Vielleicht lag es einfach daran, dass Bischkek in diesen frühen Morgenstunden aller Farbe beraubt war. Oleg hatte auf der ganzen Fahrt noch kein Wort gesprochen. Ihr war es gleichgültig, sie war sowieso viel zu müde, um mit ihrem eingerosteten Russisch Konversation zu betreiben. Die Monotonie der Umgebung und das Schaukeln des Ladas lullten sie ein. Lea schrak auf, als ihre Stirn das kalte Glas der Scheibe berührte.

»Wie lange noch?«

Oleg Ratschenkow sah sie an, als hätte er ihre Anwesenheit völlig vergessen.

»Fünf Minuten. Der helle Schein da vorne – das ist schon der Flughafen.«

Jetzt konnte auch Lea die hoch aufragenden Scheinwerfer erkennen, die ihr gleißendes Licht auf die Rollbahnen warfen. Sie sah auf die Uhr. Es war kurz vor fünf, die Aeroflot-Maschine aus München würde in zehn Minuten landen. Auf dem Flughafenparkplatz lenkte Oleg den Lada ungerührt über eine Bordsteinkante, das Lenkrad zuckte wild in seinen Händen.

»Achtung!«

Lea wurde bewusst, dass sie Olegs Fahrkünsten auch in den folgenden Tagen ausgesetzt sein würde.

»Macht nichts, um die Uhrzeit schläft die Polizei noch.«

Sein Grinsen sprach Bände, und Lea ahnte, dass sich Olegs Interpretation von »der Situation angepasstem Fahren« deutlich von der ihren unterschied. Er parkte den großen Geländewagen in der Nähe des Flughafeneingangs, achtlos, wie andere ein benutztes Taschentuch fallen ließen. Lea schüttelte den Kopf, aber sagte nichts, als sie hinter der rundlichen Gestalt mit dem widerspenstigen Haarkranz herging. Wenn er wirklich so akribisch war, wie Bodo behauptete, dann konnte er es gut verbergen. Oleg hielt ihr die Eingangstür auf und schob sie in die Wärme der Wartehalle. Unzählige Menschen drängten sich im Wartebereich, vor dem Check-in bildeten sich lange Schlangen. Koffer, Plastiktüten und Rucksäcke sprenkelten den Boden. Die Souvenirläden waren geöffnet, das winzige Café voll. Oleg legte den Kopf in den Nacken, um die Anzeigetafel zu studieren. Zwei Speckrollen wulsteten in seinem Nacken über den Hemdkragen.

»Zehn Minuten Verspätung. Wir haben noch Zeit. Kaffee oder Tee?«, wandte er sich mit einem Lächeln an sie.

»Kaffee, gern. Sehr gern sogar.«

Wie ein Quarterback schob sich der Wissenschaftler durch die müden Gestalten im Café und machte sich am Tresen breit. Lea sah sich nach einem Platz um, von dem aus sie die Anzeigentafel im Auge behalten konnte, und kam gerade rechtzeitig, als zwei ältere Herren von einem der Tischchen aufstanden. Sie setzte sich und ließ das Szenario auf sich wirken. Eine Gruppe junger Kirgisinnen zog lachend an ihr vorbei. Schwarz glänzende Haare, hohe Wangenknochen, mandelförmige Augen. Das völlige Gegenteil von Oleg, der weiß und teigig und eindeutig russischstämmig war und genau in diesem Moment einen Pappbecher vor sie hinstellte. Ihr schlechtes Gewissen ließ sie strahlend lächeln.

»Danke.«

Oleg kramte in der Tasche seiner Jacke und beförderte Zuckertütchen, Milch und einen Plastiklöffel zutage, die er auf den Tisch warf.

Er ließ sich auf den Stuhl fallen und schlürfte schweigend seinen Kaffee. Lea nippte am Becher und zwang ihr Gehirn, ein Small-Talk-Thema auszuspucken.

»*Manas*-Flughafen. Woher kommt der Name?«

Eine wirklich lahme Gesprächseröffnung. Aber zu ihrer Überraschung brachte die Frage Leben in den stillen Mann.

»Du weißt nicht, wer Manas ist?«

Lea schüttelte den Kopf.

»Unser großer kirgisischer Volksheld aus dem 9. Jahrhundert. Hat mit seinen Gefährten gegen die Uiguren gekämpft. Kannst du alles im *Manas*-Epos nachlesen.«

»Werde ich sofort machen, wenn ich wieder zu Hause bin.«

Oleg riss den Mund beim Lachen so weit auf, dass sie einen Goldzahn in seiner Mundhöhle schimmern sah.

»Sehr schön, sehr schön. Dann nimm dir viel Zeit. Das *Manas*-Epos besteht aus 500000 Versen und ist 20 Mal so lang wie die Odyssee und die Ilias zusammen.«

»Dann lese ich eben die Kurzfassung«, konterte Lea und warf einen Blick auf die Anzeigentafel. Ein grünes Licht blinkte neben der Aeroflot-Flugnummer.

»Sie sind gelandet.«

»Dauert eine Weile, bis die mit ihrem Kram durch den Zoll sind«, winkte Oleg ab. Er streckte sich auf seinem Stuhl und musterte Lea neugierig.

»Hast du Kinder?«

Lea schüttelte den Kopf.

»Verheiratet?«

»Bist du die spanische Inquisition?«

»In deinem Alter haben die meisten Frauen hier in Kirgistan ...«

»Nicht verheiratet, keine Kinder. Mit Mitte dreißig in Deutschland nichts Ungewöhnliches.«

Auf der anderen Seite der Flughafenhalle kam Bewegung in die Menge. Dankbar, dem Gespräch entfliehen zu können, sprang Lea auf.

»Ich glaube, es geht los.«

Oleg erhob sich ohne Eile vom Stuhl und zog seine Hose hoch, bis sich der Gürtel wie der Äquator um die Mitte seines Bauchs spannte.

Manni Fuchs' große Gestalt tauchte in der Menge auf. Sein müdes Gesicht glich einer zerknüllten Zeitung, der blonde Pferdeschwanz, sein Markenzeichen, baumelte zwischen den Schulterblättern. Er redete auf einen blassen jungen Mann ein, der einen voll beladenen Gepäckwagen vor sich herschob. Der Turm aus silbernen Kisten, Rucksäcken, Segeltaschen und Schlafsackrollen schwankte bedenklich.

Lea kämpfte sich in seine Richtung durch.

»Hallo, Manni, willkommen in Kirgistan. Wie war der Flug?«

Sein Gesicht hellte sich auf.

»Wer denkt an Strapazen, wenn er von einer so schönen Frau empfangen wird?«

Er gab ihr die Hand und deutete eine leichte Verbeugung an.

»Der Bursche hier heißt übrigens Tom und ist mein Assistent.«

Er klopfte seinem Adlatus freundschaftlich auf die Schulter.

Sie bugsierten den Gepäckwagen durch die Menschenmenge Richtung Ausgang, wo Oleg schon wartete.

»Meine Herren, das ist Dr. Oleg Ratschenkow. Er leitet das Schneeleoparden-Projekt.«

»Ah, der Schneeleoparden-Bändiger. Bin schon mächtig gespannt, was du draufhast«, antwortete Manni Fuchs in glasklarem Russisch und streckte dem Wissenschaftler die Hand entgegen.

Damit wäre auch geklärt, dass ein Dolmetscher überflüssig ist, dachte Lea bei sich.

»Wir müssen los. Vorgestern hat es oben im Lager etwas Schnee gegeben. Das könnte die Fahrt schwierig machen. Und ich hoffe, eure Schlafsäcke sind warm.« Oleg warf einen Blick in die Runde, dann schulterte er zwei große Taschen und ging voraus zum Auto. Lea sah Manni besorgt an, doch der zuckte nur mit den Schultern.

»Kein Problem. Wir kuscheln in der Jurte.«

Auf seinem Gesicht erschien ein schiefes Grinsen. *Na, das kann ja heiter werden*, dachte Lea und trottete hinter Oleg her, die Augen stur auf ihre Wanderschuhe gerichtet.

Oleg öffnete die Heckklappe des Ladas und verschwand im Inneren des Fahrzeugs. Als er wieder auftauchte, hatte er eine Flasche Wodka und vier Gläser in der Hand. Leas Augen wurden groß. Das konnte nicht sein Ernst sein. Es war gerade einmal halb sieben Uhr morgens! Allein der Anblick der klaren Flüssigkeit, die in der Flasche schwappte, verursachte ihr Würgereiz.

»*So* begrüßt man Gäste in meinem Land!«

Oleg drückte jedem ein Glas in die Hand und schenkte randvoll ein.

»*Sa sdorowje!*«

Er hob sein Glas, stürzte seinen Inhalt in einem Zug hinunter. Genüsslich schnalzte er mit der Zunge und blickte erwartungsvoll in die Runde.

»Ach, was soll's!«, sagte Manni und tat es ihm nach, Tom folgte eine Sekunde später. Drei Augenpaare richteten sich auf Lea, die wie eine Wachsfigur neben dem Auto stand.

Sie brachte das Glas an die Lippen, schloss die Augen und kippte sich den Wodka in die Kehle. Die Schärfe des Alkohols trieb ihr sofort Tränen in die Augen, sie schüttelte sich wie ein nasser Hund. Manni applaudierte, als hätte er soeben die beste Theatervorstellung seines Lebens gesehen.

»Bravo! Gut gemacht!«

»Jetzt bin ich wenigstens wach!«, prustete sie und strahlte mit immer noch wässrigen Augen in die Runde. Sie wusste nicht, ob der Wodka bereits seine Wirkung tat oder sich tatsächlich ein Gefühl der Vorfreude breitmachte.

»Sehr schön, sehr schön! Möchtest du noch einen?«, fragte Oleg und nahm ihr das Glas ab. Sie schüttelte entschieden den Kopf. Als das Handy in ihrer Jacke schrillte, zog sie den Reißverschluss auf und entfernte sich ein paar Schritte vom Auto. Wer rief sie schon in aller Herrgottsfrühe an?

***

Igor Felipowitsch Potkov stand vor dem Käfig und musterte die beiden Schneeleoparden. Das beige-graue Fell der Tiere war mit Dreck verklebt, sie drückten sich auf den nackten Betonboden. Die Raubkatzen waren zierlicher, als er gedacht hatte, und sie rochen scharf. Langsam ging er in die Knie. Elfenbeinfarbene Reißzähne blitzten auf, ein warnendes Fauchen. Sie fühlten sich von ihm gestört. Ihr Blick aus den hellblauen Augen folgte jeder noch so kleinen Bewegung. Waren ihre Augen wirklich hellblau? Bei den Lichtverhältnissen schwer zu sagen. Das Fell über der Nase des Weibchens legte sich in Falten, noch mehr Zähne und die rosarote Zunge kamen zum Vorschein. Auch Potkovs Gesicht war jetzt voller Zähne und Falten. Er lachte lautlos. Diese Nase. Rosafarben, wie Zuckerguss auf einer Geburtstagstorte. Die Ohren flach am Kopf. Überhaupt der Kopf. Verhältnismäßig klein für eine Raubkatze. Und obwohl ihre felligen Tatzen mächtig und der Schwanz lang und buschig waren, stand alles in perfekter Harmonie zueinander. Zu gerne hätte er diese Tatzen berührt, seine Fingerspitzen das weiche Fell spüren lassen. Aber der Blick der Schneeleopardin war eine klare Botschaft.

»Sie sind faszinierend, nicht?«

Potkov hatte Janysh Borukev, den kirgisischen Wirtschaftsminister, nicht kommen hören. Er richtete sich auf, ein stechender Schmerz fuhr ihm ins rechte Knie. Sein Alter machte ihm trotz seines ausdauernden Trainings zunehmend zu schaffen.

»Wunderschön. Aus einer anderen Welt.«

»Und selten. In unserem Land ranken sich viele Sagen um den Schneeleoparden, der hier übrigens ›Bars‹ genannt wird. Es heißt, wer ein Stück Fell oder Knochen eines Bars besitzt, wird nie arm sein.«

Der untersetzte Mann lächelte und klopfte ihm auf die Schulter.

»Haben Sie schon den Bären gesehen?«

Janysh zeigte in den hinteren Bereich des Gartens.

»Es ist ein Isabell-Braunbär. Sehr selten. Sie haben weiße Krallen.«

Potkov folgte dem Wirtschaftsminister zu dem Käfig, dessen Rückseite die hohe Gartenmauer bildete. Die Leibwächter blieben in gebührendem Abstand zu ihren Dienstherren stehen. Ein kleiner, struppiger Bär strich unruhig die Stäbe entlang, sein Kopf pendelte wie ein kaputtes Scheunentor hin und her. »Eine sehr beeindruckende Tiersammlung«, versuchte Potkov, das Gespräch wieder aufzunehmen.

»Nicht wahr? Mir persönlich stinkt es hier zu viel. Aber mein Bruder hat ein Faible für seinen kleinen Privatzoo. Wenn er hier in seiner Datscha ist, verbringt er viel Zeit bei den Viechern.«

»Ihr Bruder liebt Tiere?«

Potkov sprach die Worte aus, als glaubte er selbst nicht daran. Tierliebe passte nicht zu dem Bild, das er sich von dem Mann gemacht hatte, dem er bald zum ersten Mal persönlich gegenüberstehen würde.

Das bellende Lachen Janyshs war so laut, dass der Steppenadler, der gerade noch komatös auf seiner Stange gesessen hatte, erschrocken aufflog. Mit einem dumpfen Knall landete der Greif im Maschendrahtzaun, die Fänge verhakt, Flügel, die wie Mähdrescher schlugen.

»Tierlieb? Nein. Mein Bruder ergötzt sich an ihrer Seltenheit. Daran, sie zu besitzen. Es braucht nicht nur Geld, sondern auch Macht und Einfluss, um sich so eine Menagerie seltener Tiere anschaffen zu können. Mir persönlich sind rassige Weiber oder schnelle Autos lieber.«

Wieder ließ der Wirtschaftsminister sein bellendes Lachen hören, und seine ohnedies schmalen Augen verengten sich zu zwei schrägen Schlitzen.

»Verstehen Sie mich nicht falsch, Potkov. Ich mag Viecher – tot, als Pelz an meinem Kragen.«

Potkov lachte laut mit, während sein Kopf notierte, dem Wirtschaftsminister bei seinem nächsten Besuch in Moskau eines der High-End-Girls bei Stardust-Escort zu buchen. Er stellte sich vor, wie ein langbeiniges, russisches Mädchen mit Löwenmähne und roten Krallen den stämmigen Kirgisen zum Schwitzen brachte. Danach würde Janysh das Wort »rassig« neu für sich definieren müssen.

»Ein wirklich imposantes Anwesen.«

Potkov war beeindruckt, wie prunkvoll das Haus von Janyshs Bruder hinter seiner unscheinbaren Fassade war. Von außen sah es aus wie das Haus eines wohlhabenden Kirgisen, mehr nicht. Sein Innenleben allerdings erzählte von Macht und Reichtum. Goldschillernde Heiligenikonen kämpften mit handgeknüpften Seidenteppichen in den Zimmerfluchten um Platz an der Wand und um die Aufmerksamkeit des Betrachters. Ornamentale Schnitzarbeiten aus dunklem Holz thronten auf Glastischen, dazwischen chinesische Jadefiguren, die in ihrer gläsernen Zartheit wie Fremdkörper wirkten. Janyshs Bruder war also ein Sammler, wie er. *Gut, zu wissen!*

Potkov war in Sachen Diplomatie ein alter Hase. Er hatte ein untrügliches Gespür dafür, wann Small Talk angesagt und wann der richtige Zeitpunkt gekommen war, einen Deal abzuschließen. Oft genug hatte er mit Staatsoberhäuptern geluncht, diniert und sich mit ihnen und ein paar schönen Mädchen in eleganten Hotelsuiten amüsiert. Autokraten wie die Borukev-Brüder, die mit Hilfe eines Netzwerkes aus Korruption und Vetternwirtschaft regierten, waren angenehme Geschäftspartner. Alles ließ sich irgendwie regeln.

Der Wirtschaftsminister war im Haus verschwunden und hatte ihn mit seinen Gedanken und den Leibwächtern auf der Terrasse zurückgelassen. Von dort, wo er stand, konnte Potkov die beiden Schneeleoparden in ihrem Käfig beobachten. Sie lagen jetzt ausgestreckt auf dem Boden, eng aneinandergeschmiegt. Er hatte in letzter Zeit viel über die seltenen und streng geschützten Katzen gelesen. Einzelgänger. In der Enge ihres Gefängnisses hatten sie diesen Anspruch wohl aufgegeben. Die Alternative dazu wäre nur der Tod. Im Inneren des Hauses wurde es laut, Potkov hörte das Geräusch energischer Schritte auf Steinboden, Gesprächsfetzen drangen an sein Ohr. Er drehte sich um. Asim Borukev, der Präsident von Kirgistan, kam direkt auf ihn zu. Sein Blick war durchdringend.

Kapitel 3

Lea sah auf das Display. +44, England. Ihr Herz machte einen Satz.

»Ian!«, rief sie so laut in das Telefon, dass sich die drei Männer nach ihr umdrehten.

»Hey, wie geht's dir, Abenteurerin?«

Seine Stimme klang dünn und war leicht verzerrt.

»Wie spät ist es bei dir in London?«

»Halb zwei Uhr morgens. Ich bin noch im Büro.«

Lea wusste, dass Ian nicht der Einzige bei der Environmental Crime Unit von *Interpol* war, der sich die Nächte um die Ohren schlug. Die Abteilung war noch klein, und die Fälle von Umweltkriminalität nahmen zu. Oder die Aufmerksamkeit dafür, was für Ian und seine Leute auf dasselbe hinauslief.

Lea hatte allerdings den Verdacht, dass Ian die Arbeitsbelastung nicht ungelegen kam. Er hatte sich erst wenige Monate zuvor von seiner Frau getrennt, und seine neue Wohnung glich mehr einem Lager als einem Zuhause.

»Was hält dich so auf Trab?«, fragte Lea.

»Buschfleisch in London.«

»Was?«

»Am Ridley Road Market wird in zwei afrikanischen Läden Fleisch von Rohrratten verkauft. Vermutlich aus Ghana importiert. Ich muss dir nicht sagen, was das bedeutet, oder?«

Lea spürte, wie ihr Magen sich verkrampfte. Wodka und Kaffee suchten gemeinsam einen Weg zurück ans Tageslicht. Sie schluckte hart.

»Lass uns das Thema wechseln. Ist dein Filmteam schon angekommen?«

»Gerade eben. Ich stehe hier am Flughafenparkplatz und warte, bis das Gepäck eingeladen ist. Es hat geschneit.«

»In Bischkek?«

»Nein, in den Bergen. Das macht mir Sorgen.«

»Ihr werdet das schon schaffen. Sonst komme ich und hol dich raus. Hat ja schon einmal geklappt.«

Lea hörte sein Lachen und stellte sich vor, wie seine Wolfsaugen zu schmalen Schlitzen wurden.

»Dann komm besser nicht, sonst lande ich bloß wieder in einem Krankenwagen.«

»Alles klar, verstanden. Ich werde dich also nicht retten, du undankbares Biest. Trotzdem, ich vermisse dich.«

Lea sah zu Oleg hinüber. Der Projektleiter winkte ihr zu, sie waren mit dem Einladen fertig.

»Wir brechen auf, ich muss jetzt Schluss machen. Keine Ahnung, ob ich in den nächsten Tagen eine Handy-Verbindung habe. Ich denke an dich!«

Ohne seine Antwort abzuwarten, legte sie auf. Sie stapfte auf den Lada zu, kickte mit ihren Wanderschuhen ein Steinchen über den Asphalt. Das hatte sie wieder einmal gut hinbekommen. Ein lauwarmes »Ich denke an dich«. Ziemlich dürftig. Lea hatte sich in den vergangenen Jahren zu sehr an unverbindliche Affären gewöhnt. Sie war aus der Übung, was große Gefühlsbezeugungen anging. Sie machten ihr Angst. Wortlos quetschte sie sich neben Tom und die Kamera auf die Rückbank.

»Ich hätte dir gerne den Vordersitz angeboten, aber mit meinen langen Beinen …«

Manni hatte sich umgedreht und sah sie entschuldigend an. Lea fiel eine helle Narbe oberhalb seiner linken Augenbraue auf. Der

Tierfilmer fing ihren Blick auf und befühlte die wulstige Stelle mit seinen Fingern.

»Habe ich mir bei einem meiner Drehs geholt. Wisente. Erzähle ich dir irgendwann mal.«

Seine Augen leuchteten vor Stolz. Lea bedachte ihn mit einem höflichen Lächeln, dann versank sie in den Anblick der Landschaft, die an ihrem Fenster vorbeiflog. Oleg umfuhr Bischkek großräumig. Alles, was sie von der Hauptstadt zu sehen bekamen, war eine graue Silhouette in der Ferne und die ärmlichen Siedlungen der Peripherie. Die Autobahn – Lea nahm zumindest an, dass es eine Autobahn war – führte schnurgerade auf die Berge zu. Wie ein Schnitt verlief sie durch eine Grassteppe, die von roten, zerklüfteten Bergen begrenzt wurde. In der Ferne konnte Lea Reiter ausmachen. Mit einem Mal veränderte sich die Landschaft, als hätte jemand ein neues Dia in den Projektor geschoben. Die rauhen Felsen wichen sanften Grasbergen, die wie ein Rüschensaum in mehreren Reihen hintereinander aufragten. Zugedeckt von einer Wolkendecke, die der Wind in die Hochtäler getrieben hatte. Mit zunehmender Entfernung von Bischkek wurde auch der Straßenbelag schlechter, und Tom, der blasse Assistent, hatte alle Hände voll damit zu tun, die Kamera vor Schäden zu bewahren. Auf Manni hatte das Gerüttel einschläfernde Wirkung. Den Kopf im Nacken und mit geöffnetem Mund, döste er leise schnarchend vor sich hin. Oleg setzte den Blinker und nahm den Fuß vom Gas.

»Zeit für Frühstück«, sagte er so laut, dass Manni in seinem Sitz hochschreckte. Lea starrte aus dem Fenster. Alles, was sie am Straßenrand ausmachen konnte, waren eine Jurte, in Plastik verpackt wie von Christo persönlich, und ein Marktstand. Eine rundliche Frau kam aus der Tür, wischte sich die Hände an der Schürze ab und rief zu Oleg hinüber: »Tschai?«

»Ja. Und Frühstück für vier, bitte.«

Lea betrat die Jurte, eine Welt aus Pastell. Über ihrem Kopf spannte sich ein zartes Firmament aus Synthetikspitze, schimmernder Stoff in Lindgrün verdeckte die Filzwände. Verschlissene Teppiche in Rosa- und Grautönen, darauf zwei Tische, deren Plastiktischdecken in Gelb und Hellblau Lea in den Augen schmerzten.

»Steh nicht rum. Setz dich!«

Oleg schob Lea zu einem der Stühle. Hellblau. Ein Korb mit duftendem Fladenbrot landete auf dem Tisch. Ein Glas mit Marmelade, ein Schälchen mit Quark, ein Teller mit kleingeschnittenem Salat. Lea setzte sich. Die Wirtin stellte eine Schale vor Lea und füllte Tee aus einer Metallkanne hinein. Lea hob den Kopf und sah in das breite Gesicht der Kirgisin. Die Frau lächelte und zeigte auf den dampfenden Tee.

»Ist ganz frisch.«

Für den Bruchteil einer Sekunde fuhr Leas Neurose wieder die Krallen aus: Würde sie dieses Frühstück mit Herpes, Diarrhö oder Schlimmerem bezahlen? Ihr halbes Leben hatte sie gegen ihre Angst vor Bakterien, Viren und anderen mikroskopisch kleinen Krankmachern gekämpft. Biologie zu studieren, war eine Herausforderung gewesen, ihr Problem vor Professoren und Kommilitonen zu verstecken, eine noch viel größere. Die Geschichte im Kongo war der ultimative Albtraum gewesen. In ein Rebellencamp im Dschungel entführt, in einem stinkenden Drecksloch gefangen gehalten, verprügelt und fast vergewaltigt. Aber wenigstens ein Gutes hatte die Sache gehabt: Bei ihrem Kampf ums Überleben war ihre Neurose auf der Strecke geblieben. Bis gerade eben. *Du kannst mich mal*, dachte sie, griff nach dem Fladenbrot und biss hinein. Es war noch warm und hatte einen leicht süßlichen Geschmack.

»Meine Leute haben alles vorbereitet. Jetzt muss uns nur noch der Schneeleopardengott gewogen sein«, hörte Lea Oleg in diesem Moment sagen. Manni Fuchs' Gesicht wurde ernst.

»Jetzt mal ehrlich, Oleg: Wie hoch ist die Wahrscheinlichkeit, dass wir in den fünf Tagen was in den Kasten bekommen?«

Oleg wischte Brotkrümel von der Tischdecke und starrte auf die Schale mit Tee, als könnte er darin die Antwort finden. Seine Hand pflügte durch den widerspenstigen Haarkranz.

»Ganz ehrlich? Ich weiß es nicht. Noch vor zwei Wochen ist uns eine Schneeleopardin regelmäßig in die Kamerafallen gegangen. Unweit vom Lager. Allerdings nicht mehr in der letzten Woche. Das könnte ein Problem sein.«

Lea war sofort hellwach.

»Ein Problem?«, hakte sie nach.

»Nun ja, Ranzzeit war Februar, März. Sie könnte trächtig sein und sich eine Höhle gesucht haben.«

Stille breitete sich aus. Manni fand als Erster die Sprache wieder.

»Es wird funktionieren. Ich weiß es. Und bis dahin haben wir genug damit zu tun, Footage zu drehen. Ich brauche Berge, Wälder und idealerweise ein paar Beutetiere vor der Linse. Wir müssen die Fallen abfilmen, das Interview mit dir und Lea aufnehmen, und was weiß ich noch. Stimmt's, Tom?«

Sein Assistent nickte, aber Lea war nicht sicher, wen Manni eigentlich überzeugen wollte. Als sie wieder im Auto saßen und Richtung Tamga fuhren, war die Stimmung gedrückt. Nicht einmal der Anblick des Issyk-Kul-Sees, der vor ihnen lag wie ein Meer, das von schneebedeckten Bergen umrahmt wurde, konnte daran etwas ändern.

***

Dr. Cyrus Wahdat betrachtete sein müdes Gesicht im Badezimmerspiegel. Noch zwei Monate, dann würde er in die USA gehen. Sein offizieller Lehrauftrag am Institut für theoretische Physik der

Universität in Isfahan lief mit dem Sommersemester aus. Und ebenso seine inoffizielle Nebentätigkeit. Er war im Iran geboren, und Isfahan war durchaus eine schöne Stadt, aber er wollte weg. London, wo er lange gelebt hatte, reizte ihn nicht mehr. Er sehnte sich nach Kalifornien. Freiheit. Kein Versteckspiel mehr. Vielleicht würde er nach San Francisco ziehen. Dort gab es viele wie ihn. Sein Wissen und die USB-Sticks, die er in der folgenden Woche nach dem Symposium in Zürich in einem Banksafe deponieren wollte, würden ihm in Zukunft ein entspanntes Leben ermöglichen. Rente mit 45. *Nicht schlecht!* Aber so weit durfte er noch nicht denken. *Eins nach dem anderen*, ermahnte er sich selbst. Zuerst musste er das Material unauffällig aus dem Iran schaffen. Aber das, davon war er überzeugt, wäre ein Kinderspiel. Er reiste regelmäßig zu internationalen Fachveranstaltungen. Wahdat spuckte die Zahnpasta aus, wischte sich den Mund ab und spülte das Waschbecken sorgfältig aus. In seinem kargen Schlafzimmer herrschte dank der Klimaanlage angenehme Temperatur. Er zog das Laken von seinem Bett und ließ sich auf die Matratze fallen. Etwas irritierte ihn. Er lauschte in die Dunkelheit des Hauses hinein. Er hätte nicht mit Bestimmtheit sagen können, was er gehört hatte, aber irgendein fremdartiges Geräusch war zu ihm vorgedrungen. Er wohnte zusammen mit seinen Kollegen in einem der am besten bewachten Wohnkomplexe in Isfahan. Ein Einbrecher hätte es schwergehabt, überhaupt auf das Gelände zu kommen, ohne dabei von einem der Sicherheitsleute erwischt zu werden. Sie scherzten gerne darüber und nannten die kleine Wohnsiedlung aus beigefarbenen Würfeln und eifrig bewässerten Sträuchern ihr Wissenschaftler-Ghetto. Aber diese beengte Art, zu leben, hatte im Iran auch Vorteile. Sicherheit, zum Beispiel. Er war über seinen Gedanken fast weggedämmert, als er das Geräusch erneut hörte. Vielleicht spielte der Kühlschrank wieder verrückt, wie schon vergangene Woche.

Obwohl er schläfrig war, quälte er sich aus dem Bett und ging nach unten. Das Licht am Ende der Treppe beleuchtete den Flur nur notdürftig. Seine nackten Füße tapsten über den Steinfußboden. Cyrus Wahdat betrat die Küche. Die grüne Kontrolllampe des Kühlschranks war das Letzte, was er sah, bevor ihn ein Schlag am Hinterkopf traf.

***

Das nasse Küchenhandtuch landete mitten in seinem Gesicht. Reflexartig riss Cyrus den Kopf nach oben und schnappte nach Luft. Aber die erwartete Sauerstoffzufuhr blieb aus, er hörte nur ein saugendes Geräusch. Sein Kopf dröhnte, und seine erwachenden Sinne meldeten ihm, dass er einen Knebel im Mund hatte. Intuitiv atmete er tief durch die Nase ein. Langsam klärte sich sein Gesichtsfeld. Seine Küche. Vier Männer, zwei davon mit Pistolen bewaffnet. Wahdat wollte sich aufrichten, musste aber feststellen, dass er an einen seiner Küchenstühle gefesselt war. Er drehte den Kopf, um einen besseren Überblick zu bekommen. Ein heißer Schmerz überzog sein Gesicht. Jemand hatte ihn geohrfeigt.

»Bist du endlich wach!«

Er versuchte, sich auf den Sprecher zu fokussieren, aber vor seinen Augen flimmerte es. Ihm wurde übel, und weil er Angst hatte, sich zu übergeben, schloss er sie wieder. Die nächste Ohrfeige klatschte in sein Gesicht.

»Nix da! Wir werden uns jetzt ein wenig unterhalten.«

Die Stimme des Mannes war kehlig. Sie gehörte dem Sicherheitschef des Gebäudekomplexes, in dem sich auch das geheime Forschungslabor befand, das folgende Woche seine Pforten schließen sollte. Still und leise. Ganz so, als hätte es nie existiert.

»Unsere Überwachungssysteme haben uns in den letzten Tagen ungewöhnlich hohe Aktivität an deinem Computer-Terminal gemeldet. Große Datenpakete sind kopiert worden. Darunter auch Files, zu denen du eigentlich keinen Zugang haben kannst.«

Die Augenbrauen des Sicherheitschefs schossen nach oben.

»Wie erklärst du dir das?«

Wahdat starrte den bärtigen Iraner mit großen Augen an und schüttelte vehement den Kopf. Er versuchte, etwas zu sagen, aber durch den Knebel drang nur ein Wimmern.

»Okay. Ich nehme dir das Ding jetzt ab. Spürst du das?«

Er machte eine knappe Kopfbewegung, und etwas Kaltes, Hartes berührte plötzlich Wahdats Hinterkopf.

»Das ist ein Schalldämpfer. Wenn du schreist, verteilt sich dein Gehirn eine Zehntelsekunde später auf den Fliesen. Verstanden?«

Wahdat nickte und sog wie besessen Luft ein, nachdem ihm der Knebel aus dem Mund gerissen worden war.

»Ich habe keine Ahnung. Jeder kann an meinem Terminal gearbeitet haben.«

Der Sicherheitschef legte den Kopf schief.

»So, so. Und wie würde so jemand durch alle Sicherheitsabfragen und an das Passwort kommen?«

Schweiß lief Wahdat über die Stirn und wurde notdürftig von seinen Augenbrauen abgefangen.

»Jemand, der sich Zugang zu den gesicherten Daten auf dem Server beschaffen kann, kann auch mein Terminal hacken.«

Der Sicherheitschef fuhr sich über den Bart und sah nachdenklich auf ihn herab.

»Du lügst. Kaambiz, zeig ihm, was wir mit Lügnern machen.«

Ein Mann löste sich von der Küchentheke und machte sich hinter Wahdats Stuhl zu schaffen. Er befreite Wahdats rechten Arm aus den Fesseln und hielt ihn wie ein Schraubstock am Gelenk fest.

»Also noch mal: Hast du die Daten kopiert?«

Verzweifelt schüttelte Wahdat den Kopf. Noch bevor er verstand, was passierte, griff sich Kaambiz seinen Zeigefinger und drückte ihn mit einem Ruck nach hinten, bis die Fingerspitze den Handrücken berührte. Wahdat wusste nicht, was zuerst da war: der rasende Schmerz, der ihm durch den ganzen Körper fuhr, oder das Geräusch von brechenden Knochen und reißenden Sehnen. Er schrie, doch sein Folterknecht hatte ihm bereits wieder den Knebel in den Mund geschoben. Der Arm hing schlaff herab, in seiner Hand wütete ein Feuer. Es roch streng. Wahdat sah an sich hinunter. Er hatte sich eingenässt.

»So. Jetzt weißt du, was wir mit Lügnern machen. Also noch mal: Hast du Kopien angefertigt?«

Wahdat war einer Bewusstlosigkeit nah. Er schüttelte den Kopf. Nicht vehement, aber doch sichtbar.

»Kaambiz …«

Wieder riss der Mann Wahdats Arm so grob nach oben, dass schon alleine die Bewegung den Wissenschaftler laut aufschreien ließ. Kaambiz griff nach dem Mittelfinger, und noch bevor die Gelenkkapsel in tausend Stücke zersprang, wurde Wahdat ohnmächtig. Als er wieder aus seiner Besinnungslosigkeit auftauchte, lag seine Hand wie ein Fremdkörper in seinem Schoß. Zwei Finger standen grotesk ab, die Gelenke waren dick angeschwollen und rot verfärbt. Er weinte. Er war Physiker und kein Geheimdienstagent. Er war auf so etwas nicht vorbereitet gewesen. Er wollte nur weg. Nach Kalifornien. Alles vergessen, was er hier in den vergangenen zwei Jahren erlebt hatte. Doch seine Träumerei wurde von der kehligen Stimme brutal unterbrochen.

»Du kannst dem hier ganz schnell ein Ende bereiten, wenn du mir sagst, ob du die Files kopiert hast. Und wo sie jetzt sind. Wir sind doch Brüder, Cyrus, Iraner. Wir müssen zusammenhalten.«

Die Stimme des Sicherheitschefs troff vor geheucheltem Mitgefühl. Wahdats dürrer Körper wurde von einem Weinkrampf geschüttelt. Er nickte hastig, und der Sicherheitschef nahm ihm den Knebel wieder ab.

»Also. Ich höre.«

Speichel lief aus Wahdats Mund, er hatte Mühe, seine Nerven unter Kontrolle zu bringen.

»Ja, ja, ich hab's getan«, stammelte er, seinen Blick starr auf die entstellte Hand gerichtet.

»Geht doch. Wo sind sie?«

Als er nicht sofort antwortete, riss der Sicherheitschef Wahdats Kopf an den Haaren hoch.

»Wo?«

»Oben. Oben, im Rohrgestell von meinem Bett. Rechtes Bein. Vorne.«

Der Sicherheitschef gab Wahdats Kopf frei. Sofort sprinteten zwei Männer die Treppe zu dessen Schlafzimmer hoch. Wahdat konnte hören, wie sie sein Bett zerlegten. Der Sicherheitschef betrachtete ihn mitleidig.

»Eins verstehe ich nicht. Du bist doch ein intelligenter Mann, Cyrus. Hast du ernsthaft gedacht, dass du damit durchkommst? Wie konntest du annehmen, wir würden den Rückbau des Labors und alle Mitarbeiter, die mit dem Projekt zu tun haben, nicht überwachen?«

Die Worte rannen wie Regen an Cyrus Wahdat herab. Er hatte Schmerzen, ihm war übel, er saß in seinem eigenen Urin, und er ahnte, dass er nicht mehr lange zu leben hatte. Eine gähnende Leere verschlang ihn.

»Was ist?«, brüllte der Sicherheitschef nach oben. Wie auf Kommando trampelten Füße über die Treppe.

»Wir haben sie, Chef!«

Die Männer holten zwei Laptops aus einer Tasche, klappten sie auf und steckten einen USB-Stick nach dem anderen hinein. Konzentriert starrten sie auf die Bildschirme, nur leises Klicken und Wischen waren zu hören. Der Sicherheitschef sperrte den Mund auf und schob den Unterkiefer knackend hin und her. Plötzlich pfiff einer der Männer leise durch die Zähne und sah von seinem Rechner auf.

»Sehr fleißig. Er hat mehr kopiert, als wir angenommen hatten.«

Der Sicherheitschef zog einen Stuhl heran und setzte sich direkt vor Wahdat.

»Du kleiner, eifriger Professor. Wie viele Kopien gibt es?«

Wahdat hielt den Blick gesenkt und schüttelte den Kopf. Kaambiz machte einen Schritt auf ihn zu.

»Lass«, fuhr der Sicherheitschef dazwischen, »ich kümmere mich selbst darum.«

Interessiert betrachtete der Iraner die glänzende Klinge des japanischen Küchenmessers, fuhr prüfend mit dem Daumen über die Schneide.

»Gute Qualität. Hast du wohl aus London mitgebracht?«, kommentierte er, dann setzte er die Spitze an und ließ sie fast zärtlich über die Innenseite von Wahdats nacktem Oberschenkel nach oben gleiten. Der stöhnte auf, ein paar Blutstropfen erschienen auf seiner weißen Haut.

»Okay, pass auf: Entweder du spuckst es jetzt aus …«, mit einer schnellen Bewegung schnitt der Sicherheitschef die Boxershorts an einer Seite auf, »… oder ich muss dich leider kastrieren.«

Er schob den Stoff mit der Klinge zur Seite und führte die Messerspitze an Wahdats Hoden.

»Das geht schnell. Wird allerdings eklig bluten. Du wirst nicht gleich sterben.«

Die Augen des Wissenschaftlers quollen aus den Höhlen, er hyperventilierte.

»Na, na. Reg dich nicht so auf. Du musst mir einfach nur sagen, ob du die Unterlagen schon verschachert hast. Und an wen.«

Um seinen Worten Nachdruck zu verleihen, drückte er das Messer etwas fester gegen Wahdats Männlichkeit. Gerade so stark, dass die Spitze eine punktförmige Blutung an dessen Hodensack verursachte.

»Niemand! Niemand!«, schrie Wahdat dem Sicherheitschef ins Gesicht. »Niemand hat sie. Ich wollte sie in die Schweiz schmuggeln.«

Er sackte in sich zusammen, eine Marionette, der man alle Fäden durchgeschnitten hatte.

»Gut. Und für wen wolltest du die Informationen aus dem Land schmuggeln?«

Wahdat hatte die Augen geschlossen. Sein Gesicht war fahl, die Beine zitterten wie unter Strom. Er musste sich jetzt entscheiden. Gab er seine Auftraggeber preis, würden sie ihn grausam zu Tode foltern, bis sie alle Informationen aus ihm herausgepresst hatten. Mit einer Lüge hingegen hatte er zumindest noch eine minimale Chance, die Sache zu überleben. Zumindest hoffte er das. Im Angesicht des drohenden Todes fiel ihm die Wahl nicht schwer.

»Niemanden, aber ich habe einen Freund. Bei *Interpol.* Den wollte ich kontaktieren.«

Der Wissenschaftler hatte die Worte geflüstert, ohne die Augen zu öffnen. Und so sah er auch nicht das Handzeichen des Sicherheitschefs, der sich von seinem Stuhl erhob und zur Seite trat.

»Wie heißt der Freund?«

»Er weiß nichts von der Sache.«

»Mir scheißegal. Wie – heißt – er?«

Wahdat heulte wie ein Baby. Er verschluckte sich an seinem eigenen Rotz, ein Hustenanfall ließ seinen ganzen Körper erbeben.

»Sein Name! Oder ich schneide dir die Eier ab und stopf sie dir ins Maul!«

»Ian McAllister, aber …«

Die Kugel durchschlug Wahdats Schädel, noch bevor er den Satz zu Ende führen konnte.

Kapitel 4

Igor Felipowitsch Potkov spürte, wie vermehrt Adrenalin ausgeschüttet wurde, Herzfrequenz und Blutdruck anstiegen. Er genoss das leise Vibrieren in seinem Inneren wie eine Violine den Bogenstrich des Meisters. In einer halben Stunde würden sie landen, der Countdown für das Abenteuer hatte begonnen. Potkov lauschte dem Rhythmus der Rotorblätter, genoss die atemberaubende Aussicht auf die Berge des Tian-Shan. Natürlich, er hatte schon hohe Berge gesehen, in der Schweiz, in Österreich, Italien. Großartige, beeindruckende Berge. Aber diese Riesen mit ihren weißen Kappen und den türkisfarbenen Seen, die wie Augen funkelten, waren überwältigend. Er versank in den Anblick der Landschaft und ließ den vergangenen Abend noch einmal Revue passieren.

Das Abendessen in Asim Borukevs Datscha war perfekt gelaufen. Der Präsident und sein Bruder Janysh, der Wirtschaftsminister, waren sich, lange bevor sich der Rauch der kubanischen Zigarren in der Luft kräuselte, einig, dass der Deal gut für Kirgistan und noch besser für ihre persönlichen Off-Shore-Konten war. Die exquisite Vorspeise – Wildkaviar aus dem Iran mit besten Grüßen ihres zukünftigen Geschäftspartners – hatten die Brüder auf ihre gedankenlose Art beim Small Talk in sich hineingeschlürft. Aber sehr viel länger konnten Asim und Janysh, die mächtigsten Männer Kirgistans, ihre Gier nicht zügeln. Noch ehe der Hauptgang auf dem Tisch stand, wechselte Janysh zum Geschäftlichen über. Das Tempo, das der Wirtschaftsminister dabei vorlegte, hatte Potkov überrascht. Schnell wurde man sich über den Kaufpreis einig. Der Rest war Formsache. Ein Rütteln holte Potkov in die Gegenwart zurück. Der Helikopter ging tiefer. Sie schwebten auf eine kleine Hochebene direkt über der Waldgrenze zu, und Potkov sah eine Gestalt zwischen den dunklen Nadelbäumen verschwinden.

»Wir sind da!«

Janysh deutete nach unten und strahlte dabei bis über beide Ohren.

»Ist alles vorbereitet. Und dein iranischer Freund ist auch schon auf dem Weg.«

Potkov hatte lange überlegt, ob er Basim Haleeh zu ihrem Jagdausflug mitnehmen sollte. So etwas konnte schnell nach hinten losgehen. Aber sein Instinkt sagte ihm, dass die Borukev-Brüder nur an seinem Geld und nicht an seinen Kontakten in den Nahen Osten interessiert waren. Er hoffte, dass ihn sein Gefühl auch dieses Mal nicht im Stich ließ.

Federnd setzte der Hubschrauber auf. Potkov griff nach seiner Tasche und dem Waffenkoffer, den er während des Flugs hinter seinen Füßen deponiert hatte. Um das restliche Equipment würde sich sein Leibwächter kümmern, aber seine handgearbeitete Bockdoppelbüchse von *Hartmann & Weiss* gab er nicht aus der Hand. Er kletterte aus dem Helikopter und atmete die würzige Luft ein. Weiße Wölkchen begleiteten jeden seiner Atemzüge. Obwohl es bereits Mai war, sahen die Berge rings um ihn herum aus wie mit Puderzucker bestreut. Die rauhe Schönheit der Umgebung nahm ihn so gefangen, dass er den kleinen, drahtigen Mann erst bemerkte, als dieser sich vor ihm aufbaute.

»Willkommen in meinen Bergen.«

Potkov stellte seinen Waffenkoffer auf den Boden und drückte die Hand, die sich ihm entgegenstreckte. Sie fühlte sich an wie Schleifpapier.

»Ich bin Anarbek, der Jagdführer.«

Er lachte. Das wettergegerbte Gesicht des Kirgisen zersprang dabei in tausend Falten. Ohne ein weiteres Wort drehte er sich um und marschierte auf den Wald zu, der unterhalb des Landeplatzes lag. Potkov folgte ihm über die feuchte Bergwiese. Es war kälter, als er erwartet hatte, und er gratulierte sich zu seiner Entscheidung, Funktionsunterwäsche anzuziehen, obwohl er sich in den langen Unterhosen immer wie ein schwuler Tänzer des Bolschoi-Theaters vorkam. Er zwängte sich durch eine Gruppe kratziger Wacholderbäume und stand mit einem Mal in einem Fichtenwald. Ein dicker Nadelteppich dämpfte das Geräusch seiner Schritte. Hinter ihm ein Keuchen. Ein Kopf erschien, Schultern. Janysh brach wie ein kapitaler Hirsch durch den Wacholdersaum.

»Wenn du morgen so einen Lärm machst, werden wir bestimmt nichts schießen.«

Potkov war verärgert über die Ungeschicktheit seines Jagdbruders. Aber als er Janyshs zerkratztes Gesicht und seine mit Nadeln gespickten Haare sah, konnte er sich ein Grinsen nicht verkneifen.

»Na, zumindest bist du jetzt perfekt getarnt.«

Der Blick, den er von Janysh auffing, gefiel ihm nicht. *Zu viel Stolz, zu wenig Humor*, dachte er. *Gefährliche Mischung.* Er würde sich mit derlei Bemerkungen künftig zurückhalten müssen.

Als sie das Basislager auf einer kleinen Lichtung erreichten, war Potkov angenehm überrascht. Die Blockhütte musste neu sein, denn die Stämme waren noch gelb und rochen stark nach Harz. Feuerholz stapelte sich bis unter das Dach, Rauch stieg aus einem Rohr an der Seite. Vor der grob gezimmerten Tür reihten sich drei Zelte aneinander, dahinter, in einem provisorischen Käfig, meckerte eine winzige Ziege. Sogar von dort, wo er stand, konnte er sie riechen.

»Ihr übernachtet in der Hütte, eure Leibwächter müssen sich ein Zelt teilen.« Anarbek war neben sie getreten und zeigte auf das mittlere Zelt.

»Meinem Sohn und mir gehört das rechte.«

Erst jetzt bemerkte Potkov den Jungen. Er war sehnig wie sein Vater, vielleicht 17, 18 Jahre alt und baute ein Stück abseits der Hütte eine Feuerstelle aus Steinen.

»Waschen könnt ihr euch da hinten am Bach.«

Der Blick des Jagdführers fiel auf Potkovs geföhnte, graue Mähne, wanderte über sein glattrasiertes Gesicht und blieb an den manikürten Händen hängen.

»Glaubst du, das ist meine erste Jagd?«, fragte Potkov.

Ohne Anarbeks Antwort abzuwarten, stieß er die Tür auf und ging in die Hütte. Spartanisch, wie er es erwartet hatte. Der einzige Luxus waren die Bärenfelle auf den drei Feldbetten und ein Bollerofen. Er belegte ein Bett an einer der Seitenwände und überließ das unter dem Fenster Janysh. Der Iraner würde nehmen müssen, was übrig blieb. Ein Hämmern an der Tür. Der kahle Kopf seines Leibwächters tauchte auf.

»Rucksack und Schlafsack, Chef.«

Potkov deutete mit dem Kinn auf das Fußende des Bettes. Wie die anderen der Truppe, die in Bischkek bei seinem Privatjet geblieben waren, hatte auch sein persönlicher Leibwächter vormalig zu einer russischen Eliteeinheit gehört. Ein Haufen waffengeiler Spinner. Potkov hatte sie rekrutiert, weil er die Besten der Besten wollte. Männer, die nichts hinterfragten, an allen Waffen ausgebildet, brutal, skrupellos und bereit, für ihren Chef zu sterben.

»Du wirst mit Borukevs Bodyguard im Zelt schlafen. Und jetzt verschwinde, ich will meine Ruhe.«

Als sein Leibwächter nicht sofort durch die Tür verschwand, sondern zum Fenster ging und prüfend daran rüttelte, war Igor Felipowitsch Potkov kurz davor, ihn anzubrüllen. Aber er verlor nie die Beherrschung. Schon gar nicht vor seinen Männern. Also wartete er, bis die Sicherheitsüberprüfung der Hütte beendet und der Glatzkopf aus dem Raum verschwunden war. Er zog seine Goretex-Jacke aus, setzte sich auf das Bett und lehnte sich an die Holzwand. Dass Splitter durch sein Fleece stachen, spürte er kaum. Seine ganze Aufmerksamkeit konzentrierte sich jetzt auf den Waffenkoffer. Er gab den Zahlencode ein, und der Deckel sprang auf. In dunkelblauen Samt gebettet, lagen dort die Einzelteile seiner *Hartmann & Weiss*. Handgefertigt nach seinen Vorstellungen. Seine Finger streichelten die seidige Oberfläche des Schafts. Türkischer Nussbaum. Die Maserung war lebhaft, voller Augen. Die Finger glitten weiter zu der hübsch gestochenen Gravur unterhalb des Kammerstengels. Als er damals gefragt wurde, welches Tierstück in den Stahl getrieben werden sollte, musste er nicht lange nachdenken: ein Sibirischer Tiger. Die mächtigste aller Katzen. Sie war fein gearbeitet, kein einziges Schnurrbarthaar fehlte. Er löste den Vorderlauf aus dem Samt. Gezogene Läufe. Er hatte ein variables Zielfernrohr mitgebracht. Ein Dämmerungsglas mit Leuchtpunktabsehen. Er stellte sich vor, wie der Schneeleopard im Fadenkreuz auftauchen würde. Den roten Punkt auf dessen Fell. Diesen Moment, in dem das Blut in den Ohren rauschen und sich sein Körper wie unter Strom anfühlen würde. Potkov spürte, wie sein Schwanz hart wurde. Plötzlich flog die Holztür auf. Die Waffenteile wären ihm fast aus der Hand gefallen. Zornesröte schoss ihm vom Hals in die Wangen, als er Anarbek, den Jagdführer, im Türrahmen stehen sah.

»Verdammt, was soll das, du Bauer! Klopf gefälligst an!«

Seine sonst sonore Stimme überschlug sich, wurde grell, fast hysterisch. Er drückte Schaft und Vorderschaft vorsichtig zurück in den Samt und sprang auf. Anarbek bewegte sich keinen Millimeter, ein Lächeln wie eingraviert lag auf seinem Gesicht. Er zuckte mit den Schultern.

»Wollte nur Bescheid geben, dass dein Freund in einer guten halben Stunde hier auftauchen wird. Dann machen wir Lagebesprechung.«

Während er sprach, tastete er mit seinen Augen die Waffe ab.

»Schöne Büchse. Schon eingeschossen?«

Langsam bekam Potkov seine Emotionen wieder unter Kontrolle.

Wenn dieses Ledergesicht dachte, dass er nur ein alter, reicher Sack war, der keine Ahnung von der Jagd hatte, würde er ihn bald eines Besseren belehren. Er war mit seinen 60 Jahren fitter als sein Sohn, der in Harvard lieber Bars als Wirtschaftswissenschaften studierte. Jeden Tag um neun Uhr stand sein Personal Trainer vor der Tür. Sommers wie winters, im Regen und bei Sonnenschein. Lauftraining im Hyde-Park, danach Gewichte-Stemmen, *Power Plate* und Stretching zu Hause in seinem Fitnessraum. Der Mann verdiente ein Vermögen an seiner Physis.

»Schon vergessen? Ist nicht meine erste Jagd.«

Anarbek nickte bedächtig.

»Haben sie dir wegen der Munition Bescheid gegeben?«

»Kein genaues Kaliber. Eine schnelle, kleine Patrone, hieß es. Hab mich für ein 6,5-x-68-Vollmantel entschieden.«

Potkov meinte, im Gesicht des Jagdführers so etwas wie Respekt zu erkennen.

»Gute Wahl«, antwortete Anarbek nach einem endlosen Moment. Das Faltenplissee um seine Augen erwachte zum Leben.

»Die wird den Schaden im Fell klein halten, wenn du gut triffst.«

Doch die Antwort blieb Potkov im Halse stecken, sein Gesicht wurde aschfahl. Jemand hatte draußen in schneller Folge zwei Schüsse abgegeben.

***

Ian McAllister legte die Zeitung aus der Hand und starrte aus dem Fenster. Der Wind spuckte Regentropfen an die Scheibe, verwaschenes Grau erfüllte den Londoner Himmel. *Unmöglich!* Er las die Headline noch einmal. »Physiker im Iran ums Leben gekommen.« McAllister wollte nicht glauben, was er da las. Angeblich hatte Cyrus Wahdat einen Ausflug in einen nahegelegenen Nationalpark gemacht, war dabei mit seinem Auto von der Straße abgekommen und gegen einen Felsen geknallt. »Bis zur Unkenntlichkeit verbrannt«, hallte es in seinem Kopf wider.

»Bullshit!«

Zwar waren sich McAllister und sein Kumpel aus Studientagen schon eine Weile nicht mehr über den Weg gelaufen, aber Ian war sich sicher, dass sich Cyrus nach wie vor nicht an das Steuer eines Autos gesetzt hätte. Und das war keine Berufsparanoia. Im Alter von zehn Jahren war Cyrus Wahdat durch einen Autounfall zur Vollwaise geworden. Eine breite Narbe am Brustkorb zeugte davon, dass er den Zusammenstoß selbst nur mit knapper Not überlebt hatte. Wieso also sollte er sich zu einer unsinnigen Tageszeit – Morgengrauen, wie dem Artikel zu entnehmen war – in ein Auto setzen und einen Ausflug machen? Nie im Leben würde Cyrus ein derart irrwitziges Verhalten an den Tag legen. Er war ein äußerst besonnener Mensch. Immer gewesen. Hier stank etwas zum Himmel. McAllister versuchte, die Trauer zurückzudrängen. Wenn er sich ihr hingab, war damit im Moment niemandem gedient. Stattdessen nahm er sich vor, nach dem Wochenende Erkundigungen einzuziehen und mit den Kollegen in Lyon ein wenig zu plaudern. Er wollte herausfinden, ob er der Einzige war, der ein merkwürdiges Gefühl bei der Story hatte, oder ob im Hintergrund vielleicht schon Ermittlungen liefen, von denen die Presse nichts wusste. Das war das wenigste, was er für seinen alten Buddy noch tun konnte. Er räumte seine Kaffeetasse weg und beschloss, sich mit einer Runde Joggen abzulenken.

Es war sein erstes dienstfreies Wochenende seit drei Wochen, und er hatte es mit Lea verbringen wollen – bis ihre Kirgistan-Reise dazwischengekommen war. Statt romantischem Essen und wildem Sex würde es wohl nur Burger und Fußball geben. Irgendwie war ihm über seine Arbeit und seine verkorkste Ehe das Talent zur Freizeitgestaltung abhandengekommen. Seine Behausung, wie Lea seine Wohnung nannte, machte es auch nicht besser. Im Januar war er aus dem gemeinsamen Haus seiner zukünftigen Exfrau ausgezogen. Jetzt war Mai, und immer noch stapelten sich Kisten in seinem Schlafzimmer. Sie auszupacken, hieß für ihn, einen Geist aus der Flasche zu lassen. Lucys Geist. Reichte schon, dass sie ihn ständig anrief und neuerdings einen teuren Anwalt Briefe schreiben ließ.

Als er loslief, ging der Regen in ein leichtes Nieseln über.

In seinen Ohren dröhnte Linkin Park und gab den Rhythmus vor. Sein Gehirn schaltete auf Leerlauf. Es war nicht weit von Bayswater zum Hyde-Park. Als er die weitläufige Grünanlage erreichte, war er aufgewärmt. Locker trabte er über die Kieswege, genoss es, seine Muskeln zu spüren und die feuchte Luft einzuatmen. Ein Fahrradfahrer überholte ihn und drehte sich nach ihm um. McAllister dachte gerade an die heiße Nummer mit Lea in der Küche. Sie waren so in ihr Liebesspiel versunken gewesen, dass darüber die Pastasoße angebrannt war. Bei diesem Gedanken musste er grinsen. Vereinzelt schlenderten Touristen mit Schirmen bewaffnet durch den Park und zwangen ihn immer wieder, in die Wiese auszuweichen. Deshalb sah er auch den Mann mit der Kamera nicht sofort und lief mitten durch das Bild. Er drehte sich um und hob entschuldigend die Hand, aber der Fotograf hatte sich bereits abgewandt und war weitergegangen. Eine halbe Stunde später bog er wieder in seine Straße ein. Locker lief er die letzten Meter aus und registrierte einen Fahrradfahrer, der offensichtlich die Speisekarte des Italieners im Erdgeschoss seines Wohnhauses studierte. Als er näher kam, stieg der Mann auf seinen Drahtesel und fuhr in entgegengesetzter Richtung davon. McAllister erkannte die Jacke sofort wieder.

***

Lea tat der Hintern weh. Die schlechten Straßen und die harte Federung des Ladas setzten ihrer wenig gepolsterten Kehrseite zu. Sie waren seit fünf Stunden unterwegs, der Asphaltbelag gehörte längst der Vergangenheit an. Felder, Grassteppe, einzelne Siedlungen zogen am Fenster vorbei, gelegentlich überholte Oleg einen Traktor oder ein Pferdefuhrwerk.

Ziel ihrer Fahrt war der Terskej-Alatau, eine Gebirgskette des Tian-Shan, die das Hochtal des Issyk-Kul-Sees auf der Südseite begrenzte. Sie ließen den Meeresspiegel immer weiter unter sich, fuhren den Wolken und den Gipfeln entgegen. Oleg saß am Steuer und referierte über paläozoische Schiefer, Sandsteine, Marmor und Granite, die dem Tian-Shan seinen ganz eigenen Charakter verliehen. Seit sie auf einen Forstweg eingebogen waren, der steil bergan führte, hörte Lea nur noch mit halbem Ohr zu. Ihre Finger suchten an der Türverkleidung Halt. Sie schwitzte. Ein paar Stunden zuvor hatte sie noch gedacht, ihre Ängste besiegt zu haben. Der tosende Gebirgsbach, der unmittelbar neben der Fahrspur eine tiefe Schlucht ins Gestein schnitt, belehrte sie eines Besseren. Während Manni begeistert mit einer kleinen Handkamera durch das heruntergekurbelte Fenster filmte, vermied Lea den Blick in die Schlucht. Ihre Augen blieben fest auf die schmalschultrigen Fichten am Hang gerichtet. Oleg beobachtete sie im Rückspiegel.

»Sind übrigens endemisch«, wandte er sich an Lea.

»Wer?«

»Na, die Fichten, die du so interessiert studierst. Semenov-Fichten. Gibt's nur hier.«

Lea kam nicht mehr dazu, zu antworten. Die Vollbremsung in der Kurve traf sie so unvorbereitet, dass ihr Kopf mit voller Wucht gegen Mannis Nackenstütze knallte. Sie hörte den Tierfilmer fluchen, Tom, der neben ihr saß, gab einen grunzenden Laut von sich. Der Lada schlingerte und kam zum Stillstand. Als sich ihr Atem beruhigt hatte und die Übelkeit abgeflaut war, öffnete sie die Augen. Schafe. Wollige Buckel, die sich rechts und links am Auto vorbeischoben. Schmutzige Nasen, die sich blökend zu ihrem Fenster hochreckten. Sie rieb sich die Stirn.

»Geht gleich weiter«, informierte Oleg und kurbelte das Fenster hinunter, um in aller Seelenruhe ein Schwätzchen mit dem Schäfer zu halten. Manni drehte sich zu ihr um.

»Siehst blass aus, Engelchen.«

Er griff in die Brusttasche seiner Goretex-Jacke, zog einen Flachmann hervor und hielt ihn ihr vor die Nase.

»Notfallmedizin. Nimm einen Schluck.«

Lea schüttelte den Kopf, aber Manni ließ nicht locker.

»Komm, mach schon! Vertrau einem alten Fuchs.«

Der Tierfilmer musste über seinen eigenen Witz so lachen, dass er den Schnaps beinahe auf ihre Wanderhose verschüttet hätte. Um ein größeres Unglück zu vermeiden, gab Lea nach und trank. Die brennende Schärfe fuhr ihr in den Magen, verwandelte sich in Wärme und liebkoste ihre Nerven.

»Mit rosigen Wangen siehst du zum Anbeißen aus.«

»Manni, bitte …«

»Was? Ich werde einer hübschen Frau wohl noch ein Kompliment machen dürfen?«

Er sah sie mit gespielter Entrüstung an und grinste.

Eine Stunde und unzählige steile Kehren später erreichten sie das Hochplateau, auf dem zwei Jurten wie die Brüste einer Riesin aufragten. Daneben zwei Solarmodule. Oleg parkte den Lada neben dem Lkw. Eine zierliche Frau, die in einem viel zu großen Armeeparka steckte, stand vor einer der Jurten und rauchte. Ihre Fingernägel waren dunkelrot lackiert. Lea musste an getrocknetes Tierblut denken.

»Wir dachten schon, ihr taucht gar nicht mehr auf«, sagte sie und nahm einen tiefen Zug. Ein zweiter Kopf spähte hinter der Filzdecke, die den Jurteneingang verschloss, hervor.

»Das ist Aisada, unsere Tierärztin«, stellte Oleg die Frau vor. »Und der Kerl da ist Erkinbek, mein wissenschaftlicher Mitarbeiter.«

Der junge Mann kam aus der Jurte und schlüpfte in seine Gummistiefel.

»Hatten heute wieder mal ziemlich viel Flugverkehr«, wandte er sich an Oleg, nachdem er jedem die Hand geschüttelt hatte.

»Zwei Helikopter. Einer am Vormittag, der andere am frühen Nachmittag. Beide sind in Richtung Chong-Kyzyl-Suu-Tal geflogen.«

»Wie schon in den letzten Wochen.«

Oleg rieb sich das Kinn.

»Wir haben ein paar Nachforschungen betrieben«, wandte er sich an Lea, »und mit den Hirten aus der Gegend gesprochen, aber keiner weiß etwas über die Hintergründe des ungewöhnlichen Flugbetriebs. Und Erkinbek und ich haben zu viel Arbeit mit dem Schneeleoparden-Monitoring, um einen Marsch zum Nachbartal zu unternehmen. Was soll´s! Stehen die Fallen?«

Erkinbek nickte.

»So, wie du sie in der Karte eingezeichnet hast.«

»Sehr gut, sehr gut«, murmelte Oleg. Seine Augen suchten eine Felskuppe am Ende der Ebene ab. Lea folgte seinem Blick. Grau,

Stein, Büsche, Schnee, Schatten, Grün. Da! Etwas glitzerte in der Sonne. Sie kniff die Augen zusammen. Eine Antenne.

»Unsere Lauschstation«, erklärte Oleg ihr und Manni, der sich zu ihnen gesellt hatte.

»Die Fallen sind auf der anderen Seite des Felsrückens ausgelegt. Jede ist mit einem Sender ausgestattet, der ein Signal schickt, wenn ein Tier in die Falle gegangen ist. Die Antenne leitet den Alarm an unsere Empfangsstation hier im Camp weiter. Mordslärm. Danach schläft keiner mehr.«

»Ihr jagt mit Fallen?«

Manni zwirbelte das Gummiband aus den Haaren und schüttelte den Kopf wie ein Shampoo-Model. Oleg sah ihn an wie einen Irren, der aus der Anstalt ausgebrochen war.

»Denkst du, die Schneeleoparden kommen hier im Camp vorbei und holen sich das Senderhalsband ab?«

Manni prustete los.

»Der ist gut! Der ist wirklich gut! Den musst du unbedingt noch mal vor der Kamera bringen! Tom!«

Der Tierfilmer machte seinem Assistenten ein Zeichen, die große Kamera zu holen. Sofort erschien ein steiles V über Olegs Nasenwurzel. Lea hatte die Aktion beobachtet, griff nach Mannis Arm und zog ihn ein Stück zu sich.

»Lass gut sein. Wir sollten jetzt erst einmal das Gepäck ausladen und in die Jurte bringen.«

Manni beugte sich nach vorne, brachte seinen Mund ganz nah an ihr Ohr und flüsterte: »Du willst also mit mir zusammen in eine Jurte?«

Kapitel 5

»Achtung!!!«

Der Schrei des Jagdführers gellte durch die Schlucht. Potkov hörte einen dumpfen Aufprall, dann ein schnell anschwellendes Crescendo aus Klackern, Rieseln und Rauschen. Er und seine beiden Jagdgefährten hechteten hinter einen Felsvorsprung. Faustgroße Steine pfiffen an ihnen vorbei, schlugen ins Erdreich ein und hoben erneut ab, um mit noch größerem Tempo ins Tal zu stürzen. Kiesellawinen rauschten abwärts, verloren an Energie und kamen mit leisem Zischen zum Stillstand.

»Scheiße, das war knapp!«

Es waren die ersten Worte, die Janysh von sich gab, seit sie am Morgen vom dem Basislager aufgebrochen waren. Potkov hatte ihm schon beim Frühstück angemerkt, wie verstimmt er noch war. Der Jagdführer hatte es sich erlaubt, ihn zu kritisieren. Ihn, den Wirtschaftsminister von Kirgistan. Wegen zweier Schüsse auf einen Hasen.

»Wir sind zum Jagen in die Berge geflogen, oder etwa nicht?«, war seine patzige Antwort gewesen. Kein Einsehen, keine Entschuldigung dafür, dass er das Lager mit seiner Ballerei in Aufruhr versetzt hatte. Aber einer wie Janysh Borukev brachte Potkov nicht aus dem Konzept. Potkov hatte in seinem Geschäftsleben mit weit schwierigeren Charakteren fertigwerden müssen. Und für diesen Deal würde er sogar den Teufel als Jagdgefährten ertragen. Anarbek schlitterte auf der losen Kieselschicht auf sie zu, dicht gefolgt von seinem Sohn. Die kleine Ziege hatte er sich wie eine Jacke über die Schulter geworfen. Das Tier protestierte mit leisem Meckern.

»Da waren Steinböcke über uns. Wir sollten den Geröllhang jetzt schnell überqueren, drüben ist es sicherer.«

Basims große schwarze Augen blickten müde auf Potkov. Seine Haare klebten ihm an der Stirn, die Drillichhose war verdreckt. Potkov hielt Basim seine Wasserflasche hin, der sie dankbar annahm.

»Wie weit noch?«

»Du schaffst das.«

Aber er war alles andere als sicher. Basim war nicht trittfest, und er keuchte beim Aufstieg wie ein asthmatischer Esel. Seine Wangen wirkten eingefallen. Die dünne Luft hier oben auf über 3000 Metern machte dem Iraner noch zusätzlich zu schaffen.

»Komm, wir müssen weiter.«

Potkov zog Basim auf die Füße, und sie folgten Anarbek und den beiden anderen. Obwohl die Männer vorsichtig einen Fuß vor den anderen setzten, rutschten sie immer wieder ab und traten Steine los, die sich auf ihrem Weg nach unten in tödliche Geschosse verwandelten. Sie durchwanderten eine unwirtliche Gegend. Felsig und grau, durchsetzt von ein paar zähen Grasbüscheln und Baumskeletten. Nur vereinzelte Schneefelder boten den Augen Abwechslung. Je länger sie im Revier der Schneeleoparden unterwegs waren, umso mehr bewunderte Potkov die Raubkatzen. Die Männer folgten dem Lauf eines Baches, der aus den Wolken zu kommen schien und sich an ihnen vorbei ins Tal stürzte. Es rauschte und gurgelte, trotzdem konnte Potkov Basims schweren Atem hinter sich hören. Er blieb stehen, obwohl die anderen bereits weit voraus waren.

»Anarbek! Wir machen Pause!«, rief er nach oben und hoffte, dass ihn der Jagdführer hören konnte. Er nahm sein Gewehr ab und stellte den Rucksack auf den Boden. Basim ließ sich erschöpft auf einen Felsen fallen. Sein Atem ging stoßweise.

»Alles okay?«, erkundigte sich Potkov. Basim nickte und trank gierig aus seiner Wasserflasche.

»Du solltest was essen.«

Um nicht länger das erschöpfte Gesicht des Iraners sehen zu müssen, nahm er das Fernglas und suchte die Felsbänder nach Tieren ab. Er verachtete Selbstüberschätzung. Vor allem, wenn sie seine Pläne durchkreuzte. Basim sah aus wie der lebendige Tod. Sollte ihm etwas zustoßen, war der Deal vom Tisch. Und die Jagd sowieso.

Weiter oben am Bachlauf sah er Anarbek ungeduldig winken. Sie hatten noch einige Höhenmeter vor sich, mussten das Lager aufbauen und Holz sammeln, bevor es dunkel wurde.

»Weiter.«

Ächzend richtete sich sein Begleiter auf. Potkov fragte sich einmal mehr, warum Basim diese Strapazen auf sich nahm. Er war nur Zuschauer, nicht mehr, denn der Abschuss gehörte ihm. Nicht Basim, nicht Janysh oder Anarbek würden die tödliche Kugel abfeuern. Er alleine würde den Schneeleoparden zur Strecke bringen, sein Damastmesser mit dem warmen Blut der Raubkatze taufen. Das Fell würde das Prunkstück seines Herrenzimmers werden. Nur ausgewählte Gäste sollten es zu Gesicht bekommen. Zu schade, dass er warten musste, bis Janysh diese Trophäe vom kirgisischen Präparator abholen und das Fell bei seinem nächsten Besuch im Diplomatengepäck nach London schmuggeln würde. Dennoch: Ein so intensives Gefühl der Vorfreude hatte er schon lange nicht mehr empfunden.

***

Nein, Lea würde das nicht zulassen. Schon als Teenager hatte sie seine Filmbeiträge förmlich verschlungen. Manni Fuchs war immer noch einer der besten Tierfilmer Deutschlands. Ein Pionier, einer, der unglaubliche Tierszenen erstmalig auf Film gebannt hatte. Bären, Tiger, Haie. Kein Tier war ihm zu groß oder zu gefährlich. Nein, sie würde die Episode in der Jurte nicht überbewerten. Sie war über ihren Schlafsack gestolpert, er hatte sie aufgefangen und einen Sturz verhindert. Dass er sie dabei länger als nötig im Arm gehalten und mit hungrigen Augen angesehen hatte, versuchte sie zu verdrängen. Seinen Kommentar »Bist du immer so stürmisch?« hatte sie ignoriert und sich wortlos seiner Umarmung entwunden. Mehr war da nicht gewesen. Zudem war sich Lea ihrer Wirkung auf Männer bewusst. Ihre Unnahbarkeit provozierte sie, entfachte ihren Jagdtrieb. Sie wollten sie erobern, ihren Panzer sprengen, sich ihre eigene Unwiderstehlichkeit beweisen. Sie kannte das Spiel, sie nahm es nicht mehr ernst. Lea hockte auf einem Campingstuhl vor der Jurte und beobachtete Manni bei der Arbeit. Aufmerksam und konzentriert stand er neben der Feuerstelle. Er hatte die Kamera auf der Schulter und filmte, wie Oleg eine pampige Masse aus dem Wok schöpfte. »*Plov*«, erklärte Oleg brummig, »wird in Kirgistan zu besonderen Anlässen serviert. Es ist ein Reisgericht mit Hammelfleisch, Möhren und Zwiebeln.« Und mindestens zwei Litern Öl, dachte Lea, die ihm bei der Zubereitung zugesehen hatte. Die Tierärztin drückte ihr eine volle Schale und einen Löffel in die Hand.

»Gegessen wird drinnen.«

Freundlich klang das nicht gerade.

Die Jurte hatte sich von einem Schlaflager in ein Esszimmer verwandelt. In der Mitte lag eine Plastiktischdecke auf dem Boden, darauf Teller mit aufgeschnittenem Fladenbrot, Schüsseln mit Krautsalat, Keksschachteln und Teeschälchen. Lea balancierte vorsichtig über die Schlafsäcke, die als Sitzgelegenheit dienten, und ließ sich im Schneidersitz nieder. Sie war hundemüde und wollte nur noch essen und schlafen. Sie dachte an ihren Schlafplatz in der Gästejurte, den sie in maximaler Entfernung zu Mannis gewählt hatte. Ihr Blick wanderte auf die andere Seite der Tischdecke. Die Tierärztin hatte sich neben dem Tierfilmer niedergelassen, zeigte ihm ihre blitzenden Zähne und vergaß zu essen. Olegs Bauch erschien im Eingang. Geschickt schlängelte sich der Wissenschaftler bis zu ihr durch. Er ließ sich neben Lea auf die Schlafsäcke fallen und tauchte den Löffel in den fettglänzenden Reiseintopf.

»Wenn mir dieser Kerl vier Tage lang mit der Kamera in den Arsch kriecht, drehe ich durch«, flüsterte er ihr mit vollem Mund zu.

»Wird schon nicht so schlimm werden. Hauptsache, der Beitrag wird gut.«

Das V über Mannis Nasenwurzel erschien erneut. Wie ein Raubvogel lauerte es zwischen seinen Augenbrauen.

»Was ist?«, fragte Lea.

Oleg lehnte sich näher zu ihr. »Was machen wir, wenn wir keinen Schneeleoparden erwischen?«

»An so etwas denke ich gar nicht.«

»Solltest du aber. Ist die wahrscheinlichere Option.« Er machte eine kurze Pause und fixierte sie wie eine Schlange. Kaum hörbar wisperte er: »Wir könnten in der Auffangstation von Ananevo nachfragen, ob wir dort drehen können.«

Lea warf den Löffel in die Schale, Fett spritzte auf Olegs Hose.

»Hast du sie noch alle? Du willst einen gefangenen Schneeleoparden besendern? Das ist Betrug!«

Ihre Stimme war jetzt nur noch ein Zischen.

»Bodo hat gesagt, wir brauchen diesen Beitrag um jeden Preis. Hast du gehört? Um jeden!«

»Weißt du überhaupt, wen du da vor dir hast, Oleg?«

Ihr Kinn zuckte in Richtung Manni, der sich gerade das Flanellhemd aufknöpfte, um seiner Nachbarin eine Narbe auf der Brust zu präsentieren. Tom und Erkinbek, die beiden Assistenten, saßen daneben und grinsten sich verstohlen an.

»Einen geilen, alten Bock?«

Lea bedachte Oleg mit einem Blick, der Jack the Ripper zur Ehre gereicht hätte.

»Manni«, sagte sie laut, »wie wär's, wenn du uns was von deiner Arbeit erzählst?«

Manni strich sich eine blonde Strähne aus dem Gesicht und knöpfte das Hemd wieder zu.

»Wenn du unbedingt möchtest«, sagte er mit gespielter Geziertheit und machte es sich bequem.

»Zuallererst braucht man Geduld, denn die meiste Zeit sitzt du nur da und wartest, dass sich die Tiere zeigen. Im Zelt, auf dem Hochstand, getarnt irgendwo im Gelände. Oft haben die Hauptdarsteller nämlich keine Lust, in deinem Film mitzuspielen.«

Er machte eine Pause und löffelte sich *Plov* in den Mund.

»Und du brauchst Mut. Jede Menge. Wenn so eine Herde Wisente plötzlich die Richtung ändert und auf dich zudonnert, musst du die Nerven bewahren.«

Er strich sich über die Narbe an seiner Augenbraue.

»Ist vor zwei Jahren passiert. Mir blieb nur noch der Sprung hinter einen Baumstamm. War echt knapp, aber die Aufnahmen sind unglaublich geworden …«

Er grinste breit.

»Das war der Beitrag, für den du beim *Wildscreen-Film-Festival* ausgezeichnet worden bist! Wisente in Polen!«

Lea sprach schnell, ihre Stimme war eine Spur heller als sonst.

»Ich war bei der Preisverleihung. Deine Dankesrede war wirklich … beeindruckend.«

Oleg sah sie wie einen seltenen Käfer an. Ein spöttischer Zug erschien um seine Lippen. Manni machte sich gar nicht erst die Mühe, seinen Stolz zu verbergen.

»Einer musste es mal laut aussprechen, oder? Dieses Getrickse in der Tierfilmerbranche nimmt überhand. Trainierte Wölfe, getürkte Kadaver, und was weiß ich. Wenn ihr in einem Film seht, wie sich ein Bär über ein totes Reh hermacht, dann ist es aller Wahrscheinlichkeit nach ein gezähmtes Tier, das nach Süßigkeiten sucht, die der Tierfilmer im Bauch des Kadavers versteckt hat. Oder es werden putzige Namen vergeben, Schicksalsgeschichten erfunden, das Verhalten von Tieren vermenschlicht. Nur, damit der Zuschauer auf seine Kosten kommt. Manipulation, wohin man schaut. Ich könnte kotzen. Wo bleibt da die Ethik? Wir sind Naturfilmer und nicht Disney-Produzenten!«

Es war still geworden in der Jurte. Alle Augen waren auf Manni gerichtet. Er hatte sich aufgerichtet, die Hände flogen beim Sprechen wie angriffslustige Wespen durch die Luft. Sein Gesicht glänzte im Schein der Gaslampe, die in der Kuppel hing.

»Besser, als gar keine Aufnahmen zu bekommen und den Auftraggeber zu enttäuschen, oder?«

Olegs Giftpfeil verfehlte sein Ziel nicht. Mannis Gesichtszüge erschlafften, seine Mundwinkel zeigten nach unten. Alles Kämpferische war aus seiner Haltung verschwunden.

»Trotzdem«, war alles, was er sagte, bevor er den Löffel wieder in der Schale versenkte.

»Siehst du, es wird nichts so heiß gegessen, wie es gekocht wird«, flüsterte Oleg Lea zu. Seinen selbstzufriedenen Gesichtsausdruck hätte sie ihm am liebsten aus dem Gesicht gewischt. Sie saß ein paar Minuten wortlos da, dann streckte sie sich und gähnte demonstrativ.

»Ich gehe schlafen, gute Nacht.«

Draußen umfing sie die samtschwarze Nacht. Millionen Sterne funkelten am Firmament. Es war kühl geworden. Sie dachte an Ian. Sie vermisste ihn. Ehe sie hinüber zur Gästejurte stapfte, knipste sie die Taschenlampe an, als könnte sie mit dem Licht ihre trüben Gedanken verjagen. Nach einer Katzenwäsche am Wassereimer schlüpfte sie in ihren Schlafsack. Obwohl sie fror, schlief sie zügig ein. Zischen. Wispern. Gedämpftes Kichern. Lea schrak mitten in der Nacht auf, schüttelte schlaftrunken einen Traum ab, der noch in ihr nachhallte. Sie lauschte in die Dunkelheit. Unweit ihres Schlafplatzes vernahm sie ein leises, rhythmisches Keuchen.

***

Igor Felipowitsch Potkov und Basim Haleeh kletterten über die letzte Kuppe. Vor ihnen lag ein schmales Hochplateau.

»Na, endlich«, schallte es ihnen entgegen. Janysh stand breitbeinig auf einem Felsen und sah auf sie herunter.

»Habe schon gedacht, ihr kommt gar nicht mehr.«

Er ließ sein bellendes Lachen hören und sprang von seiner Aussichtsplattform. *Wichtigtuer*, dachte Potkov, aber er musste sich eingestehen, dass der Wirtschaftsminister nicht im Geringsten müde oder erschöpft wirkte. So viel Energie und Durchhaltevermögen hätte er dem untersetzten Mann nicht zugetraut. Sein iranischer Begleiter hingegen würde vor Erschöpfung vermutlich nicht einmal mehr das Abendessen erleben. Er ging wortlos an Janysh vorbei auf eines der Zelte zu, die Anarbeks Sohn bereits aufgebaut hatte. Er ließ seine Waffe und den Rucksack vorsichtig von seinem Rücken gleiten. Irgendjemand hatte bereits Holz gesammelt, denn der Jagdführer war dabei, ein Feuer zu entfachen. Die Ziege war zwischen den Zelten und der Feuerstelle angepflockt und knabberte an ein paar Grasbüscheln. Anarbek sah von seiner

Arbeit hoch. Seine Augenbrauen glichen haarigen Raupen, die zuckend über seine Stirn krochen.

»Wie geht's ihm?«

»Völlig erschöpft.«

»Sieh zu, dass er anständig isst und dann schläft. Wir werden morgen eine Stunde vor Sonnenaufgang aufbrechen. Wenn dein Freund bis dahin nicht fit ist, muss er hierbleiben und auf uns warten.«

Potkov nickte und verkniff sich ein Grinsen. Anarbeks strenges Regime bot ihm eine gute Möglichkeit, Basim für die Dauer der Jagd loszuwerden. Geschäft hin oder her, er war nicht scharf darauf, noch einen weiteren Tag den Babysitter zu spielen. Vor allem nicht an solch einem besonderen Tag.

»Der Bars ist hier. Ich kann ihn riechen.«

Potkov schrak aus seinen Gedanken hoch.

»Bist du sicher?«

Der Jagdführer bedachte ihn mit einem nachsichtigen Lächeln.

»In Sowjet-Zeiten habe ich für das Zookombinat Schneeleoparden gefangen. Weit über 50 Tiere. Ich kenne ihren Geruch, ihre Spuren, ich kenne ihr Verhalten und ihre Beutetiere. Aber Barse sind schlau. Und scheu. Sicher kann man sich nie sein.«

Anarbek hatte ein Stück Hartwurst aus einem Lederbeutel geangelt, den er um seine Hüfte trug. Er schnitt ein Stück mit seinem Jagdmesser ab und hielt es Potkov hin, ein zweites verschwand in seinem Mund. Er kaute, während er das hungrige Flämmchen zu seinen Füßen fütterte, bis es groß und gelb im Steinkreis tanzte.

»Ich war in den letzten zwei Monaten vier Mal hier oben. Jedes Mal habe ich Spuren gefunden. Es sind zwei. Vielleicht eine Mutter mit ihrem Jungen. Vielleicht zwei halbwüchsige Brüder. Vielleicht zwei Kuder, die ihre Reviere abstecken.«

Der Jagdführer machte eine Pause. Potkov beobachtete fasziniert, wie die Kiefermuskeln unter der Lederhaut immer noch arbeiteten. Er schloss daraus, dass es mit Anarbeks Zähnen nicht zum Besten stand.

»Mein Sohn«, fuhr der Kirgise fort, »wird heute Nacht die Ziege wegbringen und anpflocken. Ungefähr eine Stunde von hier entfernt. Das wird dem Bars genug Zeit geben, sein Opfer in aller Ruhe aus der Ferne zu beobachten.«

»Und wenn er zuschlägt, bevor wir ankommen? Was dann?«

Nach dem anstrengenden Aufstieg stand Potkov nicht der Sinn nach unausgegorenen Plänen.

»Wird er nicht.«

Anarbek sagte das mit einer Selbstverständlichkeit, die Potkov staunen ließ. Aber Potkov war nicht überzeugt. Gerade als er etwas erwidern wollte, fuhr Anarbek fort.

»Außerdem wird mein Sohn aus gebührendem Abstand die Ziege bewachen. Beruhigt?«

Er wandte sich wieder dem Feuer zu. Potkov ging zu den Zelten, wo Janysh auf einem Schlafsack hockte, das Schnarchen des Iraners im Rücken. Er löste die Schlafsackrolle von seinem Rucksack und setzte sich neben Janysh. Eine Weile betrachteten die beiden schweigend die Konturen der Berge, die sich langsam in der Dunkelheit auflösten. Potkov war mit dem Vorsatz in die Berge geflogen, Janysh noch einmal auf den Zahn zu fühlen, bevor sie über die Details der Verträge sprechen würden. Seine Leute hatten gute Arbeit geleistet und ein umfangreiches Dossier über den Borukev-Clan und die politische Situation in Kirgistan angefertigt. Bei manchen Dingen hakte er trotzdem gerne persönlich nach. Manchmal erzählten eine Stimme, Mimik oder Gesten eben mehr als Zahlen und Worte. Janysh wirkte entspannt.

»Als ich in Bischkek gelandet bin, habe ich aus der Luft eine lange Landebahn und große Hangars gesehen. Ist das die Air Base?«

Wenn Janysh von Potkovs Themenwahl überrascht war, ließ er es sich nicht anmerken.

»Mhm«, brummte er.

»Ihr habt als einziges Land sowohl einen russischen als auch einen US-Militärstützpunkt. Interessante Konstellation.«

Janyshs Blick glitt an ihm vorbei hinüber zum Feuer.

»Reine Geschäftssache. *Manas Air Base,* ein logistischer Eckstein für die USA und die NATO. Sie brauchen diesen Stützpunkt für ihre Operationen in Afghanistan.«

Seine Stimme klang gelangweilt.

»Und Moskau akzeptiert das so ohne weiteres?«, hakte Potkov nach.

»Ohne weiteres? Nein. Aber wir haben uns, lass es mich so sagen, für den Moment arrangiert.«

Janysh gähnte herzhaft. *Kann mir lebhaft vorstellen, dass ihr lukrative Abkommen mit beiden Seiten getroffen habt*, dachte Potkov. Ein derart fragiles Geschäftsmodell, abhängig von der Stimmung zwischen zwei Mächten, war nicht nach seinem Geschmack. Zu viel Geschnüffel von Geheimdiensten. Aber seine Analysten hatten die Situation als für sein Projekt unbedenklich eingestuft. Im schlimmsten Fall würde Moskau mit gewissen Anreizen dafür sorgen, dass der Vertrag für die *US Air Base* nicht mehr verlängert würde. Damit konnte er gut leben, seine alten Seilschaften in der Hauptstadt funktionierten immer noch hervorragend. Janysh hatte Potkovs langes Schweigen offensichtlich als Verunsicherung interpretiert, denn er fügte hinzu:

»Mach dir keine Sorgen, wir haben hier alles im Griff.«

»Wie darf ich das verstehen?«

»So, wie ich es sage. Was immer in diesem Land passiert, wir wissen es. Lange, bevor es an die Oberfläche kommt. Und wir haben Möglichkeiten, Vorgänge zu steuern.«

Er zog das Messer, das neben ihm steckte, aus dem Boden und kratzte mit der Spitze Dreck unter seinen Fingernägeln hervor.

»Unser jüngster Bruder ist Chef des Geheimdienstes.«

***

Leas Herz raste, als wollte es aus seinem Rippenkäfig ausbrechen. Irgendetwas hatte sie an der Schulter gepackt und schüttelte sie unbarmherzig. Sie zwang ihre Augenlider auseinander. Es war Oleg.

»Aufstehen, schnell! Wir haben einen Alarm!«

Noch bevor sie etwas sagen konnte, war der Wissenschaftler bei Manni und leuchtete ihm mit der Taschenlampe ins Gesicht.

»Verdammt! Was soll das?«, fuhr der hoch. Der Lichtstrahl zeichnete harte Furchen in Mannis Gesicht. Ein einzelnes, dunkles Haar hing an seinem Kinn.

»Eine der Fallen hat Alarm ausgelöst. Betet, dass es ein Schneeleopard ist. In unserer Jurte drüben gibt es Tee, wir brechen in 30 Minuten auf«, verkündete Oleg.

Tom war als Erster auf den Beinen. Er rollte den Schlafsack zusammen und fing an, die Ausrüstung zusammenzusuchen. Lea lauschte der Melodie, die er summte. Irgendwo in der Tiefe ihrer Erinnerung war diese Tonfolge gespeichert.

»Du bist eine echte Naturschönheit, weißt du das?«

Manni zwinkerte Lea zu, während er die Haare zu einem Pferdeschwanz zusammenband. Lea verdrehte die Augen und schälte sich aus den warmen Daunen.

»Guten Morgen erst mal«, sagte sie und steckte den Kopf prüfend aus der Jurte. Es war dämmrig und saukalt. Sie schlüpfte in ihr Fleece, setzte eine Mütze auf und ging nach draußen. Die kühle Luft machte einen Espresso überflüssig. Sie tauchte ihre Hände in den Eimer und stieß auf eine zarte Eisschicht. Ein Knistern, dann Prickeln auf der Haut.

»Hey, Vorsicht!«

Erkinbek, Olegs wissenschaftlicher Mitarbeiter, schwankte schwer beladen mit Ausrüstungsgegenständen an ihr vorbei. Lea schlüpfte hinter ihm in die Jurte. Oleg saß am Boden und faltete eine Decke, die Tierärztin war mit Rucksackpacken beschäftigt. Bei Leas Eintreten sprang sie auf, füllte eine Schale mit Tee und verschwand wortlos.

»Toller Service hier.«

Oleg drehte sich zu ihr um.

»Was hast du erwartet? Schmalzgebäck und heiße Schokolade?«

Der Wissenschaftler hatte von den Vorgängen in der Nachbarjurte vergangene Nacht offensichtlich nichts mitbekommen. Lea grinste.

Als sie eine halbe Stunde später die Hochebene überquerten, zeigte sich hinter den Gipfeln ein erster zartrosa Schein.

Bepackt wie Yaks, marschierten sie auf die schwarzen Felsrücken zu. Lea genoss die Bewegung, obwohl der Rucksack an ihren Schultern zerrte.

»Wir müssen uns beeilen. Das Tier soll möglichst wenig Stress haben«, rief Oleg der Filmcrew zu, die aufgrund der Last ihres Equipments zurückgefallen war. Lea fiel auf, dass er von einem *Tier* und nicht von einem *Schneeleoparden* gesprochen hatte. Der Pessimismus klebte an Oleg wie der Dreck an ihren Wanderstiefeln.

Die Bergwiese wurde spärlicher, mit Steinen durchsetzt, bis sie irgendwann in Felsboden überging. Oleg reduzierte seine Schrittfrequenz nicht, obwohl der Anstieg steil wurde. In ihrer Jugend hatte Lea viele Bergtouren in ihrer bayerischen Heimat unternommen. Jetzt, nach Jahren auf dem Bürostuhl, erinnerten sich ihre

Muskeln nur noch dunkel daran. Obwohl sie sich mit ihrem Lauftraining fit hielt, brannten Waden und Oberschenkel wie Feuer. Oleg schien die Anstrengung nichts auszumachen. Er bewegte sich mit der Geschicklichkeit einer massigen Gämse durchs Gelände, sein Mitarbeiter und die Tierärztin waren ihm dicht auf den Fersen. Leas Blick ging weiter nach oben. Bizarr geformte Schneefelder ließen die Bergflanken wie mit schneller Hand gezeichnete Tuschebilder aussehen. Felsen und Schnee, soweit das Auge reichte. Eine Welt in Grau und Weiß. Sie schloss zu den anderen auf, die unterhalb eines Grats Halt gemacht hatten.

»Ihr bleibt hier«, flüsterte Oleg, »und wartet auf die anderen. Ich steige weiter nach oben und sehe nach, was uns auf der anderen Seite in die Falle gegangen ist.«

Er stellte seinen Rucksack ab und stapfte los. Die Filmcrew traf fünf Minuten später ein. Mannis Gesichtsfarbe spielte ins Rötliche, was seinen Augen ein noch intensiveres Blau verlieh.

»Das nenne ich mal ordentlichen Morgensport, was?«

Er sah aus, als hätte jemand einen nassen Schwamm über seinem Kopf ausgedrückt. Sein Atem ging schwer, aber er war bestens gelaunt.

»Was sagt unser großer Schneeleoparden-Jäger? Haben wir den Jackpot gewonnen?«

»Keine Ahnung«, antwortete Lea, ohne dabei Olegs Silhouette auf dem Grat aus den Augen zu lassen. Genau in diesem Moment reckte der Wissenschaftler einen Arm in die Höhe.

»Ihr habt mehr Glück als Verstand«, kommentierte die Tierärztin trocken und sah dabei Manni an.

»Es ist tatsächlich ein Schneeleopard.«

»Ha! Ich hab's gewusst!«

Er warf den Kopf in den Nacken und lachte ausgelassen wie ein kleiner Junge. *Das ist also Manni Fuchs bei der Arbeit in freier Wild-*

bahn, dachte Lea. Sein Alter Ego war ihr außerordentlich sympathisch.

»Hab ich´s dir nicht gesagt? Man muss nur dran glauben!«

Noch bevor Lea wusste, wie ihr geschah, hatte Manni sie in seine Arme geschlossen. Das Gesicht der Tierärztin versteinerte. Abrupt wandte sich die Kirgisin ab und tat so, als würde sie Oleg beim Abstieg beobachten.

»Ich will den Schneeleoparden möglichst schnell narkotisieren. Je kürzer die Tortur, umso besser. Deshalb schlage ich vor«, Oleg machte eine kurze Pause und wandte sich Manni zu, »dass wir uns mit dem Filmen nicht lange aufhalten. Klar?«

Er fixierte den Deutschen, kein Muskel zuckte in seinem breiten Gesicht.

»Gib mir zehn Minuten, damit wir uns mit der Kamera am Grat positionieren können, okay?«

Kapitel 6

Oleg hatte sich hinter einem Felsen verborgen, das Narkosegewehr im Anschlag. Niemand sprach ein Wort, nur die Kamera surrte leise. Lea nahm das alles nur nebenbei wahr. Sie konzentrierte sich auf den Schneeleoparden, der sich in der Senke vor ihnen flach auf den Boden drückte. Der Wind kam von hinten und trug dem Tier ihren Menschengeruch in die Nase. Wäre der unnachgiebige Griff der gummierten Fangeisen nicht gewesen, wäre er einfach mit ein paar langen Sätzen den Hang hinaufgejagt. Aber so war er dazu verdammt, abzuwarten.

Peng! Der trockene Knall des Narkosegewehrs ließ Lea zusammenzucken. Der Schneeleopard sprang auf, irritiert von dem Geräusch und noch mehr von dem Schmerz, den er plötzlich an seiner Schulter spürte. Ein letzter, wütender Versuch, den Narkosepfeil mit seinen Zähnen zu packen, dann knickten ihm die Beine weg, und er sank zu Boden.

»Los jetzt!«, gab Oleg das Kommando. Sie schlichen den Abhang hinunter. Die Katze lag auf der Seite und atmete schwer. Ihr scharfer Geruch stieg Lea in die Nase.

»Du bist mir im Weg!«, knurrte die Tierärztin und stieß sie zur Seite. Manni hatte zwischenzeitlich den Hinterlauf der Raubkatze aus der Falle befreit und die Decke ausgebreitet. Gemeinsam mit Erkinbek verfrachtete er den Schneeleoparden auf die Unterlage. Die Tierärztin kniete sich neben das Tier und legte ihm ein Tuch über die Augen. Sie lauschte den Herztönen, überprüfte das Gebiss, tastete die Läufe ab, nahm Blut ab. Jede ihrer routinierten Bewegungen wurde von Mannis Kamera eingefangen.

»Er ist wunderschön!«, flüsterte Lea Oleg zu, der gerade dabei war, das Halsband mit dem GPS-Sender vorzubereiten.

»Sie. Es ist das Weibchen, das wir schon länger beobachten«, antwortete er, ohne von seiner Arbeit aufzusehen. Plötzlich tauchte das schwarze Kameraauge unmittelbar vor seiner Nase auf.

»Oleg, kannst du uns kurz das Halsband erklären?«

Mit einem Blick zur Tierärztin vergewisserte Oleg sich, dass sein Einsatz noch nicht gefragt war, und flüsterte: »Das Halsband besteht aus zwei Einheiten. Batterie und Sender. Die Sendereinheit gibt das Positionssignal des Schneeleoparden an die Satelliten ab. Ich habe den Sender so programmiert, dass er drei Mal täglich aktiv wird. Er muss oben, also im Nacken sitzen. Die Batterie hier«, er zeigte auf den größeren der zwei grauen Quader, »versorgt den GPS-Sender mit Energie. Sie ist schwerer und sitzt deshalb unten am Hals.«

Manni machte einen Schritt zurück, um das gesamte Szenario einzufangen.

»Hier unten sitzt auch«, fuhr Oleg fort, »der Drop-off-Mechanismus. Er sorgt zu einem festgelegten Zeitpunkt dafür, dass das Halsband abfällt. Mit Hilfe eines Peilsenders können wir dann das Halsband im Gelände aufspüren und zusätzliche Daten auslesen.«

Oleg war so in seinem Element, dass er das Signal der Tierärztin gar nicht bemerkte.

»Oleg, ich glaube dein Typ ist gefragt«, flüsterte ihm Lea zu. Er nahm Werkzeug und Halsband und ließ sich neben dem Schneeleoparden auf die Knie fallen. Die Tierärztin zischte ihm etwas ins Ohr. Seiner Miene nach zu urteilen, keine Liebeserklärung. Mit geschickten Fingern legte Oleg dem Schneeleoparden das Halsband um und zog die zwei Verschlussschrauben fest. Er strich der Katze zärtlich über den Kopf und stand auf.

»Sehr schön. Und jetzt verschanzen wir uns hinter dem Felsen und warten, bis sie aufwacht.«

Manni und Tom machten noch ein paar Aufnahmen von dem narkotisierten Schneeleoparden und verfolgten dann das Team mit der Kamera. Kaum hatten sich alle hinter den Felsen gequetscht, hob der Schneeleopard das erste Mal benommen den Kopf.

»Das war verdammt knapp!«, schnappte die Tierärztin in Olegs Richtung. Sie wirkte müde und enttäuscht.

***

Igor Felipowitsch Potkov konzentrierte sich auf den Lichtkegel seiner Stirnlampe. Das Gelände war steil und unwegsam und wäre selbst bei Tageslicht eine Herausforderung gewesen. Obwohl er eine Stunde zu früh aufgewacht war, verspürte er keine Müdigkeit. Seine Gedanken flogen hinaus zu der Raubkatze. Immer wieder hob er das Gesicht in den Wind, witterte und lauschte. Er stellte sich vor, wie die breiten Tatzen des Schneeleoparden lautlos über den Boden glitten. Schnurrhaare, die im Wind zitterten. Muskeln, geschmeidig und stark.

Wenn er die Schritte seines Hintermannes ausblendete, konnte er die Stille dahinter hören. Eine Stille, die alles verschlang. Wieder einmal wurde ihm bewusst, wie gnadenlos sein Alltag mit Lärm erfüllt war. Wie in Trance tastete er sich weiter, nahm die ersten Geräusche des erwachenden Tages wahr. Das Knacken der Felsen, den Schrei eines Raubvogels, das Rascheln der Zieselmäuse. Potkov sog die kühle Luft tief in seine Lungen. Der leichte Sauerstoffmangel beflügelte seine Euphorie zusätzlich. Er befühlte die Bockdoppelbüchse, die über seiner Schulter hing. Obwohl er dünne Handschuhe trug, konnte er die Kälte spüren, die der in Stahl getriebene Tiger ausstrahlte. Sein Herz klopfte vor Anstrengung. Oder Aufregung? Er hätte gerne ein Liedchen gepfiffen, aber Anarbek hatte ihnen eingeschärft, jede Art von Lärm zu vermeiden. Der Jagdführer hatte vor dem Aufbruch ihre Ausrüstung überprüft – auf das Klimpern eines Knopfes, das geräuschvolle Scheuern von Klett- und Reißverschlüssen, verräterisches Schaben von Synthetik. Auf der Suche nach Duftmolekülen hatte er sie von oben bis unten beschnüffelt wie ein Tier. Jeder Rest von Aftershave oder Seife wurde mit einem Abrieb aus Ziegenmist bestraft. Wie Schatten schlichen sie über die Felsen. Immer darauf bedacht, nicht auszurutschen, keinen Stein loszutreten. Der Bars hatte ein scharfes Gehör. Ein verräterisches Geräusch – und sie würden den ganzen Tag vergeblich in ihrem Versteck warten, während er sie aus der Ferne mit lichten Augen beobachten würde. Anarbek gab das Zeichen, die Stirnlampen zu löschen. Sie würden sich im Morgengrauen weniger auf ihre Augen, dafür mehr auf ihren Tastsinn verlassen müssen. Selbst Basim, der am Vortag nicht mit der Gruppe Schritt hatte halten können, blieb dicht bei ihm und bemühte sich, leise zu sein. Das spartanische Abendessen am Lagerfeuer hatte der Iraner zugunsten einiger zusätzlicher Stunden Schlaf ausfallen lassen. Eine gute Entscheidung, wie sich jetzt zeigte. Zwar hätte Potkov mit seinem schweigsamen Geschäftspartner gerne noch ein paar Details geklärt, aber das hatte bis zu seinem nächsten Besuch in Teheran Zeit. Der Abschluss mit Janysh war jetzt wichtiger, die Folgeverträge konnten warten. Er hatte die Zügel fest in der Hand.

Potkov sah Anarbeks Sohn erst, als sie nur noch wenige Meter von ihm entfernt waren. Er hatte sich zwischen zwei Felsen verschanzt. Von dort hatte er eine perfekte Sicht auf die Ziege. Sie meckerte kläglich, zerrte an dem Strick, der sie von der Flucht abhielt. Anarbek und sein Sohn tauschten sich flüsternd aus.

»Mein Sohn«, gab der Jagdführer leise weiter, »glaubt, dass der Bars vor ungefähr einer Stunde schon mal in ihrer Nähe war. Wir müssen jetzt extrem vorsichtig sein. Vermutlich ist er nicht weit. Macht euch bereit.«

Potkov hatte den ersten Schuss und bezog die Position mit der besten Sicht, Anarbek ließ sich direkt neben ihm nieder. Still richteten sich die Männer in ihrem Versteck ein. Der Jagdführer zog ein halbes Fernglas aus seiner Jackentasche. Potkov fielen fast die Augen aus dem Kopf. So etwas hatte er noch nie gesehen. Das Fernglas war in der Mitte auseinandergesägt. Dort, wo der Lack abblätterte, blühten Rostflecken. Er hielt Anarbek sein Leica-Glas mit Distanzmesser hin und bekam als Antwort nur eine wegwerfende Handbewegung. Potkov war sich nicht sicher, was ihn mehr irritierte: dieses Etwas von Fernglas oder der alte Repetierer, der neben dem Jagdführer lehnte und aussah, als hätte seit 30 Jahren niemand mehr damit geschossen.

Potkov hob probeweise seine *Hartmann & Weiss* – sie lag perfekt in der Hand – und warf einen prüfenden Blick durch das Dämmerungsglas. Das Absehen mit dem Leuchtpunkt erleichterte die Sache – er legte den roten Todesboten genau auf die Brust der Ziege.

***

Lea kaute lustlos auf dem Fladenbrot herum und spülte die klebrige Masse mit einem letzten Schluck Tee hinunter. In ihrem Kopf dröhnte und hämmerte es, ihr Magen fühlte sich an, als hätte sie Kröten geschluckt. *Verdammtes Acetaldehyd.* Das Stoffwechselprodukt, das beim Abbau von Alkohol anfiel, zirkulierte in toxischer Konzentration in ihrem Blut und verpasste ihr den schlimmsten

Kater seit Jahren. Schadenfreude war ihr einziger Trost. Oleg, Manni und die Tierärztin sahen auch nicht viel besser aus als sie. Und Tom lag noch in seinem Schlafsack. Mehr als ein Stöhnen war aus dem jungen Mann nicht herauszubekommen. Als Oleg am Vortag das erste Positionssignal der Schneeleopardin auf seinem Rechner empfangen hatte, waren alle in Jubel ausgebrochen. Ihre Mission war ein voller Erfolg: Die Raubkatze hatte die Prozedur gut überstanden, und der Sender funktionierte einwandfrei. Manni und Tom hatten gedreht, während Oleg, sein Assistent, Lea und sogar die Tierärztin ausgelassen durch die Jurte tanzten. Irgendwann hatte Oleg dann den Wodka ausgepackt. Schon alleine bei dem Gedanken daran wurde ihr speiübel. Lea zwang sich noch einen Bissen Fladenbrot hinunter und stand auf.

»Wann gehen wir?«

Oleg sah kurz von seinem Rechner hoch.

»Viertelstunde.«

Sie hatten beschlossen, zu dritt – Manni, Oleg und Lea – heute noch einmal aufzubrechen, um Footage für den Fernsehbeitrag zu drehen. Manni wollte unbedingt Aufnahmen von Beutetieren machen – ihm schwebten Steinböcke vor – und versuchen, die Schneeleopardin mit dem GPS-Halsband vor die Kamera zu bekommen. Der Satellit hatte ihre Position von heute Morgen übermittelt. Demnach hatte sie sich nur knapp einen Kilometer von der Stelle entfernt, an der sie ihr den GPS-Sender angelegt hatten. Es gab also eine winzige Chance, das Tier in freier Wildbahn aufzuspüren und zu filmen. Diese Gelegenheit wollte sich Manni auf keinen Fall entgehen lassen. Nur mit der kleinen Kamera und ohne den verkaterten Tom. Aufnahmen von Schneeleoparden in ihrer natürlichen Umgebung waren immer noch eine Seltenheit, und Manni wollte dem Redakteur etwas Besonderes präsentieren. Lea wäre lieber in der Jurte geblieben, um ihren Hang-over zu kurieren. Stattdessen warf sie noch ein Aspirin ein und zog sich an. Die Sonne schien und hatte die Hochebene, auf der die Jurten thronten, vollständig von Schnee befreit. Sie packte trotzdem Handschuhe und Mütze in ihren Rucksack.

Als die drei im Laufe des Vormittags die Stelle passierten, von der aus sie tags zuvor die Schneeleopardin beobachtet hatten, war Lea erschöpft und Mannis Gesichtsfarbe grün. Einzig Oleg schien mit jedem Meter, den sie aufstiegen, fitter zu werden.

»Seht ihr den Pass da drüben?«

Oleg zeigte auf einen Felseinschnitt, der einige Hundert Höhenmeter über ihrer Position auf der anderen Seite der Senke lag.

»Da müssen wir hin. Irgendwo dahinter treibt sich unsere Schneeleopardin herum.«

Lea stöhnte. Sie würden also erst in die Senke hinabsteigen, sie durchqueren und auf der anderen Seite wieder hinaufsteigen müssen.

»Komm schon, wir schaffen das!«

Manni klopfte ihr aufmunternd auf die Schulter. Sie sah in sein fahles Gesicht. Dunkle Ringe zeichneten sich unter seinen Augen ab.

»Sagst ausgerechnet du. Heute schon mal in den Spiegel geschaut?«

***

Seit einer Stunde hockten sie schweigend hinter den Felsen. Igor Felipowitsch Potkov massierte sein rechtes Bein, das vom langen Sitzen gefühllos geworden war. Der Wirtschaftsminister schlief, an den Felsen gelehnt, Basim starrte wie hypnotisiert auf die Ziege. Potkov hätte zu gerne gewusst, was dem Iraner gerade durch den Kopf ging. Der hagere Mann war für ihn schwer zu lesen. Immer ruhig, immer beherrscht, kein Zucken im Gesicht verriet seine Gedanken. Unberechenbar. Potkov hatte ihn zwar bisher als angenehmen Verhandlungspartner erlebt, aber er war auf der Hut. Eine Bewegung des Jagdführers riss ihn aus seinen Gedanken. Anarbek hatte sich aufgerichtet und blickte konzentriert durch sein halbes Fernglas. Langsam hob er die Hand und deutete mit dem Zeigefinger auf eine Felsgruppe, die ungefähr 400 Meter oberhalb der angepflockten Ziege lag. Potkov setzte sein Fernglas an und scannte den Bereich. Auf den ersten Blick konnte er nichts erkennen, aber er war sich sicher, dass da drüben ein Schneeleopard war. Anarbek war zu erfahren, um sich zu täuschen. Potkov starrte durchs Okular, bis seine Augen tränten. Als er sich gerade abwenden wollte, nahm er eine Bewegung wahr. Nicht mehr als ein grauer Schatten, der geschmeidig über die Felsen streifte, sich in einen Felsvorsprung drückte und unsichtbar wurde. Das also war das *Phantom der Berge*. Potkovs Atmung beschleunigte sich, er nahm jetzt nichts mehr wahr außer den schemenhaften Umrissen der Katze. Er hatte das Gefühl, dass ihn das Raubtier direkt anstarrte. Noch war der Schneeleopard zu weit weg, um zu schießen, aber der Geruch der Ziege würde ihn nach unten locken. Ein Geduldspiel, und er, Potkov, würde es gewinnen.

Janysh, der endlich aufgewacht war und sich zu ihnen gesellte, streckte sich, gähnte lautstark und erntete einen bösen Blick von Anarbek.

Potkov interessierte das alles nicht. Seine Sinne, seine Konzentration, sein ganzes Sein waren auf ein einziges Wesen ausgerichtet. Und das verließ in diesem Moment sein Versteck und pirschte sich an die Beute heran. Potkov fletschte die Zähne. Im Zeitlupentempo griff er nach seiner Waffe und entsicherte sie leise. Anarbek berührte ihn kurz am Arm und bedeutete ihm, noch zu warten. Potkov nickte, legte die *Hartmann & Weiss* an und verfolgte die

Bewegung des Schneeleoparden durch das Zielfernrohr. 200 Meter, 190 Meter, 185 Meter. Die Raubkatze blieb abwartend stehen, hob den Kopf witternd in die Luft. Potkovs Finger am Abzug zuckte. Sie war jetzt in Reichweite, stand aber ungünstig. Als hätte sie ihn gehört, ließ sie sich mit einem eleganten Sprung vom Fels fallen, landete 150 Meter entfernt von ihm und präsentierte ihre Brust. Potkov war für den Bruchteil einer Sekunde irritiert. Etwas an der Katze war seltsam. Der Jagdführer sagte etwas. Aber jetzt war keine Zeit für Unentschlossenheit. Der rote Punkt lag direkt über dem Herzen des Schneeleoparden. Potkov krümmte den Finger. Der Schuss peitschte über die Hochebene. Anarbek schrie. Der Schneeleopard wurde von der Wucht des Einschlags nach oben gerissen, überschlug sich, sein weißer Bauch blitzte auf. Dann fiel er nach hinten und blieb regungslos liegen. Potkov sprang auf, ein stolzes Lachen auf dem Gesicht. Die Ziege meckerte hysterisch. Anarbek schrie noch immer, sein Gesicht war zu einer Fratze verzerrt. Er versetzte Potkov einen Stoß, dann hechtete er über den Felsen und lief zu dem toten Tier. Potkov schüttelte sich, als wäre er aus einem Traum erwacht. Er versuchte, in den Gesichtern seiner beiden Jagdgefährten zu lesen. Aber ihre Mienen spiegelten nur seine eigenen Gefühle wider. Verwunderung, Sorge, so etwas wie Wut. Die drei sprinteten fast gleichzeitig los. Hinüber zu Anarbek. Hinüber zu dem toten Schneeleoparden.

Der Jagdführer hatte das Tier auf die Seite gedreht. Er fluchte laut auf Kirgisisch. Potkov verstand kein Wort. Es war ihm auch gleichgültig. Stolz zeichnete sich auf seinem Gesicht ab. Ein perfekter Schuss. Mitten ins Herz.

»Du Idiot!«

Das harte Russisch des Jagdführers wischte ihm das Grinsen aus dem Gesicht.

»Ich sagte: Nicht schießen! Aber du, du musst natürlich abdrücken.«

Mit einem schnellen Schnitt durchtrennte Anarbek das blutbespritzte Halsband und warf es Potkov zu.

»Da!«

Potkov fing das Ding auf und drehte es in den Händen.

»Was ist das?«

»Ein Sender. Die Wissenschaftler drüben im Nachbartal haben das Tier damit ausgestattet. Sie studieren die Schneeleoparden hier in der Gegend. Und du knallst ihn einfach ab!«

»Na«, mischte sich der Wirtschaftsminister ein, »das ist doch kein Drama. Sie wissen nicht, dass wir es waren.«

Als Antwort ließ Anarbek nur ein Knurren hören. Er riss Potkov den Sender aus der Hand und gab ihn an seinen Sohn weiter.

»Geh zum Pass und wirf das Ding in eine Schlucht.«

Verächtlich blickte er Potkov an, der sich mit Janysh und dem Schneeleoparden in Großwildjäger-Pose ablichten ließ.

»Los jetzt, wir müssen uns beeilen. Der Bars muss gehäutet werden, solange er noch warm ist.«

Da es in der Nähe keinen Baum gab, mussten sie die Raubkatze am Boden aufspannen. Janysh zog an den Vorderpfoten, Basim an den Hinterpfoten, der helle Bauch spannte sich.

»Brich ihn auf«, wies Anarbek den Oligarchen an. Potkov kniete sich neben den Schneeleoparden und zog das wertvolle Damastmesser aus der Scheide. Endlich würde sein Messer Blut trinken. Seine Hände zitterten vor Aufregung, als er die Spitze auf die Haut setzte.

»Mach schon, wir haben nicht ewig Zeit!«

Potkov stach zu und zog die Klinge in einer flüssigen Bewegung bis unter den Kiefer hoch. Aus der Öffnung stieg ein bestialischer Gestank empor. Potkov schob den Ärmel seiner Jacke hoch und griff in die Bauchhöhle. Mit einem Ruck riss er die dampfenden Innereien heraus und warf sie neben das tote Tier, dann zerrte er Speiseröhre und Schlund heraus und schnitt sie oberhalb des Kehlkopfs ab. Hinter sich hörte er Basim würgen. Er grinste. Es gab also doch Dinge, die bei dem Iraner eine Reaktion hervorriefen. In diesem Moment hätte er gern das Gesicht seines Geschäftspartners gesehen. Anarbek ließ sich neben ihm nieder.

»Ich mach oben weiter, du unten. Dann sind wir schneller.«

Die beiden Männer arbeiteten schweigend und konzentriert wie Chirurgen. Schnitten die Haut entlang der Läufe und um die Pfoten herum ein. Trennten Fell von Muskel, Kopf, Schwanz und Pfoten von den Knochen. Den gehäuteten Kadaver warfen sie zur Seite und reinigten die Innenseite des Fells mit Schnee.

»Wir salzen sie im Lager ein«, kommandierte der Jagdführer, als er die Haut vom Schwanz her einzurollen begann. Gerade als sie die Überreste des Schneeleoparden entsorgen wollten, sahen sie Anarbeks Sohn. Er ging nicht, er lief. Um ein Haar wäre er gestürzt. Er rief ihnen etwas auf Kirgisisch zu. Seine Jungenstimme überschlug sich. Potkov verstand nichts. Er sah sich hilfesuchend nach dem Wirtschaftsminister um. Aber Janysh stand nur neben ihm und starrte in die Richtung, in die der Junge aufgeregt zeigte.

***

Lea wurde schwarz vor Augen. Der Aufstieg hatte ihre letzten Kräfte aufgezehrt.

»Oleg! Ich brauche dringend eine Pause«, keuchte sie.

Oleg drehte sich um und musterte Lea. Sie war blass, ein dünner Schweißfilm bedeckte ihr Gesicht.

»Ein Stück weiter oben gibt es eine Felsnische, da sind wir vor dem Wind geschützt. Schaffst du das noch?«

Lea nickte stumm. Obwohl sie schwitzte, spürte sie den kalten Wind bis auf die Knochen. Langsam setzte sie einen Fuß vor den anderen.

»Lass dir Zeit, wir haben es nicht eilig«, hörte sie Manni hinter sich. Zehn Minuten später erreichten sie einen Felsvorsprung, der nicht nur Platz für alle und einen guten Ausblick bot, sondern sie auch vor den Steinböcken verbarg, die sie filmen wollten. Lea setzte sich auf einen Stein, öffnete ihren Rucksack und zog die Wasserflasche heraus, aus der sie in kleinen Schlucken trank. Dann nahm sie einen Müsli-Riegel und biss hinein. Langsam kehrten ihre Lebensgeister zurück.

»Besser?«, fragte Manni.

»Geht schon, danke.«

Während Oleg mit seinem Fernglas die Flanken der schneebedeckten Gipfel nach Spuren absuchte, ließ Lea den Blick über die benachbarten Bergrücken schweifen. Sie genoss die Aussicht auf die bizarre Mondlandschaft. Graue Felstürme, mächtige Kiesrutschen, Schneefelder und … *Moment!* Sie kniff die Augen zusammen. Auf dem Plateau bewegte sich etwas.

»Oleg, gib mir bitte dein Fernglas.«

Wortlos reichte ihr der Wissenschaftler den Feldstecher.

»Was siehst du?«

Lea passte den Augenabstand an und justierte das Gerät.

»Weiß nicht, ich …«

Ihr Atem wurde schneller.

»Menschen! Da drüben sind Menschen! Aber ich kann nicht erkennen, was sie machen.«

Oleg riss ihr das Fernglas aus der Hand und stierte in Richtung Plateau.

»Scheiße! Das könnten Wilderer sein. Wir müssen näher ran.«

Hektisch packten sie ihre Sachen zusammen.

»Wir müssen vorsichtig sein«, wandte sich Oleg an Manni und Lea.

»Ihr bleibt immer dicht hinter mir und tut genau das, was ich sage. Keine Experimente, verstanden?«

Lea nickte, und sie erschrak, als sie sah, wie Oleg ein Holster mit Pistole unter seiner Jacke zurechtrückte.

Geduckt schlichen sie näher, nutzten jeden größeren Stein als Deckung. Meter für Meter schoben sie sich an die Männer heran. Lea drehte sich nach Manni um und staunte, als sie ihn mit der Kamera hantieren sah.

»Spinnst du?«, zischte sie ihn an.

Seine Antwort war ein breites Grinsen. Er schien ganz in seinem Element zu sein. Oleg steuerte auf einen Geröllhaufen zu und wies sie an, sich dahinter zu verstecken. Sie konnten die Männer, die sich ebenfalls hinter ein paar Felsen verschanzt hatten, jetzt mit bloßem Auge erkennen. Lea konnte fünf ausmachen. Vorsichtig schob Manni das Kameraobjektiv zwischen zwei Steine und stellte es scharf.

»Oh Mann! Ich kann das echt nicht glauben!«, murmelte er glücklich.

»Das ist genau die Story, die ich brauche. Mit diesen Bildern werde ich unsterblich.«

Lea sah Manni irritiert an und wollte gerade etwas sagen, als sie Olegs Ellenbogen in ihrer Seite spürte. Ohne das Fernglas abzusetzen, sagte er: »Da drüben! Siehst du das? Die Typen haben eine Ziege angepflockt. Das bedeutet nichts Gutes.«

»Und was machen wir jetzt?«

Lea zitterte, nicht nur, weil der eisige Wind unter ihre Jacke fuhr.

»Wir können nichts tun, außer …«

Ein Schuss zerriss die Luft, sie hörten einen der Männer schreien. Lea krallte sich an Oleg fest, ihr Blick flog hinüber zu der Ziege.

Und da sah sie ihn. Sein heller Körper bäumte sich auf und wurde von der Wucht des Einschlags nach hinten geschleudert. Ein Schneeleopard! Die Wilderer hatten vor ihren Augen einen Schneeleoparden abgeschossen. Lea sprang auf, wollte etwas schreien und wurde in derselben Sekunde von Oleg unsanft nach unten gerissen. Sie landete hart auf dem steinigen Untergrund.

»Bist du verrückt!«, herrschte Oleg sie an.

Angst befiel sie, als sie sein Gesicht sah. Er war aschfahl, saß auf dem Boden, als hätte er keinen einzigen Knochen mehr im Leib.

»Oleg! Was ist?«

Doch der Wissenschaftler starrte dumpf auf den Boden und schüttelte fast unmerklich den Kopf.

»Oleg! Rede mit mir!«

Sie rüttelte ihn unsanft an der Schulter, ihr Flüstern nahm einen grellen Unterton an.

»Da drüben. Der korpulente Mann. Das ist Janysh Borukev. Der Wirtschaftsminister von Kirgistan.«

Die Worte tropften wie Sirup aus seinem Mund. Lea spürte den beschleunigten Puls der Angst durch ihre Halsschlagader toben. Ihr Gehirn versuchte, die Information zu verarbeiten. Wenn der Kerl tatsächlich der Wirtschaftsminister war, dann hatten sie jetzt ein Problem, dessen Dimensionen sie sich gar nicht ausmalen mochte. Manni sah von seiner Kamera hoch.

»Keine Sorge, Oleg! Ich hab die Schweine. Ist alles im Kasten. Die kriegen wir dran!«

Sie waren so mit sich selbst beschäftigt, dass sie den Jungen, der oberhalb von ihnen stand, erst bemerkten, als er einen lauten Schrei ausstieß. Noch bevor sie reagieren konnten, lief er mit großen Schritten in Richtung Jagdgesellschaft davon.

***

»Verdammt! Sprich mit mir!«

Igor Felipowitsch Potkov versetzte dem Wirtschaftsminister einen Stoß, der ihn nach vorne stolpern ließ. Wütend drehte sich der Kirgise zu Potkov um.

»Fass – mich – nicht – an!«

Potkov erschrak selbst über die Wucht seines Stoßes. »Entschuldige, Janysh, war nicht so gemeint. Ich will nur wissen, was hier los ist!«

Er versuchte, seine Stimme versöhnlich klingen zu lassen. Keine einfache Übung für ihn, er war es nicht gewohnt, sich zu entschuldigen. Die Gesichtszüge des Wirtschaftsministers entspannten sich, allerdings nur kurz, denn Anarbeks Sohn war zu ihnen gestoßen und stammelte unverständliches Zeug.

»Reiß dich zusammen!«, herrschte Janysh ihn an.

Anarbek drängte sich an dem Wirtschaftsminister vorbei und baute sich vor seinem Sohn auf.

»Was hast du gesehen?«

Der Junge fiel ins Kirgisische, feuerte die Worte mit der Geschwindigkeit eines Maschinengewehrs ab. Potkov sah Basim fragend an, aber der Iraner zuckte nur mit den Schultern.

»Holt eure Waffen!«, brüllte Janysh und rannte zum Unterstand, noch bevor jemand etwas sagen konnte. Potkov setzte ihm nach, stolperte über einen Stein, konnte den Sturz aber gerade noch abfangen.

»Kannst du mir mal erklären, was hier vorgeht?«, rief er dem Wirtschaftsminister hinterher.

Janysh blieb stehen und drehte sich um.

»Quatsch nicht, tu, was ich sage! Oder möchtest du deine Visage im Fernsehen sehen? Ich nicht! Wir wurden gefilmt!«

Potkov starrte ihn an. Nervosität machte sich in ihm breit. Der illegale Abschuss kratzte ihn nicht, aber mit dem iranischen Atombeauftragten und dem kirgisischen Wirtschaftsminister gesehen, gefilmt worden zu sein, ließ sein System Amok laufen. Wenn die Bilder irgendwo über den Äther gingen, konnte er den Deal seines Lebens abschreiben. Von seinem Ruf als Geschäftsmann ganz zu schweigen. Wenn das Material in die falschen Hände gelangte, würde es nicht lange dauern, bis jemand eins und eins zusammenzählte und eine Untersuchung gegen ihn und sein Firmennetzwerk einleitete. Dann konnte er einpacken. Das durfte nicht passieren. Das Material musste verschwinden und die Schnüffler auch.

»Willst du hier Wurzeln schlagen, oder was?«, blaffte ihn Janysh an. Potkov griff sich seine *Hartmann & Weiss* und hetzte hinter den anderen her. Anarbeks Sohn lief voraus, sein Vater war ihm dicht auf den Fersen. Potkov, Janysh und Basim fluchten, als der Abstand zum Jagdführer immer größer wurde. Sie schwitzten und keuchten, denn das lose Geröll und die Schneereste an der Bergflanke machten das Vorwärtskommen extrem beschwerlich. Immer wieder rollten Gesteinsbrocken unter ihren Füßen weg, der Kies unter ihren Sohlen verwandelte sich in gefährliche Kugellager. Sie liefen, rutschten und stolperten. Selbst das Gesicht des sonst so beherrschten Iraners war zu einer Grimasse verzerrt. Endlich erreichten sie Anarbek und seinen Sohn, die nach Spuren suchten.

»Wo sind sie?«, donnerte Janysh.

Wortlos zeigte der Jagdführer Richtung Tal. In der Ferne ein winziger, orangefarbener Punkt. Potkov setzte seine Bockdoppelbüchse an, fixierte den Punkt in seinem Zielfernrohr und drückte ab. Die Felswände warfen das Echo des Schusses zurück. Es klang, als hätte eine ganze Garnison gefeuert.

»Lass den Mist!«, fuhr ihn Janysh an. »Sie sind zu weit weg.«

»Dann müssen wir sie verfolgen!« Potkov wollte sich nicht so schnell geschlagen geben.

»Und was hast du dann vor? Willst du sie einfach abknallen? Vergiss es, wir haben effizientere und unauffälligere Methoden, lästige Zeugen in den Griff zu bekommen.«

Janysh machte eine Pause und sah seinen beiden Gästen ins Gesicht.

»Keine Sorge, wir kennen einen von den Typen und haben eine Beschreibung von den anderen. Die kommen nicht weit.«

»Das hoffe ich. Wenn irgendetwas an die Öffentlichkeit dringt, ist der Deal vom Tisch! Also teile gefälligst dein Wissen mit mir und sag mir, wer sie sind«, setzte Potkov nach.

»Der Junge sagt, es war der Forscher aus dem Nachbartal, eine Frau und ein blonder, langhaariger Typ mit Kamera. Wenn wir zurück im Basislager sind, funke ich meinen Bruder an. Dann wissen wir bald mehr«, antwortete der Wirtschaftsminister. Sie gingen zurück, ließen die Ziege frei, packten zusammen und machten sich an den Abstieg. Anarbek und sein Sohn gingen voraus, Basim versuchte, mit den beiden Schritt zu halten. Potkov und Borukev ließen sich etwas zurückfallen.

»Was ist der Plan, Janysh?«

Der Oligarch war immer noch angespannt, doch sein Gehirn arbeitete wieder mit der üblichen Präzision und Kaltblütigkeit.

»Straßensperren, Überwachung von Bahnhöfen, Busbahnhöfen, Flughafen und so weiter. Das Übliche. Sie werden versuchen, das Land zu verlassen, dann verhaften wir sie und sehen weiter. Auf dem Rückflug nach Bischkek statten wir dem Lager der Wissenschaftler noch einen kurzen Besuch ab. Vielleicht sind sie ja zu Hause.«

Das Grinsen des Wirtschaftsministers zeugte von Selbstbewusstsein. Janysh strahlte eine Zuversicht aus, die Potkov nervös machte. Sicher, er und seine Brüder hatten sich die Kontrolle über das Land unter den Nagel gerissen. *Trotzdem*, dachte Potkov, *unterschätzt mein kirgisischer Freund die Situation. Sein kleines, gieriges Gehirn hat nicht begriffen, dass uns die Geschichte mit einer gigantischen Explosion um die Ohren fliegen kann.* Potkov tat sich schwer mit der Vorstellung, dass ein Land wie Kirgistan einen funktionsfähigen Geheimdienst unterhalten konnte – oder zumindest einen, wie er ihn sich vorstellte.

»Ich habe noch ein paar meiner Jungs in Bischkek sitzen. Ehemalige Elitesoldaten, top ausgebildet, effizient und unauffällig, wenn es darum geht, ein Problem aus der Welt zu schaffen. Ich könnte …«

»Danke, aber wir schaffen das auch so«, unterbrach ihn Janysh und bedachte ihn mit einem süffisanten Blick.

Darauf werde ich mich bestimmt nicht verlassen, dachte Potkov und beschloss, seine Bluthunde von der Kette zu lassen, sobald sie wieder in der Hauptstadt waren.

Kapitel 7

McAllister legte auf. Das Gespräch mit seinem Kollegen in Lyon war überraschend unergiebig gewesen. Außer ihm schien niemand die Umstände des Todes von Dr. Cyrus Wahdat merkwürdig zu finden. Ein iranischer Atomphysiker, ein angesehener Wissenschaftler, der mehr als zehn Jahre an der *Royal Holloway University* in London geforscht und unterrichtet hatte, kam ums Leben, und niemanden interessierte es. Frustriert ließ McAllister im *Interpol*-System einen Hintergrundcheck zu Cyrus laufen. Aber wie oft er auch die Suchparameter veränderte, es war nichts Auffälliges zu finden. Kein einziger Strafzettel wegen Falschparkens oder Geschwindigkeitsübertretung. Autozulassungen? Fehlanzeige. Zumindest einer Sache war er sich sicher: Cyrus hatte seine Auto-Phobie nie überwunden.

Als McAllister an diesem Abend seine Wohnung betrat, war er fest entschlossen, eine Reise in die Vergangenheit anzutreten – Cyrus zuliebe würde er die Kartons, die er bisher wie der Teufel das Weihwasser gemieden hatte, öffnen. In einem davon befanden sich Fotos aus ihrer gemeinsamen Studienzeit. Er musste diese eine Kiste finden. Mit Lou Reed und einer Flasche Barolo machte er sich an die Arbeit. Er dachte an Lea. Bereits zwei Tage hatte er nichts mehr von ihr gehört. McAllister war nicht der Typ, der sich schnell Sorgen machte, aber er vermisste die Gespräche mit ihr, ihre Stimme, ihren Geruch, den Sex. Nach einem großen Schluck Wein wuchtete er den ersten Karton auf den Fußboden. Er öffnete ihn so vorsichtig, als erwartete er eine Kobra darin. Aber das

Einzige, was ihm entgegensprang, waren die Buchstaben auf den Ordnerrücken: der Kaufvertrag für das Haus, in dem er jetzt nicht mehr wohnte, Versicherungen, deren Beiträge er immer noch bezahlte, Abrechnungen, um die Lucy sich nie gekümmert hatte. Gerade als er den Deckel wieder schließen wollte, fiel ihm ein Stück Papier auf, das zwischen zwei Ordnerrücken steckte. Er zog es heraus und drehte es um. Für den Bruchteil einer Sekunde setzte sein Atem aus, ihm wurde übel.

»Miststück!«

Es war das Ultraschallbild. Das Ultraschallbild des Kindes, das sie vier Jahre zuvor verloren hatte. Ein Junge. Sie war im fünften Monat, als es passierte. Dass er zu diesem Zeitpunkt auf einer Mission in Kolumbien und unerreichbar war, hatte Lucy ihm nie verziehen. Er hatte Abbitte geleistet, gemeinsam mit ihr Therapiestunden zur Traumabewältigung besucht, seine Dienstreisen eingeschränkt. Trotzdem: Plötzlich war da eine Glaswand gewesen, so dick wie das Eis am Nordpol.

Sie musste das Bild hineingeschmuggelt haben, als er die erste Fuhre Kartons in die neue Wohnung gebracht hatte. Eine Anklage in Schwarz-Weiß. Geballte Fäustchen, Beinchen, Zehen. Er faltete das Blatt in der Mitte, steckte es vorsichtig zwischen zwei Ordner und trank das Weinglas leer.

Nach einer Stunde, in der ihn sein Gehirn mehrfach durch schmerzvolle Abschnitte seiner Vergangenheit gezerrt hatte, fand er endlich den gesuchten Karton. Die Flasche Barolo war zur Hälfte getrunken, als er den Umschlag mit den alten Fotos öffnete. Die meisten stammten aus den frühen Achtzigern. Lange Haare, *501*, schwarze Lederjacke. Lässig, mit Kippe im Mundwinkel. Er grinste. Wie ein klassischer Biochemie-Nerd hatte er nicht ausgesehen. Er sah die Fotos durch, bis er auf die Aufnahme stieß, die ihm den ganzen Nachmittag im Kopf herumgespukt war. Sie standen vor ihrem Lieblingspub, dem *Lamb & Flag*, der Größere, Cyrus, hatte einen Arm um McAllisters Schulter gelegt, der dunkle, strähnige Pony wie festgeklebt auf der Stirn. Die Hakennase lenkte von den Augen ab, die selbst in angeheitertem Zustand Intelligenz versprühten. Sie lachten aus vollem Hals. Cyrus, der Physikstudent, das Genie, McAllister, der coole Hund mit guten Zensuren. Der Geburt nach war Cyrus Schiit, die Vorschriften des Korans interessierten ihn allerdings wenig. Ein Jahr nach dem Tod seiner Eltern hatte ihn der Onkel auf ein Elite-Internat nach England geschickt. Dort fand er nicht nur Gefallen am englischen Akzent, sondern auch an der ausschweifenden Lebensweise seiner Mitschüler.

McAllister griff nach dem nächsten Foto. Sie beide im silbernen Alfa Spider seines Cousins. Cyrus mit gequältem Gesichtsausdruck. McAllister hatte seine ganze Überredungskunst aufbieten müssen, um ihn zu dieser Spritztour zu überreden. Ihre Freundschaft funktionierte immer nach dem Prinzip der Osmose: Wissen, Ideen, Mut und gelegentlich Geld diffundierten von der höheren zur niedrigeren Konzentration, bis ein Gleichgewicht erreicht war. Während Cyrus mit ihm für die Physikklausuren paukte, schleppte McAllister ihn zu The Cure und steckte ihm den ersten Joint zwischen die Lippen. Rivalität war nie ein Thema gewesen, selbst dann nicht, wenn sie heiße Bräute klarmachen wollten. Cyrus zog sich diskret zurück und überließ McAllister die Spielwiese. Ein zarter, blonder Jüngling, dem Cyrus in einer Bar schmachtende Blicke zugeworfen hatte, sorgte schließlich dafür, dass bei McAllister der Groschen fiel. Sie blieben enge Freunde, bis sich ihre Wege nach dem Studium trennten. Cyrus ging für ein Jahr in die USA, Ian heuerte bei *Scotland Yard* an. Sie verloren sich aus den Augen, obwohl Cyrus als Dozent an die *Royal Holloway University* nach London zurückkehrte. Erst in den vergangenen Jahren hatten sie sich wieder gelegentlich zum Essen oder auf ein Bier getroffen. Bis Cyrus überraschend in den Iran zurückgekehrt war. Und jetzt war er tot!

McAllister nahm das Foto und ging zu seinem Laptop. Seine Recherche ergab, dass *Turkish Airlines* ihn von Gatwick in acht Stunden nach Isfahan bringen würde. Der Imam-Platz war immer einen Besuch wert, und so ganz nebenbei konnte er Cyrus' Onkel einen Besuch abstatten. Er klickte auf *Buchung bestätigen* und informierte seinen Chef Waterman per eMail, dass er drei Tage nicht ins Büro kommen würde.

***

Oleg heizte über den schmalen Güterweg Richtung Tal, als wäre der Leibhaftige hinter ihnen her. Wie Sardinen gequetscht, saßen sie zu sechst im Lada und waren den physikalischen Kräften, die auf sie einwirkten, hilflos ausgeliefert. Köpfe knallten gegen die Innenverkleidung, Bandscheiben wurden gestaucht, Arme und Beine verrenkt. Alle stöhnten, aber keiner beschwerte sich. Sie hatten nach Olegs Entscheidung, das Forschungscamp schnellstmöglich zu verlassen, nur das Nötigste zusammengerafft. Gleichgültig, wie Lea es auch drehte und wendete, wie sehr sie versuchte, sich selbst zu beruhigen, es gab keinen Zweifel: Sie waren auf der Flucht! Und obwohl es bereits dämmerte und die Reifen des Lada manchmal gefährlich nah am Abgrund kratzten, hatte sie kaum Zeit, sich zu fürchten. Ihr Gehirn funkte Gedanken im Sekundentakt. Jemand hatte auf sie geschossen, weil sie den illegalen Abschuss gefilmt hatten. Der Wirtschaftsminister von Kirgistan? Oleg war in Panik. Sie waren auf dem Weg nach Bischkek. Zu einem Freund von Oleg. Einem Anwalt? Einem Richter? Sie hatte es nicht genau verstanden. Die Aufregung riss Löcher in ihr Russisch. Neben ihr saß die wie in Stein gemeißelte Tierärztin. Der tiefrote Lack ihrer Nägel war an einigen Stellen abgeblättert. Tom und Erkinbek saßen aneinandergequetscht, sie hatten blasse Gesichter. Auch die beiden Assistenten hatten Angst. Lea konnte ihre Ausdünstungen riechen. Ihr wurde schlecht. Noch immer rumpelten sie über den steilen Güterweg. Nach einer gefühlten Ewigkeit gelangten sie endlich auf eine größere Straße – kein einziges Auto war zu sehen.

»Ihr solltet nach Hause fliegen. Am besten gleich morgen früh. Nehmt die Aufnahmen mit. Gebt das Zeug an einen Sender, macht es publik. Wenn wir eine Öffentlichkeit haben, können sie uns nicht so einfach ans Leder.« Oleg sprach das ohne Punkt und Komma in die Stille hinein. Niemand sagte ein Wort.

In Lea regte sich Widerspruch. »Wir haben nichts Illegales getan!«

»Aber den falschen Mann gefilmt! Wir hätten jeden anderen Wilderer verhaften, anzeigen und dem Richter vorführen können. Aber Borukev ist eine Nummer zu groß«, antwortete Oleg unwirsch.

»Aber auch für ihn gelten Gesetze!«

Oleg lachte laut auf.

»Das sieht Janysh Borukev bestimmt anders. Seine Familie ist das Gesetz.«

Lea verkniff sich einen weiteren Kommentar. Seit ihrer Entführung im Kongo wusste sie, dass recht zu haben und recht zu bekommen nicht immer auf derselben Seite eines Buches standen. Manni, der bis zu diesem Zeitpunkt auffällig still gewesen war, drehte sich zu Lea um. Mit der großen Kamera zwischen den Beinen und dem Rucksack auf dem Schoß eine zirkusreife Nummer.

»Oleg hat recht. Wir müssen das Material sicherstellen und dafür sorgen, dass die Bilder vom Abschuss über die Bildschirme flimmern. Und zwar nicht nur in Deutschland. Überall. Dafür werde ich sorgen.«

Er drehte sich so abrupt nach vorne, dass sein blonder Pferdeschwanz gegen die Nackenstütze peitschte.

»Es gibt einen Aeroflot-Flug, der täglich um 6 Uhr 30 nach Deutschland geht. Keine Ahnung, ob München oder Berlin. Spielt auch keine Rolle, Hauptsache, ihr kommt weg von hier.«

Olegs angespannte Stimme trieb Leas Adrenalinspiegel in die Höhe.

»Sind nur noch knapp 90 Kilometer bis Bischkek. Wenn wir gut durchkommen«, fuhr er fort, »können wir noch vor 22 Uhr am Flughafen sein und eure Tickets umbuchen.«

»Ich dachte, wir wollten deinem Freund, dem Anwalt oder Richter einen Besuch abstatten?«, hakte Lea nach.

»Anwalt. Darum kümmere ich mich, sobald ihr im Flieger sitzt.«

Oleg fuhr sich müde mit der Hand übers Gesicht. Bedrückende Stille breitete sich im Auto aus. Jeder hing seinen Gedanken nach. Lea starrte in die Dunkelheit, aber außer den gelben Scheinwerferkegeln gelegentlich entgegenkommender Fahrzeuge gab es nichts zu sehen. *Ian!*, schoss es ihr durch den Kopf. Natürlich, am Flughafen würde sie ihn anrufen können. Wenigstens ein Lichtblick in diesem Chaos. Vielleicht wusste er, was zu tun war. Als Leiter der *Environmental Crime Unit* bei *Interpol* hatte er regelmäßig mit solchen Themen zu tun. Sie spürte, wie ihre rechte Pobacke langsam gefühllos wurde, und versuchte, ihre Sitzposition zu verändern. Keine einfache Übung mit der schlafenden Tierärztin neben sich. Sie spürte den Schweiß auf ihrem Rücken und bereute es, die Goretex-Jacke nicht ausgezogen zu haben. Keine Chance, das Ding loszuwerden, ohne Aisada zu wecken. Lea drückte ihren Rücken gegen die Autotür und versuchte, ihren Arm in Richtung Rucksack zu schieben, um an ihr Handy zu kommen.

Plötzlich zog Oleg den Lada scharf nach rechts, und Lea landete unsanft auf ihrer Sitznachbarin, die mit einem Schrei aus dem Schlaf hochfuhr.

»Scheiße! Scheiße! Scheiße!«, fluchte Oleg. Abrupt brachte er das Auto neben einem Waldstück zum Stehen.

»Was ist los?«, keuchte Lea.

»Da vorne ist eine Straßensperre. Die suchen uns!«

Jetzt fing sogar Manni an zu lachen.

»Oleg, alter Schneeleopardenjäger, jetzt wirst du aber paranoid, die können …«

Mannis Stimme erstarb, als er die vier Autos sah, die aus einiger Entfernung entgegen der Fahrtrichtung auf sie zukamen.

»Raus! Alle raus hier! Sofort.«

Lea war zwischen Tür und Tierärztin eingekeilt. Verzweifelt versuchte sie, den Türgriff hinter sich zu erreichen. Plötzlich wurde die Tür von außen aufgerissen, und Lea kippte nach hinten. In letzter Minute fing jemand sie auf. Manni.

»Los! Beeil dich!«

Sie griff sich ihren Rucksack und wand sich aus dem Auto.

»Versteckt euch im Wald! Wenn sie weg sind, geht nach Tokmak, ein paar Kilometer westlich von hier. Sucht Wasili Sokolow, meinen Schwager. Gorkiystraße 130. Er wird euch helfen!«, rief Oleg mit einer Stimme, die plötzlich eine Oktave höher war. Manni reichte Aisada die Hand und wollte ihr beim Aussteigen helfen.

»Nein, ich bleib hier, bei Oleg.«

»Aisada …«

»Mir passiert schon nichts. Haut jetzt ab!«

Manni kurvte um den Lada, riss die Beifahrertür auf und griff sich seinen Rucksack.

»Die Speicherkarten hab ich bei mir, in den Kameras werden sie nichts finden, keine Sorge!«, rief er Oleg zu. Ein Schrei ließ ihn herumfahren. Tom lag auf dem Boden und hielt sich den Knöchel. Er war gestürzt. Mit einem Schritt war Manni bei seinem Assistenten und zog ihn hoch.

»Komm jetzt! Ich stütze dich!«

Blass humpelte Tom zwei Schritte neben seinem Chef her, dann ließ er sich auf den Boden gleiten.

»Geht nicht. Ich kann nicht auftreten«, stöhnte er. Lea erstarrte neben ihm. Sie fühlte sich wie ein Reh, gefangen im grellen Licht eines Scheinwerfers.

»Haut endlich ab! Ich kümmere mich um ihn, ich rufe die Deutsche Botschaft an. Los jetzt, geht schon! Geht!«, brüllte Oleg. Ohne zu zögern, sprintete Manni mit großen Schritten auf den Waldrand zu, der sich wie ein schwarzes Band vor ihnen ausbreitete. Lea hatte Mühe, Manni in der Dunkelheit zu folgen. Gerade als die Mini-Vans den Lada erreichten und umstellten, tauchten die beiden in den Schutz der Bäume ein. Schon nach wenigen Metern wurde das Unterholz so dicht, dass sie langsamer laufen mussten. Lea konnte ihre eigene Hand nicht vor Augen sehen, aber dafür ihr Herz umso deutlicher schlagen hören. Sie stieß mit dem Fuß gegen etwas Hartes und kam ins Straucheln. Während sie verzweifelt ihre Balance suchte, drangen gebellte Kommandos an ihr Ohr. Sie drehte sich um. Fünf Lichtpunkte hüpften in der Dunkelheit auf und ab. Und sie kamen schnell näher.

***

»Sie sind entkommen.«

Janysh Borukev steckte das Handy in die Tasche seiner Jacke.

»Was?«

Igor Felipowitsch Potkov knallte das Whiskyglas auf den Schreibtisch des Wirtschaftsministers.

»Ganz ruhig. Nur der Kameratyp und die Frau. Den Wissenschaftler und die anderen haben wir, die Kameras sind sichergestellt. Das ist das Wichtigste, oder?«

»Haben eure Leute das Material gesichtet?«

»Noch nicht. Sind auf dem Weg hierher.«

Potkov verfluchte sich dafür, dass er seine eigenen Männer nicht gleich nach ihrer Rückkehr losgeschickt hatte. Dann wäre so etwas nicht passiert. Es gab nur eine einzige Straße, die aus dem Issyk-Kul-Gebiet Richtung Bischkek führte. Nur eine einzige Straße, die gesperrt werden musste, und Borukevs Leute hatten versagt.

»Und jetzt?«

»Jetzt sind ihnen fünf Mann auf den Fersen. Es kann nicht lange dauern, bis wir sie haben. Und in der Zwischenzeit führen wir eine Unterhaltung mit dem Forscher. Wir haben alles im Griff.«

Potkov fuhr sich mit gespreizten Fingern durch die graue Mähne, ohne dabei Janysh aus den Augen zu lassen, der wie ein gefangenes Tier auf und ab lief.

»Ich schicke jetzt meine Männer los«, informierte er den Wirtschaftsminister und griff nach seinem Smartphone auf dem Schreibtisch. Janysh blieb wie angewurzelt stehen.

»Meinem Bruder wird es nicht gefallen, wenn sich deine Leute in die Angelegenheiten der inneren Sicherheit einmischen. In seine Angelegenheiten.«

Potkovs rechter Mundwinkel wanderte nach oben.

»Das verstehe ich, lieber Janysh, aber wir sind Jagdbrüder. Ich biete dir nur meine Hilfe an. Das wird dein Bruder doch verstehen, oder?«

Seine Stimme klang süß wie Honig. Janysh Borukev verstand die Botschaft und nickte knapp.

»Also gut. Ich rufe ihn an.«

»Lass dir die Koordinaten seiner Leute durchgeben, damit ich meine Männer anweisen kann. Und ich brauche Namen und Fotos der Zielpersonen. Sollte für den Leiter des Geheimdienstes wohl kein Problem sein, oder?«

Potkov ließ den letzten Satz wie eine Selbstverständlichkeit über seine Lippen kommen.

»Natürlich nicht! Was denkst du?«

Obwohl Potkov innerlich triumphierte, bedachte er sein Gegenüber mit einem anerkennenden Blick. Das Handy in seiner Hand vibrierte. Er sah auf das Display. Anonym. Nur wenige Menschen hatten diese Nummer für die abhörsichere Leitung. Familie, engste Freunde, die wichtigsten Mitarbeiter und Geschäftspartner.

»Ja?«

»Habt ihr sie?«

Das schleppende Englisch Basims. Potkov warf einen Blick auf seine Uhr. Der Iraner saß vermutlich im Flugzeug und wartete auf den Start.

»Alle, bis auf den Filmer und die Frau. Aber wir sind dran«, antwortete er. Am anderen Ende blieb es still.

»Basim? Alles klar?«

»Dieser Zwischenfall ist nicht gut für unseren Deal, das ist dir klar, Igor, oder?«

Es war ihm klar. Ihm war auch klar, dass nicht nur der Deal, sondern auch Basims Position oder möglicherweise sogar sein Leben an der Lösung des Problems hing. Geriet die Situation außer Kontrolle, hatte Basim im iranischen Regime keine Freunde mehr.

Potkov schloss die Augen, schluckte und atmete tief durch, bevor er mit ausgesuchter Freundlichkeit antwortete: »Wir werden das regeln. Ich habe meine Männer hinterhergeschickt. Sie werden sich um die Sache kümmern. Du kannst dich darauf verlassen.«

So viel Kreide hatte er schon lange nicht mehr gefressen.

»Das hoffe ich, sonst blasen wir die Sache ab, und ich suche mir einen anderen Partner. Es gibt in Zentralasien genug Länder, die sich für das Projekt eignen.«

Basim wollte also Wettrüsten mit ihm spielen. *Kannst du haben*, dachte Potkov.

»Du müsstest wieder ganz von vorne anfangen, Basim. Das würde deiner Regierung nicht gefallen. All die Zeit und das Geld …« Potkovs Stimme war freundlich, beinahe liebevoll.

»Aber«, fügte er hinzu, »es wird nicht notwendig sein. Du wirst sehen, in ein paar Stunden ist die Sache geklärt.«

Potkov schwitzte. Er dachte an die Trips nach Kirgistan, die er in den vergangenen Monaten gemacht hatte. Das Treffen mit diesem schrulligen Dr. Wahdat, die Besichtigung der demilitarisierten Uran-Aufbereitungsanlage. Noch gut erinnerte er sich an das empörte Gesicht des Physikers, als dieser die Löcher in den Ultrazentrifugen gesehen hatte. Hineingeschweißt, um die Geräte unbrauchbar zu machen. Versehen mit Prüfnummern des CTR-Programms, einer Initiative des US-amerikanischen Verteidigungsministeriums zur Demontage von Massenvernichtungswaffen und deren Infrastruktur in der ehemaligen Sowjetunion. Während des Kalten Krieges war die Anlage das größte Werk zur Uran-Verarbeitung innerhalb der Sowjetunion gewesen. Damals wurde der für die Atomwaffenproduktion und die Kernkraftwerke unerlässliche Rohstoff zu einem großen Teil von hier geliefert. Die Anlage war nach dem Zerfall der Sowjet-Republik stillgelegt und später demilitarisiert worden. Wahdat hatte bei der Besichtigung ein derart entsetztes Gesicht gemacht, als hätte man ihm und nicht den Zentrifugen die Löcher verpasst. Potkov war der Lachanfall, den die Reaktion des Physikers bei ihm ausgelöst hatte, noch sehr präsent. Er hatte dem Wissenschaftler auf die Schulter geklopft und ihn auf die funktionsfähigen Teile der Anlage hingewiesen. Der

Granitboden, der gut in Schuss war, der doppelte Stacheldrahtzaun, der nur ausgebessert und elektrifiziert werden musste, die intakte Strom- und Wasserversorgung. Die alte Aufbereitungsanlage, einmal saniert, würde ihren Zweck erfüllen. Zumindest hatte das die Evaluierung seines russischen Experten-Teams ergeben. Sobald der Vertrag mit Kirgistan unter Dach und Fach war, konnte innerhalb weniger Monate ganz offiziell und legal mit der Anreicherung von Uran als Kernbrennstoff begonnen werden. Potkov hatte zu diesem Zeitpunkt schon längst ein Gutachten von seinen Experten einholen lassen, was die Instandsetzung der alten Ultrazentrifugen kosten würde. Eine Bagatelle, verglichen mit dem, was er in die Ausstattung der unterirdischen Halle zehn Kilometer entfernt investieren musste. Gaszentrifugen. Tausende. Umgeben von einer kilometerdicken Gesteinsschicht. Satellitenerkennung über Energienutzung und Wärmeabstrahlung so gut wie unmöglich.

Als er Wahdat später durch die alten Bergwerksstollen zum Felsendom geführt und mit ihm die Pläne für das Geheimprojekt besprochen hatte, war Leben in den verschrobenen Physiker gekommen. Die Anlage würde Kilogrammmengen hoch angereicherten Urans liefern. Waffenfähiges Material, das seinen Weg dann über verschlungene Pfade durch Tadschikistan und Afghanistan in den Iran finden konnte. Wie ein Drillbohrer war dieser Wahdat unermüdlich mit seinen Fragen in ihn gedrungen, präzise, Windung für Windung. Nach drei Stunden hatte er genug von der Wissbegierde des Physikers gehabt. Seine Neugierde hatte bei Potkov eine undefinierbare Unruhe ausgelöst.

»Igor, bist du noch dran?«

Basims Stimme am anderen Ende der Leitung holte Potkov in die Gegenwart zurück.

»Entschuldige, ich war abgelenkt. Also, mach dir keine Sorgen, ich regle das.

Übrigens: Was macht unser Freund Dr. Wahdat?«

»Wahdat? Tragische Geschichte. Ist vor ein paar Tagen bei einem Autounfall in der Wüste ums Leben gekommen. War wirklich ein guter Mann. Etwas weltfremd vielleicht, aber …«

»Da bin ich ganz bei dir. Ein schwerer Verlust für die Wissenschaft.«

Seine Intuition hatte ihn also nicht getrogen. Wahdat war ein fauler Zahn im strahlenden Gebiss ihres Projektes gewesen. Jemand hatte ihn samt Wurzel gezogen. *Beruhigend.*

»Ich informiere dich«, fuhr Potkov fort, »sobald es Neuigkeiten gibt.«

Er legte auf und beobachtete durch die halboffene Tür Janysh, der auf dem Gang telefonierte. Bisher hatten sie es geschafft, unterhalb des Radarschirms von *CIA*, *Mossad* und anderen Geheimdiensten zu operieren. Dank seiner Quellen, die nicht nur zuverlässig bei der Informationsbeschaffung waren, sondern auch effizient bei der Verschleierung sicherheitsrelevanter Vorgänge. Die meisten standen schon viele Jahre auf seiner Gehaltsliste und bekleideten einflussreiche Positionen. Alles lief nach Plan. Jetzt musste er nur noch diese Öko-Schlampe und den Kameramann von der Bildfläche verschwinden lassen. Am besten für immer.

Kapitel 8

McAllister manövrierte seinen Mietwagen durch die staubigen Vororte von Isfahan. Häuserzeilen in Weiß, Gelb und Ocker verschmolzen am Straßenrand zu einem monotonen Band, das von makellosem Blau überspannt wurde. Erst das Grün der Felder und Plantagen in der Umgebung von Najafabad löschten den Farbendurst seiner Augen. Nach der Schikane am Flughafen hatte er schlecht geschlafen. Zwei Bewaffnete hatten ihn abgeführt, gefilzt, seinen Koffer durchsucht, als wäre er ein Drogenkurier. Mehr als drei Stunden hatte er in diesem verdammten Büro festgesessen, bevor der verantwortliche Offizier aufgetaucht war. Mieses Englisch, noch miesere Manieren. Sein *Interpol*-Ausweis war für den Kerl nicht mehr als eine Lachnummer, doch dann, völlig unerwartet, hatte man ihn gehen lassen. McAllister warf einen Blick in den Rückspiegel. Der Mercedes war zwei Autos zurückgefallen.

»Da muss euch schon was Besseres einfallen«, knurrte McAllister und gab Gas. Gerade so viel, dass er die erlaubte Höchstgeschwindigkeit nicht überschritt. Bei einer Tankstelle bremste er abrupt und bog in die Einfahrt ab. Der beigefarbene Mercedes donnerte vorbei. McAllister ließ sich Zeit, niemand erwartete ihn. Er kaufte eine Flasche Wasser und betrachtete die ordentlichen Reihen der Granatapfel-Bäume, die sich hinter der Tankstelle entlangzogen. Er wusste von Cyrus, dass dessen Onkel Plantagen besaß. Granatäpfel, Pistazien, Datteln und Feigen hatten ihn zu einem wohlhabenden Mann gemacht, der es sich leisten konnte, den Neffen auf ein Internat nach England zu schicken. McAllister schlenderte zurück zu seinem Mietwagen und ließ das Auto langsam aus der Ausfahrt rollen. Als er zehn Minuten später Najafabad erreichte, war der Mercedes noch immer nicht aufgetaucht. Er bog links ab in eine Straße, die ihn entlang eines Parks führte. Jetzt um die Mittagszeit suchten viele Menschen die schattenspendenden Bäume auf, die rund um die dürre Grünfläche gepflanzt waren. Eine alte Frau hockte am Parkeingang und bot Tee aus einer Kanne feil, die an einem Dreibein über der Feuerstelle baumelte. Noch einmal warf er einen Blick in den Rückspiegel, dann bog er in die Delgosha ein, in der sich das Büro von Cyrus' Onkel befand. Er parkte den Wagen am Straßenrand und ging auf das Gebäude mit dem Arkadengang zu. Die arabischen Schriftzeichen auf dem großen Schild an der Hauswand konnte McAllister zwar nicht entziffern, dafür aber das Kleingedruckte darunter: Wahdat – Früchte-Export. Ein Hoch auf das internationale Geschäft, dachte er bei sich und zog die Glastür auf. Kühle Luft schlug ihm entgegen, die Frau hinter dem Schreibtisch warf ihm einen gelangweilten Blick zu. Ihr Haar war unter einem Hidschab versteckt.

»Wo finde ich Ihren Chef?«

Ihre Augen musterten ihn ohne Neugierde. Wortlos wies sie mit ihrem Stift auf eine Tür am Ende des Ganges. McAllister setzte sich in Bewegung, kam aber nicht einmal dazu, anzuklopfen. Die Tür wurde von innen aufgerissen.

»Was wollen Sie?«

Dieselbe Harkennase, dieselben wachen Augen wie Cyrus. Nur war der Onkel kleiner und kräftiger.

»Mein Name ist Ian McAllister. Ich bin ein Freund von Cyrus.«

Alles Blut wich aus dem Gesicht seines Gegenübers, der Mund nur noch ein dünner Strich. Er verschränkte die Arme vor der Brust, ein Panzerarmband lugte unter der Hemdmanschette hervor.

»Ich habe Ihnen nichts zu sagen. Gehen Sie.«

»Herr Wahdat, ich wollte …«

»Gehen Sie, oder ich lasse Sie hinauswerfen.«

Cyrus' Onkel drehte sich um und knallte ihm die Tür vor der Nase zu. McAllister stand wie angewachsen neben dem Fenster auf dem Gang. Die Jalousie schnitt das Licht in Streifen. Plötzlich fasste ihn jemand am Arm, er wirbelte herum und blickte in zwei Augen, die tief in einem Jungengesicht eingegraben waren. Der Junge verzog keine Miene und zeigte zur Tür. Die Botschaft war klar. McAllister ließ sich ohne Widerstand durch die Eingangstür führen, dann stand er alleine auf dem Hof. Die Sonne knallte ihm auf den Kopf, der Schweiß stand ihm auf der Stirn. Cyrus' Onkel hatte ihm zwar keine Fragen beantwortet, aber dafür sprach seine Reaktion Bände. Der Mann hatte Angst und wusste oder ahnte zumindest, dass sein Neffe nicht bei einem gewöhnlichen Verkehrsunfall ums Leben gekommen war. McAllister beobachtete eine Spinne, die in seinem Schatten Zuflucht vor der sengenden Hitze suchte. Hatte sich Cyrus Feinde gemacht? Dieser »Unfall« trug die Handschrift von Profis, nicht von durchgeknallten Radikalen oder einem persönlichen Feind. Dem *Vevak*, dem iranischen Geheimdienst, war das zuzutrauen. Womit hatte sich Cyrus vor seinem Tod beschäftigt? Während McAllister zu seinem Wagen ging, beschloss er, das Physik-Institut an der Universität in Isfahan aufzusuchen und den ahnungslosen Freund aus England zu mimen. Mal sehen, wohin ihn das führte. Er setzte sich hinter das Steuer, ließ den Motor an und fuhr zurück Richtung Park. Er hatte die Landstraße nach Isfahan noch nicht erreicht, da entdeckte er seinen alten Bekannten im Rückspiegel wieder. Dieses Mal machte sich der Fahrer nicht einmal die Mühe, sich unauffällig zu verhalten. Der Mercedes fuhr so dicht auf, dass McAllister die beiden Männer mit den Sonnenbrillen gut erkennen konnte.

»Houston, wir haben ein Problem!«, sprach McAllister in den Rückspiegel und fuhr schneller, doch der Mercedes blieb ihm dicht auf den Fersen.

»Was wollt ihr von mir?«

McAllister ahnte, warum sie hinter ihm her waren, und ihm wurde in dieser Sekunde auch bewusst, dass die Aktion am Flughafen keine gewöhnliche Touristen-Schikane gewesen war. Der *Vevak*, oder wer immer seinen Freund beseitigt hatte, verfügte offensichtlich über detaillierte Informationen zu Cyrus' Vergangenheit. Vermutlich fanden sich in diesem Dossier nicht nur Auskünfte über ihre Freundschaft, sondern auch über seine Karriere bei *Scotland Yard* und *Interpol*. Als das Flugzeug in Isfahan aufsetzte, hatten sie ihn bereits erwartet. Das beschleunigte Visumverfahren hatte sie auf seine Spur gebracht.

»Shit!«

Er verfluchte sich dafür, nicht mit den *Interpol*-Kollegen in Teheran Kontakt aufgenommen zu haben. Er hatte die Sache unterschätzt.

Auf der Strecke zwischen Najafabad und Isfahan gab es außer ein paar Feldern und Plantagen kaum freie Flächen. Die Vororte der beiden Städte hatten sich wie Krebsgeschwüre in alle Richtungen ausgebreitet und waren irgendwann zusammengewachsen. Hatte er die Häuserfronten auf der Hinfahrt noch verwünscht, war er jetzt dankbar für den Schutz, den sie boten. Er hoffte, die Männer würden ihn nicht in der Öffentlichkeit angreifen. Demonstrativ hielt er sein Handy ans Ohr. Bestimmt bekamen die Jungs hinter ihm das mit, schließlich klebten sie wie ausgehungerte Blutegel an seiner Stoßstange. Als er Isfahan erreichte und die Kuppel der *Lotfolla-Moschee* sah, wusste er, was zu tun war. Er trat aufs Gaspedal, sein Wagen beschleunigte. Als die Stoßstange seines Vordermannes so nah kam, dass er jede Beule erkennen konnte, riss er das Lenkrad nach rechts, überholte mehrere Autos und schoss bei Orange über die große Kreuzung. Hinter ihm wütendes Hupen. Ein schneller Blick in den Rückspiegel. Der Mercedes wich in letzter Sekunde einem Kleinlaster aus, der ins Schlittern und quer auf der Fahrbahn zum Stehen kam. McAllister zwängte seinen Mietwagen in eine Lücke in der Linksabbieger-Spur Richtung Imam-Platz, auf dem sich auch die Moschee befand. Genau in der Sekunde, als seine Verfolger neben ihm auftauchten, sprang die Ampel auf Grün, und der Verkehr rollte an. McAllister konnte das wütende Gesicht des Fahrers sehen – wie sehr er auch auf die Hupe hämmerte, niemand ließ ihn einfädeln. McAllister grinste, aber er machte sich keine großen Hoffnungen. So leicht würden sich die Blutegel nicht abschütteln lassen. Doch das Manöver würde ihm ein, zwei Minuten Vorsprung verschaffen. Die Straße war zweispurig und lief quer über den ausladenden Imam-Platz. Doppelstöckige Arkaden, die von Königspalast, Moschee und Bazar überragt wurden, säumten das grüne Rechteck. Von seinem Spaziergang am Vortag wusste McAllister, dass unmittelbar hinter dem Platz eine schmale Straße abging. Man konnte sie leicht übersehen, denn die Arkaden verstellten den Blick. Genau das, was er jetzt brauchte. Seine Augen klebten am Rückspiegel und scannten die Straße, dann schlug er das Lenkrad hart nach rechts ein. Der Hinterreifen rasierte einen Randstein, das Auto bockte wie ein störrisches Pferd und schlingerte in die Gasse. In letzter Sekunde konnte er einem alten Mann ausweichen, der, schwer mit Tüten bepackt, vor ihm aus dem Nichts auftauchte. Er zog den Wagen nach rechts und legte unter einem Baum eine Vollbremsung hin. Wie ein Footballspieler rammte er die Tür auf und sprintete zur nächsten Querstraße. An der Ecke machte er Halt und spähte zurück in die Gasse. Alles blieb ruhig. Zu ruhig. Seine Augen prüften Menschen, Autos,

Bäume, Eingänge. Nichts Auffälliges zu entdecken. Genau in der Sekunde, als er weiterlaufen wollte, geschah es: Die Detonation war ohrenbetäubend. McAllister riss die Arme hoch und hielt sie schützend über seinen Kopf. Gleichzeitig drückte er sich gegen die Hauswand. Vögel flogen lärmend aus den Bäumen auf, jemand schrie. Vorsichtig schob er sich ein Stück nach vorne. Schwarzer Rauch kam wie eine Wand auf ihn zu. Es stank nach verbranntem Gummi, gierig züngelten die Flammen an seinem Wagen hoch.

»Kleines Ablenkungsmanöver. Wir sollten jetzt gehen«, hörte er eine Stimme hinter sich. Panikreaktionen waren McAllister während seiner Ausbildung abtrainiert worden. Dass sich jemand so unbemerkt anschleichen konnte, verursachte trotzdem einen jähen Anstieg des Adrenalinspiegels bei ihm. Er spannte jeden Muskel und drehte sich langsam um.

»Du?«

McAllisters Unterkiefer klappte nach unten.

»Ich freue mich auch, dich wiederzusehen. Aber für Small Talk haben wir jetzt leider keine Zeit. Los, komm!«

Ohne eine Antwort abzuwarten, lief Elliot Wilcox mit langen Schritten die Straße hinunter. McAllister blieb nichts anderes übrig, als seinem Ex-Kollegen von *Scotland Yard* zu folgen – vorbei an unzähligen Teppichhändlern, die ihre Ware auf dem Boden und an den Wänden ausbreiteten, zurück zum Imam-Platz. Dort, unmittelbar vor dem Bazareingang, bog Wilcox links ab und stieg eine Treppe hoch. McAllister hatte ein Büro erwartet, fand sich aber stattdessen in einem Teehaus mit riesiger Terrasse wieder. Holzbänke, die mit üppig bestickten Kissen dekoriert waren, Tischchen, an denen Tee getrunken und Shishas geraucht wurden.

»Von hier haben wir einen guten Überblick.« Sein Ex-Kollege zeigte auf den Imam-Platz, der sich wie ein kostbar bestickter Teppich vor ihnen ausbreitete. Sie steuerten eine ruhige Ecke an.

Kaum hatten sie unter einem der Baldachine Platz genommen, tauchte ein Kellner auf und stellte zwei Gläser mit schwarzem Tee und einen Teller mit Gebäck auf den Tisch. Skeptisch betrachtete McAllister die rautenförmigen Gebilde, die in ihm unmittelbar die Vision bohrenden Zahnschmerzes auslösten. Er warf einen Zuckerwürfel in sein Glas, aus dem Dampfspiralen aufstiegen.

»Völlig falsch. So machen die Einheimischen das.«

Wilcox nahm ein Stück Zucker in den Mund, goss etwas Tee auf den Unterteller und schlürfte ihn geräuschvoll.

»Danke. Aber ich warte lieber, bis er abgekühlt ist. Du hast mich doch bestimmt nicht hierhergebracht, um mir die iranische Teekultur näherzubringen, oder?«

Wilcox beugte sich mit seinem etwas zu lang geratenen Oberkörper über den Tisch und fixierte McAllister mit ausdruckslosen Augen. Sein Gesicht war hagerer, als McAllister es in Erinnerung hatte, und verlieh ihm etwas Blasiertes. Als hätten die Jahre sein Aussehen seiner Persönlichkeit entsprechend geformt.

»Exakt. Ich werde mich auch nicht mit Freundlichkeiten aufhalten. Du hast mit deiner Privatschnüffelei für ziemlich viel Wirbel gesorgt.«

McAllister lächelte schmal. Elliot war immer noch ganz der Alte. Arrogant und selbstgefällig. Erstaunlich, dass er es mit diesen Eigenschaften bis zum *Secret Intelligence Service* geschafft hatte.

»Woher sollte ich wissen, dass unser ehrenwerter Auslandsgeheimdienst seine Finger im Spiel hat?«

»Ich meine nicht nur bei uns. Du hast dir ganz offensichtlich auch bei den Iranern Freunde gemacht. Hattest du kürzlich Kontakt zu Cyrus Wahdat?«

»Wenn dem so wäre, wüsstest du das doch bestimmt, oder?«

Wilcox lehnte sich zurück und schlug die Beine übereinander. Sorgfältig strich er den Stoff seiner Hose glatt.

»Warum bist du hier?«

McAllister ließ seinen Blick über den Imam-Platz schweifen, kurz blieb er an einem nachlässig gekleideten Iraner am Treppenabsatz hängen. Dann widmete er sich wieder seinem Ex-Kollegen.

»Warum sagst *du* es mir nicht?«

Wilcox stöhnte und rieb sich die Augen.

»Hör zu. Das ist nicht die richtige Zeit für Spielchen. Wir haben gestern Nacht einen Peilsender an deinem Auto angebracht. Und ich kann dir sagen, wir waren nicht die Einzigen, die diese Idee hatten.«

McAllister pfiff leise durch die Zähne. Darum hatten ihn seine Verfolger so mühelos wiedergefunden. Ein Sender! Langsam wurde die Sache wirklich interessant.

»Also, warum bist du hier?«

»Ich hatte keinen Kontakt mehr zu Cyrus, seit er so überraschend in den Iran verschwunden ist.«

Er machte eine Pause und beobachtete Wilcox' Reaktion. Aber er saß einem Profi gegenüber.

»Warum interessiert sich der *SIS* überhaupt für ihn?«

»*Quid pro quo*, Ian. Ich bin sogar bereit, dir meinen guten Willen zu beweisen, indem ich anfange.«

McAllister hätte sich am liebsten übergeben, stattdessen schob er sich einen klebrigen Keks zwischen die Zähne.

»Gestern Nacht muss jemand dein Apartment in London durchsucht haben. Hat eine ziemliche Sauerei hinterlassen – zumindest haben das heute Morgen meine Leute berichtet. Was hat er gesucht?«

»Meine Pornosammlung? Herrgott, Elliot, woher soll ich das wissen? Bis vor ein paar Stunden war mir nicht mal klar, dass ich den *Vevak* am Hals habe.«

»Hast du auch nicht. Zumindest nicht direkt. Eher eine Art Untereinheit, von deren Existenz nur wenige wissen. Für spezielle Aufträge. Du weißt, was ich meine.«

McAllister spülte die Reste des Keks mit Tee hinunter. Er brauchte Zeit, die erhaltenen Informationen zu sortieren. Wenn es stimmte, was Wilcox sagte, dann hatte er heute mehr Glück als Verstand gehabt. Aber was wollten diese Typen nun eigentlich von ihm? Wilcox war der Einzige, der vielleicht etwas Licht in die Sache bringen konnte. McAllister hatte also keine Wahl.

»Ich habe der Story mit dem Autounfall von Anfang an nicht getraut.«

Wilcox' rechte Augenbraue zuckte nach oben.

»Wieso?«

»Cyrus hatte eine Auto-Phobie. Er konnte kaum mitfahren, aber selbst zu fahren, wäre ausgeschlossen gewesen. Wieso also sollte ausgerechnet er sich zu einer so bescheuerten Uhrzeit in ein Auto setzen und in die Wüste fahren? Da hat die iranische Truppe wohl schlampig recherchiert.«

»Aber du – cool, wie du bist – forschst ein wenig auf eigene Faust nach? Ich hätte dich für klüger gehalten. Genau genommen fällt es mir schwer, dir das abzukaufen.«

McAllister lag eine Erwiderung auf der Zunge, aber er schluckte sie hinunter. Er würde sich nicht rechtfertigen. »Also, warum interessiert sich der *SIS* für Cyrus. *Quid pro quo.* Du bist dran.«

»Dein Freund Cyrus war schwul.«

»Erzähl mir was Neues, Elliot.«

Noch während die Wörter aus McAllisters Mund drangen, formte sein Gehirn erste Testballons. Und die Assoziationen, die sich da in seinem Kopf bildeten, gefielen ihm ganz und gar nicht.

»Kurz vor Ende seines Studiums sollte er zurück in den Iran«, fuhr Wilcox fort. »Und du weißt ja: Hier hat man wenig Verständnis dafür, wenn ein Mann einem anderen den Schwanz zwischen die Arschbacken schiebt. Wir haben dafür gesorgt, dass er in England bleiben konnte und auch ohne die Unterstützung seines Onkels ein gutes Auskommen hatte.«

Sie hatten Cyrus umgedreht. Seine Homosexualität als Druckmittel eingesetzt und ihn eingeschüchtert. Und er hatte von alldem nichts mitbekommen, obwohl sie Freunde gewesen waren. McAllister kramte in seiner Erinnerung, aber er konnte sich an keinen Hinweis, keine diesbezügliche Bemerkung von Cyrus erinnern.

»Und der *SIS* hat das alles aus reiner Menschenfreundlichkeit getan?«

Ein verschlagenes Grinsen zeigte sich auf Wilcox' Gesicht.

»Ach, Ian, du weißt doch, wie der Hase läuft. Natürlich nicht. Er hat sich verpflichtet, uns zu helfen, wenn die Zeit gekommen ist.«

»Im Klartext: Für euch im Iran zu schnüffeln. Er sollte euch wohl Informationen zum Atomprogramm besorgen?«

Elliots Miene wurde ernst, das Grinsen war wie weggewischt. *Keine Antwort ist auch eine Antwort*, dachte McAllister.

»Er hat seine Sache gut gemacht, uns fast zwei Jahre mit Informationen versorgt. Dann ist irgendetwas schiefgelaufen. Unmittelbar, nachdem er aus Kirgistan zurückgekommen ist«, fuhr Wilcox fort.

Der Schleier der Unwirklichkeit legte sich für den Bruchteil einer Sekunde über McAllisters Verstand. Kirgistan? Leas Gesicht tauchte vor ihm auf.

»Kirgistan? Was, bitte, hat Kirgistan mit dem iranischen Atomprogramm zu tun?«

»Das wissen wir nicht so genau. Noch nicht. Die ganze Sache stinkt zum Himmel. Mehr kann ich dir nicht sagen, schließlich sind wir ein Geheim… Dienst.«

Wilcox hielt sich die Hand vor den Mund und hüstelte wie eine alte Lady. Es dauerte einen Moment, bis McAllister begriff, dass sein Ex-Kollege lachte. Sollte er ruhig. Immerhin wusste McAllister jetzt deutlich mehr als noch ein paar Stunden zuvor.

»Entweder bist du ein guter Schauspieler, Ian, oder du weißt wirklich nichts. Apropos: Wir müssen jetzt los.«

McAllister sah aus dem Augenwinkel, dass der nachlässig gekleidete Iraner ein Zeichen gab und die Treppe hinabstieg.

»Darf ich fragen, wohin?«

»Wir haben uns erlaubt, deine Sachen im Hotel abzuholen, und werden dich jetzt zum Flughafen bringen.«

***

Manni zog Lea in das dichter werdende Gebüsch. Äste zerkratzten ihnen die Gesichter, aber er schob sie noch tiefer in das Dickicht. Immer wieder blieb sie mit ihrem Rucksack hängen. Mittlerweile hatten sich ihre Augen an die Dunkelheit gewöhnt – und so sah sie den Stamm gerade noch rechtzeitig. Abrupt blieb sie stehen.

»Versteck dich dahinter«, zischte ihr Manni zu. Ein Knacken ließ Lea zusammenfahren. Aber es war nur Manni, der Zweige abbrach.

»Hier. Halt dir den vor das Gesicht, damit deine Haut nicht so hell leuchtet.«

Er drückte ihr einen Ast in die Hand und quetschte sich neben sie. Angespannt starrten sie in den Wald.

»Sie sind weg«, flüsterte Lea.

»Bestimmt nicht, so schnell geben die nicht auf.«

Als hätte Manni es heraufbeschworen, geisterten plötzlich zwei Lichter durch die Baumreihen.

»Haben sich nur aufgeteilt.«

Lea spürte, dass Manni sich an seiner Jacke zu schaffen machte. Ein Klicken. Sie starrte auf seine Hände. Die Umrisse einer Pistole schälten sich aus der Dunkelheit.

»Woher hast du die?«

»Oleg. Ruhig jetzt, sie kommen.«

Schulter an Schulter hockten sie hinter dem Stamm der Fichte und fixierten die Lichtkegel, die sich im Zickzack näherten. Lea konnte den Impuls, aufzuspringen und wegzulaufen, nur mit Mühe unterdrücken. Stimmen. Ein rauhes Lachen. Der Lichtstrahl kroch näher. Intuitiv drückte sich Lea noch tiefer ins Gebüsch. Sie atmete flach durch den Mund. Ihre Beine fingen an zu kribbeln. Lange würde sie in dieser Position nicht mehr ausharren können. Plötzlich streifte ein Lichtfinger den Baumstamm. Einen Meter über ihren Köpfen. Lea zuckte zusammen, und Manni griff nach ihrem Arm, als fürchtete er, dass sie aufspringen könnte. Der helle Kegel wanderte weiter, stoppte, und kam wieder zurück. Lea schloss die Augen, biss sich auf die Lippe. Ein statisches Rauschen, dann Knacken und Knistern. Keine fünf Meter entfernt blieb ihr Verfolger stehen und grunzte in sein Funkgerät: »Da?«

Während er sprach, drehte er sich langsam im Kreis, der Lichtstrahl kam ihrem Versteck zwei Mal bedenklich nahe.

»Hau endlich ab, verdammt!«

Sie hatte es fast lautlos geflüstert, aber sofort kniff Manni sie in den Arm. Genau in diesem Moment stürmte ihr Verfolger mit großen Schritten davon. Lea hörte ihn noch etwas in den Wald rufen, dann wurde der Lichtkegel kleiner. Sie blieben noch ein paar Minuten reglos im Gebüsch hocken, bis Manni schließlich sagte: »Okay, ich glaube, sie sind weg. Wir brechen auf.«

Lea rappelte sich auf. Ihre Beine kribbelten, als würden Tausende Ameisen über sie herfallen. Manni hatte ein kleines GPS-Gerät aus seinem Rucksack geholt.

»Hast du das auch von Oleg?«

»Habe ich immer dabei. Hoffe nur, dass sie uns darüber nicht orten können.«

Das Display warf ein gespenstisches Licht auf sein Gesicht.

»Tokmak ist nicht weit. Los jetzt. Und bleib immer dicht hinter mir.«

Erst jetzt bemerkte Lea, wie erschöpft sie war. Stundenlang durch den dunklen Wald zu stolpern, schien ihr utopisch. Aber sie biss die Zähne zusammen und stapfte hinter Manni her. Als sie nach einer Stunde Marsch endlich die ersten Lichter der Stadt durch die Bäume hindurch erkennen konnte, hätte Lea vor Freude am liebsten losgeheult. Am Waldrand blieb Manni stehen. Vor ihnen lag ein Feld, das auf der anderen Seite von einem langgezogenen Fabrikgebäude begrenzt wurde. Im Erdgeschoss leuchteten Fenster, die in der Dunkelheit fast heiter wirkten.

»Na, also, jetzt müssen wir nur noch die Gorkiystraße finden.«

Er warf einen Blick auf sein GPS, drehte sich Lea zu und lächelte aufmunternd.

»Jetzt nicht schlappmachen, Mädchen. Wir haben es gleich geschafft.«

Lea nickte und versuchte, mit dem Gefühl der Unwirklichkeit zurechtzukommen, das sie von Sekunde zu Sekunde stärker erfüllte. Noch immer hatte sie nicht wirklich verstanden, warum sie gejagt wurden. Der Abschuss eines Schneeleoparden war kein Kavaliersdelikt, sicher. Aber deshalb gleich ein paar Männer auf sie anzusetzen? Der Wirtschaftsminister musste eine Heidenangst vor einem Skandal haben.

»Wir sollten uns beeilen. Falls unsere charmanten Freunde in der Nähe sind.«

Noch bevor Lea antworten konnte, lief Manni geduckt auf das Fabrikgebäude zu. Sie umrundeten den länglichen Bau und standen auf einer unbeleuchteten Straße. Keine Menschenseele war zu sehen.

»Laut GPS müssen wir dieser Straße noch 200 Meter folgen, dann links abbiegen und Richtung Stadtzentrum weiterlaufen. Die

Gorkiystraße ist ziemlich groß. Wir können sie eigentlich nicht verfehlen.«

»Dann los. Ich will endlich ins Warme.«

Mit dem Asphalt unter den Füßen war auch Leas Kampfgeist zurückgekehrt.

Die Gorkiystraße 130 entpuppte sich als Plattenbau im Miniaturformat. Die Klingelschilder waren abgenutzt, an manchen Stellen gab beschriftetes Klebeband Auskunft über die Namen der Bewohner. Wasili Sokolow war nicht darunter.

»Mist. Es war doch 130, oder?«

Das erste Mal, seit sie auf der Flucht waren, lag so etwas wie Unsicherheit in Mannis Stimme. Noch einmal gingen sie alle Namen durch. Sie waren so in ihre Recherche vertieft, dass sie die Frau, die von der Straße direkt auf sie zusteuerte, nicht bemerkten.

»Kann ich Ihnen helfen?«

Die beiden schraken auf und stießen mit den Köpfen zusammen. Die Frau lachte.

»Wohnt hier ein Wasili Sokolow?«

Die Frau zeigte auf eine Klingel, schloss die Tür auf und verschwand. Manni drückte den Knopf. Nichts passierte. Er läutete noch einmal.

»Ja?«, tönte es unfreundlich aus dem Lautsprecher.

»Oleg Ratschenkow schickt uns. Wir sind Freunde und brauchen Hilfe.«

Der Lautsprecher knisterte.

»Hallo? Sind Sie noch da?«

Anstelle einer Antwort erklang ein leises Summen. Lea stürzte zur Tür und drückte sie auf. Im Treppenhaus roch es nach abgestandenem Fett. Sie stiegen die Treppe hoch in den zweiten Stock.

»Hier.«

Die Stimme drang aus einer spaltbreit geöffneten Tür. Lea setzte ihr charmantestes Lächeln auf und ging auf ihn zu. Wasili Sokolow hatte Truthahnlappen unter dem Kinn, und seine Haare waren fettig genug, um einen Motor damit zu schmieren. Seinem Gesichtsausdruck nach zu urteilen, war er nicht erfreut über ihren Besuch.

»Was wollt ihr?«

Manni schob sich vor Lea.

»Können wir reinkommen?«

Sokolow strich sich über den Bauch, sein Unterhemd war voller Flecken.

»Muss das sein?«

»Können dich Dollar überzeugen?«

Olegs Schwager öffnete die Tür und machte eine einladende Geste. Sie zwängten sich an ihm vorbei und standen in einem engen Flur, der mit Schuhen übersät war.

»Geradeaus Wohnzimmer«, dirigierte Sokolow. Die Aussicht, ein paar Dollar zu verdienen, hatte offensichtlich seine Stimmung gehoben.

»Setzt euch.«

Lea sah sich suchend um. Über den einzigen beiden Stühlen hingen Hemden, Arbeitshosen, Socken und Unterhosen. Der Tisch war zugemüllt mit dreckigen Tellern, in der Mitte thronten Gläser und eine Wodkaflasche. »'tschuldigung. Frau ist nich' da.«

Sokolow raffte die Dreckwäsche zusammen und warf sie auf den Boden, dann lehnte er sich an die Fensterbank und zündete sich eine Zigarette an.

»Was wollt ihr?«

Lea setzte sich und schilderte, was sich in den letzten Stunden zugetragen hatte. Sokolow rauchte wortlos, dann öffnete er das Fenster und schnippte die Zigarette nach draußen. Lea entging nicht, dass sein Blick dabei suchend über die Gorkiystraße glitt.

»Ich könnte jetzt einen Wodka gebrauchen«, sagte Manni und zeigte auf die Flasche.

»Du auch, meine Hübsche?«

Lea schüttelte den Kopf, stand auf und spähte aus dem Fenster. Sie hatte ein ungutes Gefühl, was diesen Sokolow anging. Er hatte nicht einmal mit der Wimper gezuckt, als sie von Olegs Verhaftung erzählt hatte. Sokolow stellte ein Glas vor Manni und füllte es randvoll, dann schenkte er sich selbst ein. Die beiden Männer prosteten sich zu und knallten die leeren Gläser auf den Tisch. Sokolow wischte sich mit dem Handrücken über den Mund.

»Wie viele Dollar hast du?«

»200.«

Sokolow verzog verächtlich das Gesicht.

»Für 200 Dollar riskiere ich nich' meine Haut.«

Manni schraubte die Wodkaflasche auf und schenkte nach. Das Ritual wiederholte sich.

»300. Mein letztes Angebot.«

Sokolow lachte laut auf.

»Sonst was?«

»Sonst nichts. Dann machen wir uns eben morgen alleine auf den Weg.«

»Ihr könnt nich' hierbleiben.«

»Es ist schon spät.«

»Mir egal. Ihr müsst weg. Was meinste, wie lange die brauchen, bis se rausfinden, dass Oleg 'nen Schwager in Tokmak hat?«

»Was schlägst du vor?«

Sokolows Gesicht nahm einen listigen Ausdruck an.

»Du gibst mir 400 Dollar, und ich bring euch mit dem Auto nach Rot-Front. Zu den Russendeutschen.«

»350.«

»Abgemacht. Wir fahren in fünf Minuten.«

Sokolow zündete sich noch eine Zigarette an und verschwand im Nebenzimmer. Lea hörte, wie er telefonierte.

»Traust du ihm?«

Sie sah Manni fragend an.

»Haben wir eine Wahl?«

Lea wollte gerade ihr Handy aus dem Rucksack holen und Ian anrufen, als Sokolow in der Tür auftauchte. Er trug jetzt einen Pullover, der mindestens so verfleckt war wie das Unterhemd, worin er sie empfangen hatte. Ein Schauer lief Lea über den Rücken.

»Ich hab grade mit dem Dorflehrer in Rot-Front gesprochen. Könnt bei ihm übernachten.«

Übernachten, klang verlockend. Es war mittlerweile fast Mitternacht, und Lea war so müde, dass selbst der nagende Hunger in den Hintergrund gerückt war. Sie verließen die Wohnung und tasteten sich im Halbdunkel über die Treppe nach unten.

»Wie wär's mit Licht?«, fragte Manni, aber Sokolow schüttelte nur den Kopf. Unten angekommen, starrte er minutenlang auf die schwach beleuchtete Straße. Immer wieder kehrte sein Blick zu einem Auto zurück, das auf der anderen Seite der breiten Straße geparkt hatte. Er zögerte.

»Wir geh'n durch den Keller.«

Sie schlichen die Stufen hinunter, und Sokolow stieß die Tür auf, die auf den Innenhof führte. Es stank nach Müll. Bis auf das langgezogene Miauen einer Katze war nichts zu hören. Zügig überquerten sie den Hof und schlüpften durch einen schmalen Auslass in eine Querstraße der Gorkiystraße.

»Mein Auto steht da hinten«, flüsterte Sokolow und ging mit schnellen Schritten voraus. An einem alten Nissan blieb er stehen. Der Schlüssel in seiner Hand zitterte. Sokolow brauchte zwei Versuche, bis er das Schloss traf. Lea fragte sich, ob das der Nervosität oder dem jahrelangen Wodkakonsum geschuldet war. Sokolow startete den Wagen. Sie bogen auf die Gorkiystraße ein und fuhren langsam an Sokolows Wohnung vorbei. Das Auto auf der gegenüberliegenden Straßenseite war leer. Lea atmete tief durch.

»Verfickte Scheiße! Ich hab's gewusst!«, fluchte Sokolow und beschleunigte den Wagen. Lea konnte gerade noch einen Blick auf die Lichtkegel erhaschen, die sich gespenstisch hinter den Fenstern von Sokolows Wohnung bewegten.

»Eure Gesellschaft is' verdammt gefährlich.«

Sokolow wischte sich die Nase am Ärmel seines Pullovers ab.

»Ich will 400 Dollar. Oder ihr steigt aus.«

Manni warf Lea einen kurzen Blick zu und nickte.

»Einverstanden.«

Sokolow lachte trocken.

»Wie weit ist es bis Rot-Front?«

»Nich' weit, vielleicht 25 Kilometer.«

Lea lehnte den Kopf gegen die Scheibe und schloss die Augen. 25 Kilometer. Das war tatsächlich nicht weit. Möglicherweise nicht weit genug, um ihre Verfolger abzuschütteln. Aber noch bevor ihr Gehirn diese Tatsache verarbeiten konnte, war sie eingeschlafen.

***

Oleg Ratschenkow biss die Zähne aufeinander. Er durfte sich jetzt nicht einlullen lassen. Skeptisch blickte er in die Tasse, die der Mann soeben vor ihn auf den Tisch gestellt hatte. Braune Krümel drehten an der Oberfläche langsam ihre Kreise. Auch wenn es nur Instant-Kaffee war – der Duft war verlockend.

»Trinken Sie ruhig. Ist nicht vergiftet.«

Oleg sah kurz hoch und blickte in ein Gesicht, das so interessant aussah wie das Telefonbuch von Bischkek. Bis hierher hatte alles wie eine groteske Inszenierung gewirkt. Erst hatten sie ihn und seine Begleiter aus dem Auto gezerrt und in eines der grauen Verwaltungsgebäude gebracht. Und jetzt saß er hier, alleine, und wurde behandelt wie ein Gast, der zu einem Plauderstündchen vorbeigekommen war. Mit dem feinen Unterschied, dass er nicht freiwillig hier war. Der Mann mit dem langweiligen Gesicht setzte sich auf den Stuhl gegenüber und sah ihn freundlich an.

»Warum sind der Mann und die Frau in den Wald geflohen, wenn sie nichts zu verbergen haben, so, wie Sie behaupten, Dr. Ratschenkow?«

Oleg zuckte mit den Schultern.

»Keine Ahnung. Kurzschlusshandlung?«

Er nippte an dem Kaffee und beobachtete die Reaktion seines Gegenübers.

»Sie sind ein international angesehener Wissenschaftler. Unser Land ist stolz auf Sie. War es das Geld?«

»Ich verstehe nicht?«

Der Mann lächelte mitleidig.

»Wir haben im Kofferraum Ihres Wagens ein Schneeleopardenfell gefunden. Eingewickelt in eine alte Decke.«

Oleg hatte gedacht, er wäre vorbereitet auf das, was ihn hinter den Türen des Gebäudes erwartete. Aber er musste sich eingestehen, dass das ein fataler Irrtum gewesen war. Seine Miene gefror zu Eis.

»Ich sehe das so: Sie haben Geld dafür kassiert, dass Sie die beiden für einen Abschuss zu einem Schneeleoparden geführt haben. Wer wüsste besser als Sie, wo sich die Tiere aufhalten?«

Beinahe hätte Oleg laut aufgelacht. Das Schneeleopardenfell hätte er zu gerne gesehen. Er war sich sicher, dass es aus der Asservatenkammer der Regierung stammte. Und sehr wahrscheinlich hatte er es selbst gemeinsam mit der Polizei konfisziert. Immer wieder bekam er Tipps von Hirten, die bei ihren Viehtrieben verdächtige Personen beobachteten. Mehr als einmal hatten sie dank solcher Hinweise Wilderer und Zwischenhändler dingfest machen können.

»In Ihrem Projektplan schreiben Sie«, der Mann legte einen Schnellhefter auf den Tisch und blätterte darin, »vermutlich leben nur noch 270 Schneeleoparden in den Bergen Kirgistans. Wilderei und gelegentliche Zusammenstöße mit Hirten und möglicherweise der drohende Klimawandel stellen die größte Bedrohung für das Überleben der seltenen Raubkatzen dar. Unser Nationaltier …«

Der Mann hob den Kopf.

»Soll ich weiterlesen? Aber ich vermute, Sie wissen selbst, was Sie geschrieben haben, oder?«

Olegs Wut ebbte langsam ab und machte blankem Entsetzen Platz. Er wusste, was als Nächstes passieren würde. Er konnte sich nicht erklären, woher dieses Wissen kam, aber er wusste es mit der Sicherheit eines Menschen, der plötzlich hellsichtig geworden war.

»Dr. Ratschenkow, die Regierung hat Ihnen eine Erlaubnis für Ihr Forschungsprojekt erteilt, Sie mit Forschungsgeld unterstützt. Und als Dank dafür verkaufen Sie unseren Nationalstolz an zwei Deutsche?«

Die bis dato ausdruckslose Miene des Mannes spiegelte nun pures Bedauern wider. Das Schauspiel ließ Oleg kalt. Was ihn elektrisiert hatte, war, dass sein Gegenüber offensichtlich Informationen über Lea und Manni besaß. Ihre Nationalität war bestimmt nicht das Einzige, was der Geheimdienst über sie herausgefunden hatte. Sie hatten den Wirtschaftsminister beim Wildern eines Schneeleoparden gefilmt. Was hatte er erwartet? Dass der Borukev-Clan tatenlos dabei zusehen würde, wie sie das Beweismaterial außer Landes schafften? Oleg fuhr sich durch seine widerspenstigen Haare und verschränkte dann die Hände über seinem Bauch, damit das Zittern nicht auffiel. Er wartete auf den tödlichen Stoß.

»Wir werden Ihre Forschungsgelder einfrieren, ein Verfahren zur Aberkennung Ihres Titels in die Wege leiten und Sie außerdem der Wilderei anklagen. Geldstrafe, Gefängnis, das ganze Programm.«

Peng! Die Katze war aus dem Sack. Oleg starrte auf seine Hände, die sich im Rhythmus seines Atems hoben und senkten. Dass die Borukevs nach dem Vorfall in den Bergen nichts Geringeres vorhatten, als ihn zu vernichten, war klar. Sie mussten seinen Ruf beschmutzen, ihn in den Dreck ziehen, damit er seine stärkste Waffe verlor – seine Glaubwürdigkeit. Sollte der Film jemals ausgestrahlt werden, würde man der Welt einfach einen korrupten Wissenschaftler, der wegen Wilderei im Gefängnis saß, präsentieren. Klappe zu, Affe tot.

»Das gilt übrigens auch für Ihren Assistenten und Ihre Tierärztin. Wir haben Drogen bei ihr gefunden.«

Der letzte Satz verursachte ein Vakuum in Olegs Gehirn. Er konnte nicht mehr klar denken. Verwirrt blickte er den Geheimdienstmann an. Über dessen gelangweilte Fassade huschte ein strahlendes Lächeln.

»Das alles muss so nicht passieren. Sie können das Unglück immer noch abwenden.«

Er machte eine theatralische Pause.

»Kooperieren Sie mit uns!«

Oleg hatte sich so weit gefangen, dass sein Zynismus Oberhand gewann.

»Na, klar, kein Problem. Und außerdem ist für mich dann ein Job im Umweltministerium drin, oder wie?«

Sein Gegenüber legte die Fingerspitzen aneinander und deutete ein leichtes Nicken an.

»Wer weiß? Kommt auf die Qualität der Informationen an.«

»Was ist eigentlich mit dem deutschen Jungen?«, schob er hinterher.

»Welcher deutsche Junge?«

»Na, den, den Ihre Männer aus meinem Auto gezerrt haben. Der mit dem verletzten Knöchel.«

Olegs Gegenüber setzte einen ratlosen Blick auf.

»Wovon sprechen Sie, Dr. Ratschenkow? Außer Ihnen, Ihrem Assistenten und der Tierärztin war niemand im Wagen.«

Sein schmieriges Grinsen strafte ihn Lügen.

Kapitel 9

Igor Filipowitsch Potkov sah zu, wie sich die Brüste der Prostituierten rhythmisch zu ihrem Hüftschwung bewegten. Die Strapse schnitten in ihr weiches Fleisch, das durchsichtige Höschen konnte die Schambehaarung kaum bändigen. Sie war ein reizloses Ding mit mongolischem Einschlag, aber wenigstens hatte sie große Titten. Potkov lümmelte nackt auf einem Hotelbett in Bischkek, das weit unter seinem Standard lag, und versuchte, sich mit einer Nutte zu vergnügen, die er im Normalfall nicht einmal mit der Pinzette angefasst hätte. Die Frau ließ sich auf alle viere fallen und kroch gurrend auf ihn zu. Ihre Zunge schnellte reptiliengleich aus dem Mund, als wollte sie Witterung aufnehmen. Potkov blickte an sich hinunter. Nichts. Sie kroch auf das Bett und schob ihre mächtigen Brüste wie gequetschte Ballons vor sich her. Ihre lackierten Krallen arbeiteten sich an der Innenseite seiner Oberschenkel hoch und umschlossen seinen Hodensack. Sie kroch ein Stück höher, stülpte ihre Lippen wie Gummireifen über seinen Schwanz und bearbeitete ihn schmatzend und stöhnend, als könnte sie ihn allein durch die Lautstärke zum Leben erwecken. Potkov stieß sie grob von sich.

»Hör auf!«

Das Augen-Make-up der Frau war verschmiert und verlieh ihr etwas Wahnsinniges. Ihr Blick verstärkte den Eindruck noch. Potkov zwängte sich an ihr vorbei, schlüpfte in seinen Bademantel und hielt ihr einen Bündel Scheine hin.

»Da, nimm! Und jetzt verschwinde, aber schnell!«

Wie ein tollwütiger Hund schnappte sie nach dem Geld, raffte ihre Sachen zusammen und schloss sich im Badezimmer ein. Als sie endlich die Wohnung verlassen hatte, ließ er sich in den Polstersessel fallen und schenkte sich ein Glas Whiskey ein.

Er hatte gehofft, die Nutte würde ihn ablenken. Nachdenklich ließ er die goldene Flüssigkeit im Glas kreisen. Der Anruf seines Sicherheitschefs zwei Stunden zuvor hatte seine Laune unter den Gefrierpunkt fallen lassen. Sie waren entkommen. Erneut. Nachdem der Geheimdienst potenzielle Anlaufstellen der beiden identifiziert hatte, hatten sich Borukevs und seine Leute aufgeteilt. Während der Geheimdienst Oleg Ratschenkows Ehefrau einen Besuch abstattete, die Wohnung der Tierärztin in Bischkek observierte und die Familie des Assistenten befragte, waren Potkovs Männer nach Tokmak zu Ratschenkows Schwager gefahren.

»Wir haben sie lokalisiert, Chef!«

Potkov klang der genuschelte Satz seines Sicherheitschefs noch im Ohr. Dass der Zugriff in die Hose gehen würde – damit hatte er nicht gerechnet. Als seine Männer die Wohnung stürmten, waren die Vögel bereits ausgeflogen.

»Sie können nicht weit sein«, versuchte sein Sicherheitschef abzuwiegeln.

»Findet sie!«, war alles, was Potkov darauf in den Hörer fauchte. Ihn beschlich die ungute Vorahnung, dass die Suche ab jetzt deutlich schwieriger werden würde. Es gab keinerlei Anhaltspunkte, was die beiden Deutschen als Nächstes unternehmen würden. Er konnte nur hoffen, dass sie einen Fehler machten, oder einem von Borukevs Informanten, die angeblich in jedem Dorf saßen, in die Arme liefen. Aber noch wusste da draußen keiner von den flüchtigen Deutschen. Kommenden Morgen würden es die Buschtrommeln verkünden. Aber erst dann. Bis dahin konnten die beiden längst über alle Berge sein. Potkov rieb sich die Stirn. Er war müde, wusste aber, dass der erlösende Schlaf nicht kommen würde. Er nahm einen kräftigen Schluck Whiskey und spürte dem Brennen nach. Lea Winter, eine Biologin, die für eine Umweltorganisation arbeitete. Manfred Fuchs, ein freischaffender Kameramann. Zwei völlig unbedeutende Figuren. Er hasste es, wenn ihm der Zufall in seine Geschäfte hineinpfuschte. Die beschlagnahmten Kameras waren leer gewesen, und die Befragung des Wissenschaftlers hatte bisher auch noch kein verwertbares Ergebnis gebracht. In ein paar Stunden würde er noch einmal einem verschärften Verhör unterzogen werden. Das alles dauerte ihm viel zu lange.

Er hoffte, dass Borukevs Leute den Wissenschaftler mit ihren Fragen ausweiden würden wie ein totes Reh und, wenn nötig, seinem Gedächtnis auf die Sprünge halfen. Potkov stürzte den restlichen Whiskey in einem Zug hinunter. Ein weiterer Störfaktor war Basim. Der Iraner hatte es tatsächlich gewagt, ihm ein Ultimatum zu stellen.

»Du hast zwei Tage, um die Sache geradezubiegen«, hatte er gesagt. Mit gelangweilter Stimme, als würde er eine Pizza mit Thunfisch bestellen.

Zwei Tage. Was zum Teufel dachte sich der Kerl? Potkov spürte sein Herz in der Brust unruhig schlagen.

»Du kannst mich mal, mein Freund. Ich kann den Deal auch mit Nordkorea abschließen. Kostet mich nur ein paar Anrufe«, flüsterte er dem Glas zu. Potkovs Lippen verzogen sich zu einem Grinsen. Nicht umsonst ist mein zweiter Vorname »Plan B«.

***

Lea saß verschlafen am Tisch ihres Gastgebers und rieb sich die Augen. Am Fenster liefen Mädchen vorbei. Zöpfe, blond und lang, tanzten auf ihren Rücken. Sie plapperten aufgeregt wie Spatzen. In den strengen, dunklen Röcken, den hellen Blusen und ohne Schmuck und Schminke wirkten die Mädchen wie aus der Zeit gefallen. Der Dorflehrer fing ihren Blick auf.

»Das sind die fünf Töchter unseres stellvertretenden Dorfvorstehers, Alfred Becker. Sie sind auf dem Weg zum Gebetshaus.«

Lea sah ihn fragend an und trank einen Schluck Kaffee, der mittlerweile kalt geworden war.

»Wir in Rot-Front sind Baptisten. Der Glaube bestimmt unsere Regeln, und das Gebetshaus ist für uns der wichtigste Ort im Dorf.«

Lea, die sich schon in der Schule vom Religionsunterricht abgemeldet hatte, kaute nachdenklich auf ihrem Hefebrot herum. Genau in diesem Moment polterte Manni zur Tür herein.

»Morgen zusammen.«

Während der Dorflehrer frischen Kaffee zubereitete, quetschte sich Manni neben Lea auf die Bank und flüsterte: »Mann, das ist hier ja wie im Mittelalter. Lässt mich der Kerl doch tatsächlich im Stall schlafen, weil wir nicht verheiratet sind. Warum hast du gestern nicht einfach gelogen, als er gefragt hat?«

Lea kaute genüsslich zu Ende und grinste.

Der Lehrer stellte eine Tasse vor Manni hin und setzte sich zu den beiden an den Tisch. Lea schätzte ihn auf Anfang fünfzig. Sein Gesicht strahlte etwas Gutmütiges aus, die blauen Augen musterten sie neugierig. Jetzt, ausgeschlafen und bei Tageslicht, erschien ihr die Situation nicht mehr ganz so ausweglos wie noch am Vorabend. Ihre Verfolger hatten keine Ahnung, wo sie sich aufhielten, und der Lehrer wusste bestimmt einen Weg, wie sie aus Kirgistan herauskämen. Zumindest wollte sie das glauben. Wenn sie genauer nachspürte, lauerte die Angst unter der dünnen Schicht Zweckoptimismus. Aber im Moment hatte sie die Situation halbwegs im Griff. Um sich abzulenken, beschäftigte sie sich mit ihrem Gastgeber.

»Sprechen alle im Dorf deutsch?«

»In unserem Dorf leben ungefähr 150 Deutschstämmige, die alle deutsch sprechen – zumindest zu Hause, in der Schule und natürlich im Gebetshaus. Deutschsein ist uns hier sehr wichtig. Wir pflegen leidenschaftlich die alten Sitten und Feste, feiern Weihnachten und Ostern.«

Vermutlich mehr als ich, dachte Lea. Ihr Blick blieb an einem kitschigen Bild neben der Küchentür hängen. Neuschwanstein. In Gold gerahmt. Schon auf dem Weg in die Küche waren ihr die vielen deutschen Sujets aufgefallen, die überall die Wände zierten. Genauso wie die dunkle Schrankwand im Wohnzimmer.

»Wollen Sie irgendwann nach Deutschland zurück?«

Der Dorflehrer strich sich nachdenklich über seinen Schnauzbart.

»Viele sind weg, aber ich werde bleiben. Ich mag das einfache Leben hier. Beten, gemeinsam musizieren, in den Feldern und Äckern arbeiten, unterrichten. Ich schlafe gut, habe zu essen, bin gesund. Was will ich mehr?«

Lea wollte etwas erwidern, aber Manni kam ihr zuvor.

»Ich unterbreche eure Plauderei nur ungern, aber wir müssen uns langsam Gedanken machen, wie wir hier wegkommen, Lea.«

Die Miene des Dorflehrers verfinsterte sich.

»Sie wollen schon wieder weg? Aber ich wollte Sie doch heute Abend in unser Gebetshaus und zum gemeinsamen Essen mitnehmen. Wir bekommen nicht oft Besuch aus Deutschland.«

Er sah mit flehendem Blick von Manni zu Lea.

»Kann ich Sie nicht überreden, wenigstens eine weitere Nacht zu bleiben? Sie haben noch gar nichts von unserem Dorf gesehen.«

»Ich fürchte, nein. Wir müssen weiter.«

Lea quetschte sich an Manni vorbei und räumte Teller und Kaffeetassen in die Spüle.

»Besprecht ihr das, ich gehe mich frisch machen.«

Ohne eine Antwort abzuwarten, verschwand sie aus der Küche und ging in das Gästezimmer. Sie hatte sich längst gewaschen, aber sie wollte vor ihrer Abreise unbedingt mit Ian telefonieren. Sie hatte bereits vor dem Frühstück einen Versuch gestartet, aber nur die Mailbox erreicht und eine Nachricht hinterlassen. Einmal aus Rot-Front weg, wäre ein funktionierendes Netz das reinste Glücksspiel. Also versuchte sie es noch einmal. Als er abhob, schrie sie seinen Namen fast ins Telefon.

»Lea! Was ist los? Wo bist du?«

Bis eben hatte Lea geglaubt, ihre Angst im Griff zu haben, jetzt stiegen ihr Tränen in die Augen. Ians Stimme schloss die Kammer auf, in die sie ihre Albträume gesperrt hatte.

»Ich bin in Rot-Front, mit Manni, beim Dorflehrer. Wir müssen weg, wir werden verfolgt. Der Schneeleoparden-Abschuss …«

»Lea«, unterbrach McAllister sie, »Lea, hör zu. Ich verstehe kein Wort von dem, was du da erzählst. Beruhig dich, und dann noch mal der Reihe nach.«

Lea atmete tief durch und konzentrierte sich. In wenigen Sätzen schilderte sie Ian, was sich in den vergangenen Tagen zugetragen hatte. McAllister atmete hörbar ein. »Lea, hör mir gut zu. Ihr müsst euch irgendwie zur Deutschen Botschaft in Bischkek durchschlagen. Ich versuche, euch Hilfe zu schicken. Benutze dein Handy nicht, hörst du! Sie könnten euch orten.«

Das Besetztzeichen hämmerte in Leas Gehörgang. Er hatte aufgelegt. Wie in Trance griff sie nach ihrer Jacke und dem Rucksack und hetzte Richtung Küche. Über das Handy orten? Natürlich! Warum hatte sie nicht daran gedacht? Ihre Sehnsucht nach McAllister und die Angst mussten ihr das Gehirn vernebelt haben. Um ein Haar wäre sie gegen Manni und den Dorflehrer geknallt, die gerade durch die Küchentür kamen.

»Der Plan steht. In der Küche liegt Proviant für deinen Rucksack.«

Manni klang aufgekratzt. Für ihn schien das alles nur ein großes Abenteuer zu sein. In diesem Moment wurde Lea klar, warum Manni einer der besten Naturfilmer der Welt war. Er konnte Gefahr einfach ausblenden, sich abschotten wie ein U-Boot, das auf Tauchstation ging.

»Ich habe eben mit jemandem von *Interpol* telefoniert.«

Manni erstarrte mitten in der Bewegung, als hätte ihn der Blitz getroffen.

»Du hast, was? Hast du sie noch alle? Die können uns …«

»Orten, ich weiß«, fiel Lea ihm ins Wort. Erklärend schob sie hinterher: »Er meint, wir sollen uns zur Deutschen Botschaft durchschlagen.«

»Vergiss es! Mann, Lea, was ist los? Du hast doch sonst ein ganz brauchbares Gehirn zwischen den Ohren! Warum rufst du *Interpol* an?«

»Er ist mein Lover, okay? Er wird versuchen, uns zu helfen.«

Die Miene in Mannis zerfurchtem Gesicht hellte sich auf.

»Ah, die Hormone! Hab mich schon gewundert, warum du gegen meinen unwiderstehlichen Charme so resistent bist.«

Lea stöhnte auf, aber insgeheim war sie froh, dass Manni sich wieder wie der Manni benahm, den sie kannte.

»Was stehst du hier noch rum? Geh in die Küche und pack das Zeug ein. Wir treffen uns draußen. Jetzt haben wir es wirklich eilig.«

Lea schleuderte ihren Rucksack auf die Rückbank des alten Audi A4 und kletterte hinein. Vor ihr die hochgezogenen Schultern des Dorflehrers, Finger, die nervös auf dem Lenkrad trommelten. Manni musste ihn eingeweiht haben. Sie beschlich ein ungutes Gefühl. Kaum hatte sie die Autotür zugezogen, gab er Gas. Die von

Pappeln gesäumte Hauptstraße führte sie durch Rot-Front, vorbei an blau-weiß gestrichenen Häusern, an Gärten, in denen Hühner scharrten, und entließ sie schließlich auf die Felder. Vor den schneebedeckten Gipfeln des Tian-Shan-Gebirges trieb ein Reiter Pferde über eine Koppel. Die majestätische Kulisse zog sie in ihren Bann.

»Da müssen wir drüber.«

Lea dachte, sie hätte sich verhört.

»Wie meinst du das?«

»Na, so, wie ich es sage. Dahinter liegt Kasachstan.«

Der Lachanfall raubte Lea fast den Atem, sie bekam Schluckauf. Manni und der Lehrer blieben todernst. Sie lehnte sich zwischen den Sitzen nach vorne und blickte den Kameramann an.

»Das ist nicht dein Ernst!«

»Doch, ist es. Der Plan ist gut. Keiner wird damit rechnen.«

»Und vor allem wird das keiner überleben! Du bist völlig wahnsinnig. Was ist, wenn Ian jemanden schickt und der uns nicht findet?«

»Egal. Es gibt keinen anderen Weg. Wenn alles gut läuft, sind wir in vier Tagen drüben.«

Lea ließ sich nach hinten fallen und starrte aus dem Fenster. Die Berge hatten plötzlich alles Majestätische verloren. Sie sah da draußen nichts als trutzige Gipfel, unüberwindbare Hindernisse auf dem Weg in eine ungewisse Sicherheit.

»Unser Gastgeber fährt uns bis zum Nationalpark Tschon-Kemin. Von da aus ist es nur ein kurzer Fußmarsch zu einem Gästehaus. Der Wirt wird uns mit seinem Auto bis zu den Hirten auf den Sommerweiden bringen. Von dort aus geht es dann weiter. Du siehst, alles gut geplant.«

Lea nickte mechanisch. Es kam ihr vor, als wäre ihr Leben mit einem dieser *Indiana-Jones*-Filme durcheinandergeraten. Nur, dass sie nicht auf der Suche nach der Bundeslade waren, sondern eine winzige Speicherkarte aus dem Land schaffen mussten.

»Übrigens: Sokolow hat heute Morgen bei unserem Retter hier angerufen.« Manni deutete auf den Dorflehrer neben sich. »Er wird eine Weile von der Bildfläche verschwinden. Sein Schwager, unser Schneeleoparden-Professor, ist nämlich immer noch nicht aufgetaucht. Wie mein Assistent Tom oder die Tierärztin.«

Manni hatte den Satz beiläufig fallengelassen, aber Lea durchschaute seine Absicht.

»Ich muss sagen, du hast wirklich ein Talent, Menschen zu überzeugen.«

Manni antwortete nicht. Zwei Mini-Vans mit verdunkelten Scheiben kamen ihnen mit einem Affenzahn entgegen und bretterten Richtung Rot-Front. Instinktiv rutschte Lea tiefer in ihren Sitz. Sie sah die Augen des Lehrers wie zwei nervöse Vögel über den Rückspiegel flattern. Sein Blick blieb für den Bruchteil einer Sekunde an ihr hängen, als suchte er nach einem Zeichen. Einem Zeichen, dass er die richtige Entscheidung getroffen hatte. Einzig Manni blieb unbeeindruckt.

»Sie brauchen mindestens eine Stunde, bis sie in Rot-Front sind und alles sondiert haben. Bis dahin sind wir über alle Berge.«

Sein Wortspiel löste bei den Anwesenden einen hysterischen Heiterkeitsanfall aus. Als sich endlich wieder alle beruhigt hatten, fügte Manni mit ernster Stimme hinzu: »Schätze, wir haben gerade noch rechtzeitig die Kurve gekriegt. Mal sehen, wie lange unsere Glückssträhne noch anhält.«

***

McAllister war froh, wieder in London zu sein. Er schloss die Tür zu seiner Wohnung auf. Wilcox hatte ihn vorgewarnt, aber das

Chaos übertraf seine Erwartungen. Wer immer sich seiner Wohnung angenommen hatte, hatte es gründlich getan. Lampen, Vasen, Bilder lagen auf dem Boden verstreut, einige Stücke hatten die Behandlung nicht überlebt. Möbel waren umgekippt, in der Küche hatte jemand Lebensmittel verteilt – Zucker, Nudeln, Kaffee, Gewürze bildeten Sedimentschichten auf Herd und Boden. Beim Laufen knirschte es unter McAllisters Schuhen. Auf den ersten Blick fehlte nichts. Man hatte sich die Mühe gemacht, Stuhlbeine abzumontieren, Kissen aufzuschlitzen und sogar die Kaffeedose auszuleeren. Hier war ein kleiner Gegenstand gesucht worden. Ein USB-Stick oder eine Speicherkarte vielleicht? McAllister fluchte. Er verstand immer noch nicht, was er mit dieser Sache zu tun hatte. Hatte der *SIS* eine falsche Spur gelegt, um die eigenen Aktivitäten zu vertuschen? Wilcox war zwar ein arroganter Bastard, aber so eine Nummer traute er ihm nicht zu. Cyrus war aufgeflogen, deshalb hatten sie ihn aus dem Weg geschafft. Fakt. Aus irgendeinem Grund nahm jemand im Iran an, dass er darin verwickelt war. Weil er mit Cyrus befreundet gewesen war und bei *Interpol* arbeitete? Das war ihm als Erklärung zu dürftig. Was war das fehlende Puzzlestück? Als Wilcox ihn persönlich ins Flugzeug begleitet und ihm seinen Platz, immerhin Business-Class, zugewiesen hatte, kam diese eine, letzte Bemerkung: »Traust du deinem Freund ein doppeltes Spiel zu?«

McAllister hatte so laut aufgelacht, dass sich die anderen Passagiere nach ihnen umgedreht hatten. Cyrus ein Doppelagent? Niemals! Für die Reise nach Kirgistan musste es einen anderen Grund gegeben haben. Nur welchen? Sein Blick fiel auf ein Foto von Lea. Jemand hatte den Bilderrahmen achtlos auf den Boden geworfen, sie lächelte ihn durch geborstenes Glas hindurch an. Plötzlich glich sein Kopf einem Ballon, der mit zu viel Gas gefüllt war. Cyrus, die Iraner, Lea. Lea, die so ängstlich geklungen hatte, dass er nach ihrem Anruf mit seinem Kollegen Viktor in Bischkek gesprochen und ihn gebeten hatte, Leas Spur in Rot-Front aufzunehmen. Unautorisiert. Er hegte keinen Zweifel daran, dass er nach dieser Aktion seine Karriere knicken konnte. Es war ihm gleichgültig. Wenn ihr etwas zustieße, weil er sie nicht ernst genommen hatte, würde er sich das nie verzeihen.

Er stieg über umgeworfene Kartons, schob Bücher mit dem Fuß zur Seite und bahnte sich den Weg zu seinen Klamotten, die verstreut vor dem Schrank lagen. Es blieb nicht viel Zeit, seine Maschine ging in drei Stunden. McAllister raffte das Nötigste zusammen und stopfte es in einen Rucksack. Er schlüpfte in seine Sportschuhe, riss die Goretex-Jacke vom Haken und sprintete nach unten, wo sein Taxi immer noch wartete. Als er sich in den gepolsterten Sitz sinken ließ, nahm er aus dem Augenwinkel einen Mann wahr, der sich genau gegenüber an einem Fahrrad zu schaffen machte. McAllister schloss die Augen und nannte dem Taxifahrer sein Ziel.

***

Nebelfetzen zogen zwischen den Fichten auf und verliehen dem Wald etwas Mystisches. Der Wind hatte aufgefrischt, trieb feinen Sprühregen vor sich her und ließ die Temperatur spürbar sinken. Lea starrte beim Gehen hypnotisiert auf Mannis Pferdeschwanz, der nass zwischen seinen Schultern klebte. Es war noch keine Stunde vergangen, seit sie der Dorflehrer am Eingang des Nationalparks Tschon-Kemin abgesetzt hatte. Aus Sicherheitsgründen hatten sie die Straße zum Gästehaus verlassen und bewegten sich auf einem Trampelpfad, der parallel im Wald verlief. Lea atmete die feuchte Luft tief ein. Der harzige Waldgeruch und der Rhythmus ihrer Schritte waren Balsam für ihre Seele. Ein Eichelhäher keckerte, ihre Augen suchten die Bäume nach dem Rabenvogel mit den blau schillernden Schwingen ab. Manni lief vor ihr und summte eine Melodie. Obwohl sie auf der Flucht waren, es regnete, und ihr der Wind um die Ohren blies, empfand Lea für einen kurzen Moment so etwas wie Frieden.

Manni blieb abrupt stehen. »Schade, dass ich meine Kamera nicht dabeihabe. Das Licht zwischen den Bäumen und der Nebel – einfach perfekt!«

Der Augenblick zerplatzte wie eine Seifenblase. Lea wischte ein paar Regentropfen von ihrer Jacke.

»Sollten wir nicht langsam zurück auf die Straße, damit wir das Gästehaus nicht verpassen?«

Manni schüttelte den Kopf.

»Zu gefährlich. Aber ich bin sicher, dass der Weg genau darauf zuführt. Also weiter.«

Lea wusste nicht, woher Manni diese Gewissheit nahm. Der Weg stieg sanft an und schlängelte sich an mächtigen Bäumen vorbei. Lea musste auf ihre Schritte achten, um nicht über die Wurzeln zu stolpern. Immer weniger Licht drang durch die Wipfel der alten Fichten. *Wenigstens schützen uns die Bäume auch ein wenig vor dem Regen*, dachte Lea angespannt. An den hellen Stellen reckten sich Gräser und Sämlinge der Sonne entgegen. Felsblöcke, überwuchert von Moos und Flechten, lagen verstreut im Wald, als hätten Riesen damit gespielt. Lautes Krächzen verriet Lea, dass sich irgendwo über ihrem Kopf Krähen stritten. Obwohl es dunkel und feucht war, strahlte der Wald etwas Beruhigendes aus.

»Da vorne muss ein Bach sein.«

Jetzt konnte auch Lea das Rauschen hören, das mit jedem Schritt lauter wurde.

»Klingt eher wie ein reißender Fluss, wenn du mich fragst.«

Statt zu antworten, nickte Manni und ging schneller.

Weit kamen sie nicht, ein breiter Graben stoppte sie. Schnell und braun schoss das Wasser durch das tief eingegrabene Bett. Äste und kleinere Baumstämme wirbelten durch die Brühe, blieben an Felsvorsprüngen hängen, rissen sich wieder los und hüpften leicht wie Plastikspielzeug weiter flussabwärts.

»Da vorne ist eine Brücke.«

Lea riss sich von dem Anblick los und folgte Manni zu den beiden Brettern, die jemand über die Kluft gelegt hatte.

»Brücke ist wohl zu viel gesagt«, kommentierte sie und betrachtete skeptisch die Planken, die vor Feuchtigkeit fast schwarz waren. »Wahrscheinlich hat hier seit hundert Jahren keiner mehr einen Fuß daraufgesetzt.«

»Ach, Quatsch. Sieht doch ganz solide aus. Die paar Meter werden sie uns schon tragen. Vor allem dich, du Leichtgewicht.«

Manni lachte und stellte ihr seinen Rucksack vor die Füße.

»Ich teste mal.«

Er wischte mit der Sohle seines Wanderstiefels über die Bretter.

»Ganz schön rutschig.«

Vorsichtig setzte er beide Füße auf die Planken und machte einen ersten Schritt, blieb stehen und versuchte, aus den Knien heraus Druck auf die Latten auszuüben. Nichts tat sich. Er wartete ein paar Sekunden, dann ging er zügig auf die andere Seite.

»Siehst du, kein Problem.«

Er drehte um und machte sich auf den Weg zurück über die Bretter. Lea wollte sich gerade über seine ungelenke Haltung lustig machen, als eines seiner Beine unkontrolliert nach vorne schoss und plötzlich in der Luft hing. Manni riss vor Überraschung seine Augen weit auf, sein Mund öffnete und schloss sich, die Arme ruderten wild.

»Manni!«

Genau in diesem Moment verlor er den Halt, fiel nach hinten und knallte mit dem Rücken auf die Bretter. Die Wucht des Sturzes ließ ihn ein Stück nach hinten rutschen, gleichzeitig vollführte sein Körper eine halbe Drehung. Er schrie, seine Beine rutschten ins Leere. In letzter Sekunde klammerte er sich an die glitschigen Planken. Er baumelte über der Schlucht, seine Beine zuckten wie Fische an der Angel.

»Manni!«

Ohne nachzudenken, warf Lea ihren Rucksack auf den Boden und bewegte sich vorsichtig in seine Richtung. Sie nahm sein Gesicht wie durch ein Vergrößerungsglas wahr – wächserne Haut, Schweißperlen, geweitete Pupillen. Sie ließ sich neben ihm auf die Knie fallen. Erst jetzt schien er sie zu bemerken.

»Scheißglatt hier.«

Seine Lippen verzogen sich zu einem schiefen Grinsen. Lea hätte ihm am liebsten eine verpasst, aber sie war zu erleichtert. Vorsichtig beugte sie sich in Richtung Abgrund und schob ihre linke Hand unter seinen Hosenbund. Manni verdrehte verzückt die Augen.

»Jetzt bloß keine blöden Witze, okay? Bei drei ziehe ich deinen Hintern hier auf die Planken. Ich hoffe, du hast gute Bauchmuskeln und hilfst mit.«

Manni murmelte etwas, aber sie achtete nicht darauf. Mit ihrer rechten Hand suchte sie Halt, ihre Knie stemmte sie, so gut es ging, gegen das Holz, spannte jeden Muskel an.

»Eins, zwei, drei!«

Leas Finger krallten sich in den Stoff, sie zog, so fest sie konnte, ohne selbst aus dem Gleichgewicht zu geraten. In Zeitlupentempo brachte Manni seinen Oberkörper Stück für Stück auf die Bretter, sein Becken war nur noch Zentimeter vom Rand entfernt. Plötzlich schoss es Lea durch den Kopf: *Verdammt, das klappt nicht. Wir haben nicht beide Platz!*

»Manni, den Rest musst du alleine schaffen«, stieß sie mit gepresster Stimme hervor. Ohne seinen Hosenbund loszulassen, stemmte sie sich in die Höhe.

»Ich lass dich jetzt los.«

Mit einem großen Schritt stieg sie über Mannis Oberkörper hinweg, während sie gleichzeitig ein Stoßgebet zum Himmel schickte, dass sie die Balance nicht verlöre. Aber kaum hatte die Sohle ihres Wanderschuhs die nasse Unterlage berührt, kam sie ins Rutschen. In letzter Sekunde schaffte sie es, sich abzustoßen und sich mit einem Sprung auf festen Boden zu retten. Ihr Blick ging zurück zu Manni, der wie ein nasser Sack auf der Brücke lag.

»Alles klar?«

»Arsch frisst Hose. Unangenehm.«

Langsam rappelte er sich auf. Lea sah sich um und fand schnell, wonach sie suchte. Sie hielt Manni den Stock hin.

»Halt dich fest.«

Während er sich vorsichtig auf sie zubewegte, fiel ihr Blick auf sein rechtes Hosenbein. Es war auf der Höhe des Schienbeins zerrissen, Blut sickerte durch den Stoff. Endlich erreichte auch er die rettende andere Seite.

Erschöpft ließ sich Manni neben ihr auf den Boden fallen.

»Scheiße. Das war knapp.«

Er sah zu ihr hoch.

»Danke.«

»Ich gehe und hole die Rucksäcke.«

Als sie beladen wie ein Sherpa wieder vor ihm stand, lag er auf dem Rücken und hatte die Augen geschlossen. Für einen Moment fürchtete Lea, dass er ohnmächtig geworden war. Aber als sie sich zu ihm hinunterbeugte, flüsterte er: »Was für ein Glück, dass es nicht mehr regnet. Wäre schlecht für meine Frisur.«

»Scherzbold. Setz dich auf, ich will mir dein Schienbein ansehen.«

Manni hielt die Augen geschlossen und machte eine wegwerfende Handbewegung.

»Halb so wild. Ich ruh mich noch eine Minute aus, dann geht´s weiter. Das Gästehaus muss ganz in der Nähe sein.«

Lea sah sich um. Der Wald wirkte auf dieser Seite der Schlucht noch dichter, noch dunkler – sie teilte Mannis Optimismus nicht. Sie kniete sich neben ihn und schob vorsichtig sein rechtes Hosenbein nach oben.

»Verdammt!«

Mannis Oberkörper schnellte nach oben. Lea starrte auf den Riss, der sich wie eine Gletscherspalte neben Mannis Schienbein auftat. Die Wunde blutete ziemlich stark. Mit zittrigen Händen griff sie nach ihrem Rucksack. Ihre Gedanken rotierten. Sie konnte sich nicht mehr erinnern, ob sie ihr Notfall-Set eingepackt hatte. Manni beugte sich weiter nach vorne, um die Wunde zu inspizieren.

»Oh Mist!«, entfuhr es ihm. Er schloss die Augen und schluckte. Lea wühlte hektisch im Rucksack, warf Proviant, Trinkflaschen, Müsliriegel und alles, was ihr unter die Finger kam, achtlos auf den Boden. Nichts. Da war nichts. Verzweifelt hob sie den Kopf und blickte plötzlich in zwei gelbe Augen, die sie fixierten. Ihr stockte der Atem. Zehn Meter entfernt von ihnen stand ein Wolf. Er hatte die Lefzen ein wenig zurückgezogen, so dass sie seine Reißzähne sehen konnte.

***

Beigefarben. Der Teppich, die Wandschränke, die Sofas. Alles beigefarben. Sogar die Zierkissen, wenn auch einen Farbton dunkler. Igor Felipowitsch Potkov hatte erst wenige Minuten zuvor das Gästeapartment betreten, das ihm Janysh Borukev für den Rest seines Aufenthalts zur Verfügung stellte. Schon jetzt fühlte er sich wie in einer Gummizelle. Nichts, woran man sich stören konnte, nichts, was dem Auge Halt gab. Sein dunkles Sakko, das über der Stuhllehne hing, nahm sich in dieser Wohnwüste wie ein Fremdkörper aus. Er ging hinüber zum Fenster und ließ das Grün der Bäume auf sich wirken. Die Wohnung lag mitten im Regierungsviertel. Hinter dem Park konnte er das Opernhaus erspähen.

»Ist alles zu Ihrer Zufriedenheit?«

Janyshs persönlicher Sekretär war hinter ihn getreten.

»Bitte übermitteln Sie meinem Freund Janysh besten Dank für seine Großzügigkeit. Ich werde mich hier sehr wohl fühlen.«

Potkov lächelte professionell.

»Ich habe den Kühlschrank mit Champagner, Bier und einigen Snacks befüllen lassen. Wenn Sie etwas benötigen, drücken Sie die Klingel. Das Hausmädchen wohnt nebenan und steht Ihnen 24 Stunden zur Verfügung.«

Potkov versuchte, aus der Stimme des Sekretärs herauszuhören, was der 24-Stunden-Service möglicherweise alles beinhalten könnte. Zu seinem Bedauern schwang im Tonfall des jungen Mannes nicht die Spur von Anzüglichkeit mit.

»Vielen Dank.«

»Restaurants und Cafés finden Sie …«

»Danke. Ich finde mich zurecht.«

Potkov wurde langsam ungeduldig. Der Sekretär sollte sich absentieren, damit sein Leibwächter mit der Arbeit beginnen konnte. Er würde kein einziges vertrauliches Telefonat führen, bevor die Wohnung überprüft worden war. Janysh und er waren zwar Geschäftspartner und Jagdgefährten … Trotzdem. Oder vielleicht gerade deshalb.

»Wie Sie meinen.«

Der Sekretär machte ein säuerliches Gesicht und wandte sich ab. Du musst noch einiges lernen, mein Freund, dachte Potkov und schlenderte in die Küche, in der man ohne Probleme ein Bankett für 20 Leute hätte vorbereiten können. Doch Potkov interessierte sich nur für den riesigen Kühlschrank, der in der Ecke stand. Er zog am Griff, die Tür öffnete sich mit leisem Schmatzen. *Veuve Clicquot.* Enttäuschend. Aber hatte er wirklich erwartet, einen *Armand de Brignac Brut Rosé* vorzufinden? Er zog eine Flasche heraus, angelte sich eines der Champagnergläser, die auf einem Tablett in der Küche standen, und ging zurück ins Wohnzimmer. Sein Leibwächter verharrte noch immer regungslos neben der Eingangstür.

»Worauf wartest du noch? Fang an.«

Mit einem knappen Nicken machte sich der Glatzkopf an die Arbeit. Die Überprüfung konnte eine Weile dauern, das war Potkov bewusst. Er ließ sich in eines der Sofas vor dem Fenster sinken und öffnete den Champagner. Das Glas hielt er gegen das Licht und beobachtete die Luftbläschen, die wie Perlen aufgereiht an einer Schnur an die Oberfläche stiegen. Schon lange hatte er sich abgewöhnt, Champagner nur dann zu trinken, wenn es etwas zu feiern gab. Ansonsten hätte er in der gegenwärtigen Situation Wasser trinken müssen. Er nahm einen Schluck und griff nach seinem Handy.

»Mr Potkov! Gut, dass Sie anrufen!«

Seine Assistentin klang gestresst.

»Hallo, Danielle, wie geht es dir?«

Genau genommen war es ihm vollkommen gleichgültig, wie es ihr ging, aber die Floskel hatte sich über die Jahre in sein Sprachgedächtnis gefräst.

»Danke. Kommen Sie heute nach London zurück?«

»Nein. Du musst alle Termine für die nächsten zwei Tage absagen und neu vereinbaren. Das hier dauert länger, als ich gedacht hatte.«

»Sie haben morgen einen Lunch-Termin mit Ihrem Sohn.«

»Verschieb ihn.«

»Das ist bereits das dritte Mal.«

»Kann ich nicht ändern. Biete ihm an, er kann alleine im Club essen. Auf meine Rechnung.«

Potkov war sicher, dass seinem Sohn ein Gratis-Essen auf Sterne-Niveau ohne seinen Vater gelegen kam. Wenigstens konnte er sich auf die erlesenen Gerichte konzentrieren und musste sich keine Vorhaltungen hinsichtlich seines Lebenswandels anhören.

»Mache ich.«

»War sonst noch was?«

Nachdem Danielle ihn über alle Anrufe informiert hatte, ging sie dazu über, Meetings und Reiseplanung mit ihm abzustimmen.

»Danielle!«, unterbrach er sie. »Wie oft habe ich dir schon gesagt, dass du diese Dinge über Outlook organisieren sollst?«

»Ich dachte, Sie haben vielleicht keine Internetverbindung.«

Sie war eingeschnappt. Potkov stöhnte. Er sah sie vor sich, wie sie ihren hübschen Mund zu einer Schnute verzog.

»Danielle, ich bin hier nicht im Dschungel. Mach einfach deine Arbeit.«

Er legte auf und nippte an seinem Champagner. Durch die offene Flügeltür beobachtete er seinen Leibwächter, der sich langsam durchs Schlafzimmer bewegte und konzentriert auf den Funkscanner blickte. Die Arbeit erforderte Erfahrung und Fingerspitzengefühl, denn nicht jeder Ausschlag war ein Hinweis auf eine Wanze. Der Detektor empfing auch die Signale von W-LAN-Routern oder dem Funkkopfhörer der schwerhörigen Oma von nebenan. Ihm war bewusst, dass mit diesem einfachen Equipment nicht alle Lauschmittel aufzuspüren waren. Aber es konnte zumindest als Indikator dienen, ob die Wohnung verwanzt war oder nicht. Der

Glatzkopf hatte die Suche im Schlafzimmer beendet und kam zurück ins Wohnzimmer.

»Schöne Wohnung, nicht wahr?«, fragte Potkov laut und sah seinen Leibwächter erwartungsvoll an.

»Sehr großzügig«, antwortete der und spreizte vier Finger seiner rechten Hand.

Potkov nickte. Sein Leibwächter hatte erst zwei Räume gescannt und bereits vier Wanzen gefunden. Wo vier waren, waren noch mehr.

»Ich muss Luft schnappen. Ich geh nur noch mal kurz ins Bad …«

Das kalte Wasser im Gesicht tat gut. Potkov trocknete sich ab und fuhr sich mit den Händen durch seine graue Mähne. Müde und abgespannt blickte ihm sein Spiegelbild entgegen. Er spuckte in das Waschbecken und beobachtete, wie sein Speichel zäh und langsam nach unten lief. Genau so zäh und langsam, wie die Suche nach den beiden Deutschen verlief. Er dachte an das Gespräch in Janyshs Büro ein paar Stunden zuvor. In Rot-Front waren der Geheimdienst und Potkovs Leute zu spät gekommen, nachdem sie das Handysignal aufgefangen hatten. Das war zumindest ihre Vermutung, denn in dem Kaff war von den beiden weit und breit nichts zu sehen gewesen. Selbst der Dorfspitzel, der normalerweise jede Ratte im Stroh aufspürte, hatte nichts von den beiden Deutschen gehört. Sie mussten Helfer haben, anders war das nicht zu erklären. Seine Leute hatten den Instinkt von Bluthunden, ihre Erfolgsquote war für gewöhnlich hoch. Zu allem Überfluss war auch die zweite Befragung des Wissenschaftlers ergebnislos verlaufen. Obwohl Janyshs Männer das Verhör äußerst kreativ gestaltet hatten, war er stumm wie ein Fisch geblieben. Zu Potkovs Bedauern war dieser Oleg Ratschenkow keiner dieser verweichlichten Akademiker, die nur zwischen Buchseiten lebten. Und jetzt diese lächerliche Idee, die Tierärztin und Ratschenkows Assistenten freizulassen! Janysh hatte es ihm als genialen Plan verkauft, doch ihm machte er nichts vor. Aus der Aktion sprach pure Verzweiflung. Potkov glaubte nicht daran, dass einer der beiden sie zu den Deutschen führen würde. Aber sollte der Geheimdienst sie ruhig observieren, Potkov war das gleichgültig. Seine Männer filzten in diesem Moment jeden Quadratzentimeter im Umkreis von Rot-Front. Der Filmer und die Biologin fielen in dieser bettelarmen Gegend so auf wie rosarote Elefanten. Irgendjemand hatte sie gesehen, und irgendjemand wäre bestimmt bereit, sie für ein paar Som zu verraten. Daran bestand kein Zweifel.

***

Lea kniff die Augen zusammen. Ein Mann schälte sich aus der Dunkelheit. Ein Umhang aus Leder umgab ihn wie eine Schutzhülle, die der Regen an den Schultern dunkel gefärbt hatte. Ein riesiger Hund glitt lautlos an seine Seite und übernahm den Rhythmus seiner Schritte. *Was für ein ungewöhnlicher Hund*, dachte Lea. Die beiden näherten sich langsam, nichts an ihnen strahlte Aggression aus. Ein Lächeln huschte über das zerfurchte Gesicht des Alten. Lea hatte nicht das Gefühl, dass Gefahr von ihm ausging. Sie warf einen Blick auf Manni, aber auch in seiner Miene spiegelte sich nichts als Neugierde.

»Das ist ein Taigan.«

Der Mann zeigte auf seinen grauen Hund, der sich hingesetzt hatte. Lea zuckte zusammen, denn der Mann beantwortete genau die Frage, die ihr eben durch den Kopf geschossen war.

»Taigane«, fuhr er fort, »wurden früher zur Wolfsjagd eingesetzt. Sie sind furchtlos und entschlossen, treffen ihre eigenen Entscheidungen.«

Lea war gefesselt von der Erscheinung aus dem Wald. Sie verspürte weder Angst, noch Fluchtreflex.

»Mein Freund hat sich verletzt. Können Sie uns helfen?«, kam es ihr über die Lippen.

»Deshalb bin ich hier.«

Ohne ein weiteres Wort kniete sich der Mann neben Manni und besah die Wunde. Er erhob sich, pfiff leise durch die Zähne, und der Hund preschte fort in den Wald.

»Wartet«, sagte er und stapfte hinter seinem vierbeinigen Begleiter her.

»Was war das?«

Mannis Augen waren fragend auf Lea gerichtet.

»Keine Ahnung. Kam mir vor wie ein Geist. Aber irgendetwas sagt mir, dass er uns helfen wird.«

»Frauen und ihre Intuition«, stöhnte Manni und legte sich wieder auf den Rücken.

»Ich hoffe nur, du hast recht und wir warten hier nicht, bis echte Wölfe aufkreuzen.«

Lea runzelte die Stirn. Woher wusste Manni, dass ihr der Taigan im ersten Moment wie ein Wolf erschienen war? Sie konnte sich das Phänomen selbst nicht erklären, denn das Tier sah eher aus wie ein kräftiger Windhund mit dichtem Fell. Trotzdem hatte sie ihn für einen Augenblick für einen Wolf gehalten. Nein, sie war sogar sicher, dass sie einen Wolf gesehen hatte.

»Du machst dir Gedanken wegen der Wölfe, oder?«

Manni lachte.

»Ich glaube nicht an Rotkäppchen. Ganz im Gegenteil, ich stehe auf diese wilden Gesellen. Sind ein bisschen wie ich.«

Sie sah Richtung Wald. Irgendetwas hatte ihre Aufmerksamkeit erregt. Gebannt starrte sie auf einen bizarr geformten Felsen. Ein Schatten löste sich aus dem Grau. Es war der Taigan. Hinter ihm zwängte sich sein Herr durch das Gebüsch. Der Alte setzte sich neben Manni ins Gras und holte einen Beutel unter dem Umhang hervor. Er griff hinein, zog eine Handvoll Blätter heraus und stopfte sie sich in den Mund. Seine Kiefer arbeiteten, grüner Saft rann ihm aus den Mundwinkeln. Lea verzog das Gesicht. Manni hatte sich auf die Ellenbogen gestützt und beobachtete das Szenario amüsiert. Der Alte spuckte eine feuchte Kugel in seine Hand und verteilte den Brei gleichmäßig auf Mannis Wunde, dann deckte er sie mit einem Blatt ab. Wie von Zauberhand erschien ein Stück Schnur in seiner Hand, mit der er das Blatt fixierte. Lea versuchte, über ihre hygienischen Bedenken hinwegzusehen.

»Kommt«, sagte der Alte, stand auf, reichte Manni seine Hand und zog ihn auf die Beine.

»Wohin?«

Der Mann sah Lea freundlich an.

»Zu mir.«

Er drückte Manni einen Stock in die Hand und ging los.

»Aber …«, versuchte Lea einzuwenden, doch sein Umhang war schon zwischen den Bäumen verschwunden.

»Geht's?«

Lea wollte Manni stützen, aber er winkte ab.

»Die Schmerzen sind fast weg. Wahnsinn.«

Vorsichtig setzte er einen Fuß vor den anderen und folgte der Gestalt. Lea schulterte beide Rucksäcke und ging hinter ihm her.

Sie hätte nicht mit Bestimmtheit sagen können, wie lange sie unterwegs waren, bis die Holzhütte auftauchte. Es hätten fünf, aber auch gut 50 Minuten gewesen sein können. Der Wald hatte Leas Zeitgefühl absorbiert. Wie im Traum beobachtete sie Eichhörnchen, die an den Baumstämmen hochflitzten, roch den harzigen Duft, den der Wald verströmte, hörte das Knirschen von Nadeln und Ästen unter ihren Sohlen. Das Holz der Blockhütte war dunkel und an einigen Stellen von Moos überwuchert. Unter dem Vordach hingen Zweige, Gräser und Blumen – sorgfältig zu Bündeln gefasst, neben der offenen Tür stand ein Korb, der mit Flechten gefüllt war. Seitlich der Hütte entdeckte Lea eine Spirale aus Steinen. Die hellen Kiesel kontrastierten stark mit dem Waldboden. Lea trat durch die Tür. Noch bevor sich ihre Augen an das Halbdunkel gewöhnt hatten, nahm ihre Nase den holzigen, rauchigen Geruch des Raumes wahr. An der Stirnseite befand sich eine Feuerstelle. Der Mann warf etwas auf die glühenden Scheite, sofort loderten die Flammen orangefarben auf. Ohne sich zu ihnen umzudrehen, sagte er: »Setzt euch.«

Lea bewegte sich nicht. Manni schob sie über die Schwelle, zwängte sich an ihr vorbei und ließ sich auf einen der grob gezimmerten Stühle fallen. Sie machte einen Schritt nach vorne, jetzt konnte sie den Taigan sehen, der sich auf einem Teppich ausgestreckt hatte. Sie ließ ihren Blick schweifen. Die Hütte war geräumiger, als Lea angenommen hatte.

Langsam schälten sich ein Tisch, Stühle, ein Bett, eine Art Wok, wie ihn auch Oleg benutzt hatte, aus der dämmrigen Umgebung. Außer dem Feuer schickte nur noch ein kleines Fenster Licht in den Raum. Der Alte ging zum Tisch, nahm eine Gaslampe vom Regal und zündete sie an. Ein Fauchen ertönte. Er hob die Lampe hoch und hängte sie an einen Haken über dem Tisch. Lea wünschte sich, er hätte es nicht getan, denn der Schein der Lampe erhellte die Wand hinter dem Bett. Es war nur ein schwacher Schimmer, aber er genügte, um Leas Blick auf etwas zu lenken, das dort hing. Erst fiel sie in eine Art Schockstarre, dann taumelte sie einen Schritt nach hinten und wäre um ein Haar über den Taigan gestolpert.

»Oh, mein Gott! Manni«, flüsterte sie, »siehst du, was da an der Wand hängt?«

Ihre Hand berührte seine Schulter.

»Das ist ein Schneeleopardenfell.«

Als der erste Schock abgeklungen war, durchflutete Lea eine Welle von Zorn. Wie konnte er nur …

Aber noch bevor sie den Gedanken zu Ende geführt hatte, begann der Alte, mit leiser Stimme zu sprechen.

»Der Bars ist ein mächtiges Tier, er ist der König der Berge, die Seele unseres Landes. Er ist mein Bruder, so, wie alle Pflanzen, Tiere und Steine meine Geschwister sind.«

Der alte Mann verstummte für einen Augenblick, schloss die Augen und spitzte die Lippen. Doch statt Worten kam der Schrei eines Adlers aus seinem Mund, wechselte zum kehligen Gekrächze der Krähen, das so echt klang, dass Lea unwillkürlich aus dem Fenster sah. Das Keckern des Eichelhähers folgte und ging in den Ruf eines Wolfes über. Der Taigan spitzte die Ohren, setzte sich auf und stimmte in das Geheul seines Herren ein. Die Hütte war erfüllt von ihren langgezogenen Rufen. Leas Körper zitterte nicht mehr, er bebte. Ihr wurde abwechselnd heiß und kalt. Abrupt brach der Alte seine Vorstellung ab.

Er hob die Arme und drehte die Handflächen nach oben.

»Dieser Schneeleopard beschützt unsere Familie seit vielen Generationen. Er hat meinem Urgroßvater das Leben gerettet, als dieser von Wegelagerern überfallen wurde. Viele Jahre später hat mein Urgroßvater diesen Bars in einer Höhle gefunden. Er war alt und lag im Sterben. Zwei Tage hat er für ihn gesungen und ihn auf seinem Weg in die Geisterwelt begleitet.«

Der alte Mann ließ die Hände sinken und kniete sich auf den Boden.

»Er hat in dieser Zeit weder gegessen, noch getrunken. Er war eins mit dem Bars, mit seinem Atem, seinen Schmerzen. In der Nacht vor seinem Tod schickte ihm der Bars eine Vision: Das leblose Fleisch und die Gebeine sollte er den Geiern, Füchsen und anderen Tieren überlassen, auf dass der Kreislauf des Lebens fortbestehen könne. Das Fell jedoch sollte er mitnehmen, es würde für immer seine Nachfahren beschützen.«

Der alte Mann öffnete die Augen und sah Lea und Manni mit klarem Blick an.

»Der Bars hat mich zu euch geschickt.«

Unter anderen Umständen hätte sie laut aufgelacht, aber jetzt hatte Lea plötzlich das Gefühl, durchsichtig zu sein, dünn und transparent wie Seidenpapier, und der Alte konnte direkt in sie hineinblicken. Er erhob sich, schlurfte zur Feuerstelle und goss Wasser in eine Teekanne. Drei Schalen stellte er auf den Tisch und schenkte sie voll. Dankbar nahm Lea den Tee und nippte daran. Er schmeckte muffig und süß, wie ein Sud aus Wurzeln oder Blättern. Manni nahm einen Schluck und verzog das Gesicht, als hätte er auf einen Regenwurm gebissen.

»Trink!«, sagte der Alte freundlich, aber bestimmt, und wandte sich einem Holzregal zu, in dem Töpfe, Tiegel und Flaschen aufgereiht standen.

»Schmeckt wie Gülle«, flüsterte Manni Lea zu. Er sah erbärmlich aus. Strähnen hatten sich aus seinem Pferdeschwanz gelöst und standen wirr in alle Richtungen ab, die Ringe unter den Augen waren noch eine Spur dunkler. Er hing auf seinem Stuhl wie jemand, der seit Jahrhunderten nicht mehr geschlafen hatte. Lea legte eine Hand auf seinen Unterarm. Sie wusste, dass er die Späßchen nur ihr zuliebe machte.

»Er weiß, was er tut. Vertraue ihm.«

Manni brachte noch ein müdes Zwinkern zustande, dann war er eingenickt. Lea wurde der Hals eng. Jetzt, da Manni verletzt war, würden sie es nie über die Berge schaffen. Ihre Verfolger würden sie finden, sie ins Gefängnis werfen, sie bedrohen, sie …

»Schlechte Gedanken sind mächtige Feinde«, kam es vom Regal, an dem der Alte stand. Mit einem Stößel zerrieb er etwas im Mörser. Er arbeitete konzentriert, ohne aufzusehen. Lea nahm noch einen Schluck von dem Sud und verfolgte die gleichmäßigen Bewegungen des alten Mannes. Seit sie diese Hütte betreten hatte, wunderte sie sich über nichts mehr.

Der Alte weckte Manni und führte ihn zum Bett. Dort nahm er den provisorischen Verband ab, wusch die Wunde aus und trug die Paste aus dem Mörser auf.

»Schlaf.«

Die Aufforderung war unnötig. Manni schnarchte bereits leise. Lea war so müde, dass sie sich am liebsten neben ihm ausgestreckt hätte.

Lea war kurz eingenickt. Als sie die Augen öffnete, stand der Alte über Manni gebeugt – in der einen Hand eine Muschelschale, in der anderen eine Adlerfeder, mit der er den Rauch, der von der Muschel aufstieg, über Mannis Körper fächelte. Es roch nach Harz und Salbei. Der Duft breitete sich in der Hütte aus, umhüllte Lea und streichelte ihre angespannten Nerven. Ihre Gedanken über Borukev, den Abschuss, ihre Flucht, wurden vom Rauch eingenebelt. Als der Alte sein Ritual beendet hatte, war die Sonne untergegangen.

»Setz dich.«

Der Alte klopfte mit der Hand auf den Boden. Lea blinzelte ihn träge an. Sie wollte nicht denken. Sie wollte nicht reden. Sie wollte nur sein. Langsam glitt sie vom Stuhl und machte es sich ihm gegenüber auf dem Teppich bequem. Er saß ganz still, mit geschlossenen Augen. Die Falten in seinem Gesicht zeichneten die Landkarte seines Lebens. Er atmete tief und regelmäßig, strahlte unerschütterliche Ruhe aus. Ein Summen drang aus seiner Kehle, ging über in einen rauhen, klagenden Singsang, der an- und abschwoll. Die Worte klangen fremd in Leas Ohren. Wie eine alte, längst vergessene Sprache. Sie gab sich dem Rhythmus der Melodie hin, ihr Atem wurde ruhig. Warme Energieströme flossen von ihrem Solarplexus in alle Körperteile. Irgendetwas im hintersten Winkel ihres Bewusstseins wehrte sich mit aller Macht gegen diese Erfahrung. Ihr Gehirn funkte SOS, schon schlug ihr Herz schneller, und die Atmung wurde unruhig.

»Lass deine Angst los.«

Sie öffnete die Augen. Der Alte saß noch genauso regungslos wie zuvor. Hatte er gesprochen? Leas Verstand funktionierte nur zäh, eingelullt von dem Gesang und der Wärme, die ihren Körper durchflutete. Sie fühlte sich leicht und befreit, beschützt von einer unsichtbaren Kraft. Ein Schneeleopard. Sie lief mit ihm um die Wette. Seite an Seite. Seine lichten Augen folgten jeder ihrer Bewegungen. Plötzlich veränderte sich sein Kopf. Die Schnauze wurde lang und dunkel, die Ohren spitz, Augen, die gelb loderten. Der Körper verwandelte sich. Der Wolf kam näher, riss das Maul auf. Lea sah den mächtigen Fang, schrie, kippte nach vorne. Ihre Stirn berührte den Boden, sie kauerte sich zusammen.

»Geh weg! Bitte, geh weg!«

Sie konnte kaum atmen. Aus der Ferne drang die Stimme des Alten zu ihr durch.

»Hab keine Angst. Sieh genau hin. Wolf ist nicht gleich Wolf.«

Sie musste sich nicht aufrichten, um zu wissen, dass er noch da war. Sie hörte ihn hecheln. Sein warmer Atem strich über ihren Nacken. Warum biss er nicht zu? Sie wartete. Nichts. Langsam beruhigte sich ihr Herz. Der Rhythmus ihres Atems wurde eins mit dem des Wolfs. Sie hob den Kopf. Da saß er, direkt vor ihr, und betrachtete sie aufmerksam. Augen, die ihr seltsam vertraut waren. Sie fühlte, dass er eine Botschaft brachte, aber plötzlich wurde es um sie herum dunkel, als wäre sie in ein Loch gefallen.

Jemand schüttelte sie sanft. Lea lag auf dem Boden, wusste für den Bruchteil einer Sekunde nicht, wo sie sich befand.

Sie setzte sich auf, der Alte reichte ihr eine Schale mit Tee.

»Wie geht es dir?«

Lea antwortete nicht sofort. Wie ging es ihr? Sie fühlte sich erschöpft und verwirrt, hatte das Gefühl, etwas Wichtiges vergessen oder verpasst zu haben.

»Ich weiß nicht. Ganz okay.«

Ihr Verstand versuchte zu sortieren, was passiert war. Hatte ihr der Alte Drogen verabreicht?

»Lerne, deine Gedanken zu beherrschen, sonst werden sie dich beherrschen. Lauf mit dem Bars, verbinde dich mit der Natur. So, wie du es als Kind getan hast.«

So, wie sie es als Kind getan hatte. Sie sah ihren Großvater vor sich, der sich bückte, um ihr die Spur eines Hirschs im Schnee zu zeigen. Der sie zu einem Dachsbau führte, mit ihr eine Fuchsmutter mit ihren Jungen beobachtete, ihr jede Pflanze erklärte. Nur mit Mühe konnte sie ihre Tränen unterdrücken. Geschmeidig erhob sich der Alte und half ihr hoch.

»Unsere Ahnen sind immer bei uns.«

Er wies sie an, sich zu setzen, und stellte ihr einen Teller mit Reis und Gemüse vor die Nase.

»Iss jetzt. Ihr habt morgen einen sehr anstrengenden Marsch vor euch.«

Sie ließ sich auf den Stuhl fallen und griff nach der Gabel.

Nachdenklich schob sie die Reiskörner von einer Seite zur anderen. Die ganze Geschichte kam ihr vor wie ein Bühnenstück, in dem jeder außer ihr den Text kannte.

»Woher willst du das wissen?«

Er hatte sich ihr gegenübergesetzt und schälte eine Zwiebel.

»Ich weiß es.«

Er biss in die Knolle, die ätherischen Öle reizten Leas Augen. Sie drehte sich zu Manni um, der in unveränderter Position auf dem Bett lag und ruhig atmete.

»Morgen ist er gesund«, sagte der Alte kauend.

Lea schaufelte Reis auf die Gabel. Er hatte einen Beigeschmack, den sie nicht verorten konnte. Schweigsam aß sie, bis ihr Teller leer war. Kaum hatte sie das Besteck abgelegt, sprach der alte Mann: »Achte auf den Wolf. Er wird euch helfen. Aber sei gewarnt: Wolf ist nicht gleich Wolf.«

»Was meinst du damit?«

»Sieh genau hin.«

»Ich verstehe nicht …«

»Du wirst es verstehen.«

Kapitel 10

McAllister knurrte, als er seine Flugnummer endlich auf der Anzeigentafel fand. Der Flieger nach Istanbul würde mit Verspätung starten. Vorerst nur eine Stunde, aber er kannte das Spiel. Aus Heathrow pünktlich wegzukommen, war wie ein Sechser im Lotto. Zu Hause noch wie ein Derwisch durch das Chaos gewirbelt, hatte er jetzt mehr Zeit, als ihm lieb war. Nach einer Nacht in Istanbul stand ihm nicht der Sinn, aber genau das konnte ihm blühen. Eine weitere halbe Stunde, und sein Anschlussflieger nach Bischkek würde ohne ihn starten. McAllister sah sich um. Ein Espresso. Er brauchte jetzt dringend etwas, das ihn wach hielt, denn er hatte die Fahrt zum Flughafen am Telefon verbracht, anstatt den dringend benötigten Schlaf nachzuholen. Sein Chef hatte eine Erklärung gefordert, die beiden kurzfristigen Urlaubsanträge hatten ihn stutzig gemacht. Es hatte McAllister keinerlei Anstrengung gekostet, Watermans Bedenken vom Tisch zu wischen. Zu McAllisters Glück hatte sein Chef das Thema »Viktor« mit keinem Wort erwähnt. Die Sache war also noch nicht bis nach London durchgesickert. Gerade als er mit seinem doppelten Espresso auf einen Tisch zusteuerte, klingelte sein Handy. Er stellte den Becher ab und fummelte das Telefon aus seiner Jackentasche. Unterdrückte Nummer.

»Ja?«

»Ian. Was bringt dich an den Flughafen?«

Wilcox' blasierte Stimme war unverkennbar. Unwillkürlich drehte McAllister sich um und scannte die Menschenmengen, die sich durch die Wartehalle schoben.

»Urlaub. Ich will ein paar Tage ausspannen.«

»In Bischkek?«

McAllisters Backenzähne mahlten. Der *SIS* überwachte ihn also.

»Warum nicht?«

»Ein seltsamer Zufall, findest du nicht? Ausgerechnet jetzt, nachdem ich dir von Cyrus Wahdats Kirgistan-Reise erzählt habe.«

»Berufsparanoia, Elliot? Du solltest auch mal Urlaub machen. Sei unbesorgt, ich besuche nur meine Verlobte, die zurzeit in Kirgistan unterwegs ist.«

Verlobte, war ein wenig dick aufgetragen, aber er musste Wilcox einen triftigen Grund für diesen Trip liefern.

»Ich glaube nicht an solche Zufälle, Ian.«

McAllisters Blick blieb an einem Mann hängen, der die Auslage des benachbarten Krawattenladens schon verdächtig lange betrachtete. Jetzt schob der Typ sich bemüht unauffällig durch eine Schülergruppe zum Zeitungskiosk, zog ein Magazin aus dem Ständer und blätterte darin. Überhaupt sah er nicht aus wie jemand, der verreisen wollte.

»Hast du mir einen Schatten auf den Hals gehetzt?«

Hätte er Elliots Lachen nicht gekannt, hätte McAllister einen niesenden Pekinesen am anderen Ende der Leitung vermutet.

»Du liebe Güte, Ian. Glaubst du wirklich, meine Männer haben nichts Besseres zu tun?«

»Hätte einer eurer Azubis sein können, so auffällig, wie der sich benimmt.«

»Dann wirst du ja bestimmt locker mit ihm fertig. Aber ich muss dich enttäuschen, er gehört nicht zu uns. Vielleicht der Spionage-Nachwuchs deiner iranischen Freunde …«

Wilcox schnaubte ins Telefon.

»Genug geplänkelt. Ich will dir einen Vorschlag machen.«

McAllisters Müdigkeit war sofort wie weggeblasen.

»Ich höre.«

»Ich habe vor ein paar Tagen einen meiner Männer für Recherchen nach Bischkek geschickt.«

Wilcox machte eine Pause.

»Jetzt liegt er im Krankenhaus. Autounfall.«

»Zufall?«, hakte McAllister nach.

»Schwer zu sagen. Wir konnten noch nicht mit ihm sprechen. Er lag bis vor einer Stunde im Koma. Ist nicht leicht, an ihn ranzukommen.«

»Und du willst jetzt, dass ich ihn besuche und herausfinde, was passiert ist?«

»So ungefähr. Ich würde gerne vermeiden, dass ich ganz offiziell einen zweiten *SIS*-Mann rüberschicken muss.«

McAllister begriff den Grund sofort. »Weil du dich dann mit dem kirgisischen Geheimdienst abstimmen müsstest ...«

»Ich schätze deine schnelle Auffassungsgabe, Ian.«

McAllister grinste, während er seinen Schatten im Auge behielt, der mittlerweile an einem der Tischchen saß und Kaffee schlürfte.

»Du reist als Privatperson, als ganz gewöhnlicher Tourist, gehörst nicht zum *SIS*. Ergo: kein Grund, die Kirgisen zu informieren. Du besuchst einfach einen Freund im Krankenhaus.«

McAllister reagierte nicht.

»Du schuldest mir was, Ian.«

Elliot hatte recht. Ohne ihn wäre sein Besuch in Isfahan wahrscheinlich nicht so glimpflich verlaufen. Trotzdem. Er mochte es nicht, wenn ein Gefallen auf so plumpe Weise eingefordert wurde.

»*Quid pro quo*, was, Elliot?«

»Schön, dass du es genauso siehst. Ich lasse dir die notwendigen Informationen zukommen. Ruf mich an, wenn du mit ihm gesprochen hast.«

Ohne ein weiteres Wort legte Wilcox auf. McAllister runzelte die Stirn. Zum zweiten Mal innerhalb weniger Stunden fragte er sich, ob der *SIS* Spielchen mit ihm trieb. Er nahm seinen Rucksack, ging zielstrebig durch die Abflughalle und reihte sich in eine Warteschlange ein. Boarding für einen Flug nach Rom. Unter den Wartenden war er einer der wenigen Engländer, die, wie ihm durchaus bewusst war, allesamt leicht an Hautfarbe und Gesichtsausdruck auszumachen waren. Das Gros der Fluggäste waren Italiener. Es wurde laut gesprochen, geflucht, gelacht und begrüßt, Küsschen rechts, Küsschen links. Niemand scherte sich darum, ob McAllister in der richtigen Reihe anstand. Eine Familie mit Bambini, Buggys, Opa, Oma und Chihuahua machte das Chaos perfekt. McAllister nutzte den Tumult und stahl sich davon, während sein Schatten immer noch mit angestrengtem Blick auf das Menschenknäuel vor dem Schalter starrte. Da McAllister noch Zeit bis zu seinem Abflug hatte, tauchte er in der bunten Menschenmasse unter und ließ sich treiben – vorbei an Cafés, Restaurants und Schaufenstern. Ein orangefarbenes Kleid stach ihm ins Auge. Schmal geschnitten, in der Taille etwas gerafft. Wie gemacht für Lea. Mit ihren Wahnsinnsbeinen und den kurzen, dunklen Haaren würde sie sehr sexy darin aussehen. McAllister verspürte ein warmes Kribbeln. Mit Bedauern würgte er seine erotischen Tagträumereien ab und konzentrierte sich auf die trockene Gegenwart. Sein Verfolger blieb verschwunden. Vermutlich suchte er ihn immer noch am Abflugschalter nach Rom. Er checkte seinen Blackberry. Eine anonyme eMail, geschickt über einen Re-Mailer-Service. Unmöglich, den Absender zurückzuverfolgen. Eins musste man Wilcox lassen: Er war vorsichtig. McAllister ließ das Telefonat mit ihm noch einmal Revue passieren. Vielleicht diente er als Lockvogel. Vielleicht aber auch nicht. Er konnte der Situation durchaus etwas Positives abgewinnen. Nur eine Stunde zuvor hatte er nichts weiter als einen rudimentären Plan gehabt. Er hatte nach Bischkek gewollt, weil er sich Sorgen um Lea machte. Auch wenn Viktor sich längst der Sache angenommen hatte. Vor Ort Nachforschungen über Cyrus' Tod anzustellen, war bestenfalls eine vage Option gewesen. Bisher. Wilcox' Anruf hatte die Parameter deutlich verändert. Das Leben hielt manchmal seltsame Zufälle bereit.

***

Lea zog die Mütze tiefer in die Stirn. Hier war es deutlich kühler als im Tal. Sie ließ den Blick über die Bergwiesen schweifen, hinauf zu dem Saum aus Fichten, den sie bald erreichen würden. Manni lief vor ihr – ohne zu humpeln oder über Schmerzen zu klagen. Kaum zu glauben, dass die Verletzung nur einen Tag zurücklag. Sie dachte an heute Morgen, als der Alte die Paste von Mannis Schienbein abgewaschen hatte. Die Wunde hatte ausgesehen, als wäre sie bereits Tage zuvor genäht worden. Ein breiter, roter Strich, eine dünne Kruste, mehr nicht. Keine Entzündung, kein Eiter.

Ihr Verstand erklärte sich diesen Umstand damit, dass die Wunde vermutlich nicht so schlimm gewesen war, wie sie in ihrer Aufregung gedacht hatte.

Nach einem Frühstück aus Tee, Hefebrot und ein paar getrockneten Beeren hatte der Alte sie zum Gästehaus geführt. Der Wirt hatte vor der Tür gesessen und war sofort aufgesprungen, als er sie entdeckte. Schnell, möglicherweise zu schnell, waren sie mit ihm über den Transport handelseinig geworden. Lea hatte das ungute Gefühl beschlichen, dass der Wirt das Geschäft seines Lebens gemacht hatte. Oder warum sonst war er so aufgekratzt gewesen? Sie sah ihn noch immer vor sich, wie er sich die Hände an seiner grauen Schürze blitzartig abwischte und nach den Geldscheinen griff. Die Fahrt hatte nicht länger als eine Dreiviertelstunde gedauert, und während sie den holprigen Forstweg bergan geschaukelt waren, hatte der Wirt ein paar Geschichten über den Alten zum Besten gegeben. Lea wusste seitdem, dass er ein »Baksi« war. Ein Kräuterkundiger und Geistheiler, den die Menschen bei Krankheit, Kinderlosigkeit und anderen Sorgen aufsuchten. Lea vermutete, dass ein Baksi so etwas wie ein kirgisischer Schamane war. An die Heilkraft von Pflanzen glaubte sie, mit Geisterwesen, Ahnen und Aura hatte ihr analytischer Verstand Probleme. Der Wolf schlich dennoch durch ihre Gedanken und sah sie aus gelben Augen an.

Lea schritt schneller, bis sie mit Manni auf gleicher Höhe war.

»Wir hätten hartnäckig bleiben sollen. Der Forstweg ist besser in Schuss, als der Wirt behauptet hat. Er hätte uns noch ein Stück weiter hochfahren können.«

Manni sah zu ihr hinüber und zuckte mit den Schultern.

»Was soll's? Hauptsache, er hatte überhaupt noch Zeit, uns zu fahren. Schließlich waren wir für gestern Nachmittag angekündigt.«

Lea kickte ein Steinchen vom Weg und runzelte die Stirn.

»Er hat auf mich nicht den Eindruck gemacht, als wäre er gestresst. Der Typ hat uns über den Tisch gezogen.«

»Spar deine Energie lieber für den Weg. Wir haben noch ein paar Stunden vor uns.«

Lea schwieg und stapfte neben Manni her. Der Dorflehrer hatte gesagt, dass der Wirt sie nahe an das Sommerlager der Hirten bringen würde. Stattdessen hatten sie noch mindestens zwei Stunden Fußmarsch vor sich. Wenn sie in diesem Schneckentempo weitermachten, würden sie es nie bis nach Kasachstan schaffen.

Sie musste allerdings zugeben, dass ihr die ganze Geschichte mittlerweile selbst ein wenig skurril erschien. Vermutlich hatte Oleg in der Zwischenzeit alles geregelt, und sie liefen sich hier oben völlig unnötig Blasen. Wer weiß, vielleicht war ihre Reaktion überzogen, und sie sollten nach Bischkek zurückkehren? Ein verlockender Gedanke …

»Achtung, da vorne ist Rauch.«

Leas Augen suchten den Horizont ab. Hinter einem der Grashügel – dort, wo die ersten Fichtenwälder aufragten – schraubte sich eine dünne Rauchfahne in den Himmel.

»Ist das schon das Lager?«

Manni schüttelte den Kopf.

»Nein, das liegt oberhalb der Waldgrenze. Vielleicht sind das Wanderer. Bestimmt bekommen wir eine Tasse Tee.«

Er zwinkerte ihr zu und ging schneller. Lea hakte ihre Daumen unter die Riemen ihres Rucksacks und versuchte, mit ihm Schritt zu halten. Wenig später konnten sie die Feuerstelle mit bloßem Auge ausmachen. Zwei Männer saßen davor und blickten auf, als sie sich näherten. Manni hob den Arm und winkte ihnen zu. Einer der beiden erhob sich, schirmte seine Augen mit der Hand ab. Lea hörte ihn sprechen, aber der Wind trug die Wortfetzen in die Berge hinauf. Sie nahm einen dritten Mann wahr, der aus dem Wald auf den Forstweg trat. Lea spürte, wie sich die Härchen in ihrem Nacken aufrichteten, und eine seltsame Unruhe befiel sie.

»Manni«, flüsterte sie, »lass uns umdrehen.«

Manni lachte.

»Was ist los mit dir, Engelchen? Hast du Angst vor Wanderern?«

»Nein, aber irgendetwas an den Typen ist seltsam.«

Lea ärgerte sich, dass sie ihr Gefühl nicht genauer benennen konnte. Etwas gefiel ihr ganz und gar nicht – etwas an ihrer Bewegung oder an der Art, wie sie herüberstarrten. Wie ein Rudel Wölfe, das auf Beute lauerte.

»Spricht da etwa wieder deine Intuition?«

Lea wollte kontern, als ihr Blick von etwas angezogen wurde, das sie am Waldrand ausmachen konnte. Groß und schwarz, die

Umrisse zwischen den Bäumen, kaum wahrnehmbar. Aber nur zwei Schritte weiter wurde ihr klar, was sich hinter dem Gebüsch verbarg: ein schwarzer Mini-Van. Ihre Finger krallten sich in Mannis Jacke. Auch er hatte das Auto inzwischen entdeckt.

»Meine Fresse! Unsere Freunde von gestern!«

Er blieb stehen und zischte durch die Zähne: »Bei drei rennen wir los und schlagen uns in den Wald. Verstanden?«

Lea nickte kaum merklich. Wie hypnotisiert starrte sie auf die drei Männer, die langsam auf sie zukamen.

»Drei!«

Manni drehte sich um und rannte los, Lea hörte den Kies unter seinen Schuhen knirschen. Fieberhaft suchte sie den Waldrand nach einer Lücke ab, aber da zwängte sich Manni schon durch das Gebüsch. Sie stolperte hinterher, strauchelte, drückte sich mit aller Kraft durch die Blätterwand. Zweige griffen nach ihren Haaren, stachen ihr in die Haut. Adrenalin peitschte durch ihre Adern, trieb sie vorwärts, schneller, schneller. Im Slalom schlug Manni sich vor ihr durch die dicht stehenden Baumstämme, rutschte aus, rappelte sich hoch, lief weiter. Lea vernahm Schreie in ihrem Rücken. Zwei Schüsse, schnell hintereinander abgefeuert, peitschten durch den Wald. Sie zog den Kopf ein, rannte noch schneller. Manni brüllte ihr etwas zu, doch sie konnte ihn nicht verstehen. Ihre Mütze war ihr über die Ohren gerutscht, in denen das Blut so laut rauschte wie die Niagara-Fälle. Sie stürmte bergab, sah nicht, wohin sie lief, hatte Mühe, das Gleichgewicht zu halten. Armdicke Äste eines gefällten Baumes versperrten ihr den Weg, sie wich nach rechts aus, verlor Manni aus den Augen. Seitenstechen machte ihr das Atmen zur Hölle. Plötzlich nahm sie aus dem Augenwinkel eine Bewegung wahr. Wie eine Lenkrakete schoss einer der Männer auf sie zu. Lea begriff schlagartig, dass er ihr den Weg abschneiden wollte. Aber noch bevor sie reagieren konnte, warf er sie zu

Boden. Sie schlug so hart auf, dass ihr die Luft wegblieb. Seine Hände packten sich ihren Hinterkopf, er drückte ihr Gesicht auf den Boden. Lea registrierte den modrigen Geruch feuchter Blätter und Nadeln. Erde, metallisch und bitter, drang in ihre Nase und ihren Mund. Ihre Lungen schrien nach Sauerstoff. Panik explodierte wie ein Feuerball in ihrem Gehirn. Sie mobilisierte ihre letzten Reserven, bäumte sich mit aller Kraft auf. Aber sie hätte genauso gut versuchen können, eine Granitplatte in die Höhe zu stemmen. Plötzlich wurde sie hochgerissen. Gierig sog sie die Luft ein. Ein Hustenanfall schüttelte sie, sie spuckte Erdklumpen aus, hustete wieder. Nur langsam beruhigte sie sich, und ihr Atem wurde regelmäßiger.

Doch die Erleichterung, die sie durchströmte, währte nur ein paar Sekunden. Ein stechender Schmerz fuhr ihr durch die rechte Schulter. Der Mann hatte ihr den Arm auf den Rücken gedreht, sie nach oben gerissen und schob sie in Richtung Forstweg. Erschöpft und mit zittrigen Beinen quälte sie sich den Abhang hinauf. Sie versuchte, nach Manni Ausschau zu halten, aber der Mann stieß sie brutal vorwärts. Erbarmungslos trieb er sie an. Als sie endlich den Forstweg erreichten, war sie kurz davor, sich einfach auf den Boden fallen zu lassen. Sie war völlig ausgelaugt, Angst und Erschöpfung hatten ihre Knochen schwer wie Blei gemacht. Dann sah sie weiter vorne Manni auf dem Kiesweg sitzen. Die langen blonden Haare hingen ihm ins Gesicht, über dem rechten Auge waren einige Strähnen mit Blut verklebt. Seine Hände waren auf dem Rücken gefesselt, er wirkte apathisch, sein Kopf war gesenkt. Neben ihm kniete einer der Männer und durchwühlte Mannis Rucksack. Das Knirschen ihrer Schritte ließ den Mann aufsehen. Die schlecht korrigierte Hasenscharte sprang Lea sofort ins Auge. Die leicht nach oben gezogene Lippe verlieh ihm einen höhnischen Gesichtsausdruck. Der Mann bemerkte ihre Irritation und grinste breit.

»Da ist ja unser Vögelchen.«

Seine Aussprache war leicht verwaschen. Für einen Augenblick schämte Lea sich dafür, ihn anzustarren, doch dann fiel ihr Blick auf Manni, und Wut fegte ihr Mitgefühl fort. Der Schmerz in ihrer Schulter verschwand, sie konnte ihren Arm frei bewegen. Ohne nachzudenken, stürzte sie zu Manni und ließ sich auf die Knie fallen.

»Manni? Bist du okay?«

Lea wollte ihm gerade die Haare aus dem Gesicht streichen, als sie ein Schlag mit voller Wucht traf. Ihr Kopf schnellte zur Seite, sie spürte den brennenden Schmerz, ein hoher Pfeifton gellte in ihrem Ohr.

»Finger weg, Schlampe!«

Die Hasenscharte starrte sie feindselig an.

»Gib mir deinen Rucksack.«

Erst jetzt fiel ihr die feine Narbe auf, die sich von seinem rechten Augenwinkel bis zum Ohr zog.

»Muss ich nachhelfen, oder was?«

Lea war wie gelähmt. Gleichzeitig nahm ihr Gehirn jedes Detail überdeutlich wahr. Die helle Haut, die europäischen Gesichtszüge. Manikürte Fingernägel, die in krassem Widerspruch zu seinem restlichen Erscheinungsbild standen. Wieder wanderte ihr Blick zu seiner Hasenscharte.

»Mach schon, Lea!«

Manni hatte leise gesprochen, aber nicht leise genug. Der Stiefel landete mit einem dumpfen Laut knapp unter seiner Schulter. Manni schrie auf und kippte um.

»Arschloch!«, brüllte Manni die Hasenscharte an und bezahlte dafür mit einem weiteren Tritt. Lea nestelte an ihrem Brustgurt, aber ihre Hände zitterten so stark, dass sie den Steckverschluss nicht zu fassen bekam. Ihr Atem ging flach, sie schwitzte, obwohl es kalt war. Sie zog und zerrte, bemerkte das Messer erst, als es direkt vor ihren Augen aufblitzte. Erschrocken zuckte sie zurück.

»Halt still! Oder willst du, dass ich dir jetzt schon die Kehle durchschneide?«

Sie schüttelte den Kopf. Mit einer schnellen Bewegung schnitt die Hasenscharte den Brustgurt durch, und Lea schlüpfte aus den Riemen ihres Rucksacks.

»Bringt sie ins Auto.«

Grob zog sie einer der Männer auf die Beine und bugsierte sie zum Mini-Van. Lea erhaschte einen letzten Blick auf Manni, der sie mit einem verwirrten Ausdruck in den Augen ansah. Sie wollte ihm noch etwas zurufen, doch kein Laut kam über ihre Lippen. Das Gehen fiel ihr schwer, und sie zitterte unkontrolliert, während Manni aus ihrem Blickfeld verschwand.

***

»Nehmt ihnen den Chip ab und bringt ihn zu mir nach Bischkek!«

»Und die beiden?«

Igor Felipowitsch Potkov verstand kaum, was sein Mann am anderen Ende ins Telefon brüllte. Die Verbindung war schlecht, und die verwaschene Aussprache des Sicherheitschefs tat ein Übriges. Kommunikation war glücklicherweise das Einzige, was bei der Zusammenarbeit mit ihm schwierig war. Noch nie zuvor hatte Potkov einen Mann auf seiner Gehaltsliste gehabt, der so bedingungslos und kaltblütig seine Befehle ausführte.

»Lasst sie verschwinden.«

»Geht klar, Chef.«

Potkov schritt beschwingt aus, sein kahlköpfiger Leibwächter folgte ihm wie ein Schatten. Der Oligarch genoss den blauen Himmel, der sich wie ein Banner über Bischkek spannte, spazierte an der Oper vorbei, pfiff ein Lied. Alles unter Kontrolle, seine Welt war wieder in Ordnung. Sollte er Janysh Borukev anrufen? Ihm unter die Nase reiben, dass seine Leute den Filmer und die Biologin aufgespürt hatten? Er entschied, Janysh noch ein wenig schmoren zu lassen.

Wichtiger war jetzt, Basim Haleeh wieder einzufangen. Sein iranischer Freund war reizbar wie eine Kobra gewesen. Eine in die Ecke getriebene, angriffslustige Kobra, die ihr Nackenschild mächtig aufblies. Potkov konnte es ihm nicht verdenken. Für Basim und sein Land stand mehr auf dem Spiel als nur ein Deal. Potkov konnte sich nicht daran erinnern, dass dem als »zivil« deklarierten Atomprogramm des Iran je etwas anderes als internationale Skepsis entgegengeschlagen wäre. Keine große Überraschung. Das Land zeigte sich extrem widersetzlich, wenn es um die Zusammenarbeit mit den Atominspekteuren der *IAEA* ging. Anlagen, die nicht betreten, und Umweltproben, die nicht genommen werden durften, Satellitenaufnahmen, die unerklärliche Lkw-Transporte zeigten. So ein Verhalten schürte Misstrauen, das Sanktionen nach sich zog.

Potkovs Handy vibrierte in der Brusttasche. Er ignorierte es. Sich gedanklich auf das Telefonat mit Basim Haleeh einzustellen, hatte für ihn Priorität. Er steuerte auf eine Parkbank zu und setzte sich. Potkov schmunzelte in sich hinein, als er an die sorgfältig ausgearbeitete Beweisführung seines iranischen Freundes bei einem ihrer ersten Treffen dachte.

Der Iran, so hatte Basim damals durchblicken lassen, bräuchte ausschließlich aus Gründen der nationalen Sicherheit eine Option auf Atomwaffen. Das Land sei umgeben von Kernwaffenstaaten, wie Pakistan, Indien oder Israel, zu denen die Beziehungen mitunter problematisch waren. Man müsse imstande sein, sich zu schützen, um einen weiteren Vorfall wie im Irak-Iran-Krieg verhindern zu können. Potkov erinnerte sich noch gut an den Einsatz von Chemiewaffen gegen den Iran. Der Westen war damals alles andere als entschlossen dagegen vorgegangen. Er konnte durchaus nachvollziehen, dass der Iran für den Bedarfsfall waffenfähiges Uran zur Verfügung haben wollte. Natürlich war Potkov nicht so naiv zu glauben, dass das der einzige Grund war. Wieder kam ihm die Kobra in den Sinn. Wer würde es schon wagen, die Hand nach ihr auszustrecken?

Als die Sanktionen dazu geführt hatten, dass kaum mehr Materialien und Komponenten ins Land gelangten, um leistungsfähige Zentrifugen für die Urananreicherung herzustellen, hatte der Iran beschlossen, einen Kurswechsel vorzunehmen. Eine der treibenden Kräfte dahinter war Basim.

Nicht, dass Basim damit vor ihm geprahlt hätte, dafür war er zu schlau. Aber er hatte Potkov die Hintergründe geschildert und dezent einfließen lassen, welche bescheidene Rolle er dabei spielte.

Potkov lachte laut auf und erschreckte zwei Tauben, die unter der Parkbank nach Krümeln suchten.

Er konnte sich lebhaft vorstellen, mit welcher Beharrlichkeit der stille Basim seine Idee vorangetrieben hatte, die Anreicherung von waffenfähigem Uran aus dem Iran auszulagern. Anfänglich mussten die Widerstände im Regime stark gewesen sein, aber die Bedenken waren wohl mit jeder weiteren Verschärfung der Sanktionen geschmolzen, die auf das Land eingeprasselt waren. Der Rückgang der Ölexporte, der Anstieg der Inflation und Arbeitslosenquote hatten Basim letztlich in die Hände gespielt. Seine Idee war so einfach wie elegant: geheime Anlagen stilllegen und zurückbauen, Nuklearexperimente offiziell einstellen, stattdessen ausschließlich den Fokus auf die Produktion von niedrig angereichertem Uran für die Herstellung von Reaktorbrennstäben legen. Die Atomwächter dürften alle notwendigen Prüfungen durchführen, Sanktionen würden nach und nach aufgehoben, und der Iran könnte seine marode Wirtschaft endlich voranbringen. Schöne neue Welt.

Und er, Igor Felipowitsch Potkov, hatte es wieder einmal geschafft, zur rechten Zeit am rechten Ort zu sein und über die relevanten Kontakte und Informationen zu verfügen. Er musste kein Präsident oder Minister sein, um sich mächtig zu fühlen. Er blieb im Hintergrund, zog die Strippen und kassierte. Das reichte ihm völlig. Wenn der Deal durch war und die geheime, unterirdische Anreicherungsanlage in Kirgistan ihre Arbeit aufnahm, würde er sich auf die Suche nach einem ganz besonderen Globus für seine Sammlung machen. Er lehnte sich auf der Parkbank zurück und bedachte die Welt mit einem breiten Lachen. Dann griff er zum Telefon, um Basim Haleeh die gute Nachricht zu überbringen.

***

Lea war mit ihren Gedanken bei Ian, als ein Schrei sie aus dem Sitz hochschrecken ließ. Sie versuchte, einen Blick aus dem Autofenster zu erhaschen, aber Zweige verdeckten die Sicht. Angestrengt lauschte sie. Alles war still. Es war Mannis Stimme gewesen. Eindeutig. Lea fröstelte. Angst kroch in ihr hoch. Diese Männer wollten die Speicherkarte, und sie würden vor nichts zurückschrecken. Sollte er ihnen das Ding doch einfach geben. Dann hätten sie vielleicht eine Chance, heil aus der Sache herauszukommen. Eins war ihr mittlerweile klar geworden: Die Typen würden sie bestimmt nicht zurück nach Bischkek bringen, um sie dort einer Befragung zu unterziehen. Ihre Zähne schlugen unkontrolliert aufeinander. Ihre Hände waren zusammengebunden. Sie zerrte an dem Kabelbinder, der ihr ins Handgelenk schnitt. Hartes Plastik – unnachgiebig und schmerzhaft. Lea konzentrierte sich auf ihre Atmung, so, wie Ian es ihr beigebracht hatte. Panik vermeiden, einen kühlen Kopf bewahren. *Du hast nur eine Chance, wenn du klare Gedanken fassen kannst*, hörte sie seine Stimme in ihrem Kopf. Aber den einzigen Gedanken, den ihr Kopf produzierte, mochte sie nicht zu Ende denken. Diese Männer konnten Manni und sie einfach so aus dem Leben schneiden, genauso leicht, wie ein Kind zwei Figuren aus einem Papierbogen schnitt.

»Gib ihnen das Scheiß-Teil einfach!«, brüllte sie die Fensterscheibe an. Ihr feuchter Atem hinterließ einen Fleck auf dem Glas. Obwohl sie annahm, dass Manni sie nicht hören konnte, brüllte sie weiter.

»Das ist nicht die richtige Zeit, den verdammten Helden zu spielen!«

Ihre Kehle fühlte sich rauh an, ihr Atem ging stoßweise. Trotzdem, das Schreien beruhigte sie.

»Ich will nicht sterben! Hörst du, Manni!«

Hinter dem beschlagenen Seitenfenster bewegte sich eine Silhouette auf den Van zu. Lea verstummte. Ihr Herz schlug einen wilden Takt gegen die Rippen.

Pock!

Lea zuckte zusammen und machte einen Satz nach hinten. Jemand hatte mit der flachen Hand gegen die Scheibe geschlagen.

»Halt's Maul, sonst stopf ich es dir!«

Wie ein hungriges Raubtier strich der Schatten um den Van. Nicht mehr als ein Umriss, den sie durch die beschlagenen Scheiben schemenhaft wahrnahm. Sie versuchte, seinen Bewegungen zu folgen, drehte den Kopf, lauschte. Sie spürte, dass der Mann da draußen sie ebenfalls belauerte.

Pock!

Wieder ein Schlag. Aber dieses Mal hatte Lea damit gerechnet. Sie schrie erst, als sich nur wenige Zentimeter von ihrem Gesicht entfernt Lippen gegen das Fenster pressten. Feucht und schleimig, wie der Kriechfuß einer riesigen Schnecke.

»Du bist auch gleich dran, Schlampe!«

Der Schatten wurde kleiner. Der Kerl schien seines perversen Spiels überdrüssig geworden zu sein. Gerade als Lea die Augen schloss und sich in den Sitz sinken ließ, wurde die Schiebetür aufgerissen. Kühle Luft strömte in das Wageninnere, mit einem Schlag war sie wieder hellwach. Die Gestalt füllte die ganze Tür aus, und Lea sah seine Hände nicht kommen. Eine Plastiktüte schob sich über ihren Kopf, ihren Mund und ihr Kinn. Als die Tüte um ihren Hals zugezogen wurde, schrie sie wie noch nie zuvor in ihrem Leben.

»Ich würde mir die Luft einteilen.«

Der Satz fiel wie ein Stein in den Teich ihrer Gedanken, breitete sich in kreisförmigen Wellen aus und erreichte das Ufer ihres Bewusstseins. Sie würde jämmerlich ersticken. Jetzt hatte sie keine Kraft mehr, zu schreien, ihr Atem ging stoßweise. Feuchtes Plastik legte sich bei jedem Einatmen wie ein Leichentuch auf ihre Lippen. Panisch blies sie dagegen an, nur, um Sekunden später wieder die Tröpfchen ihres kondensierten Atems zu schmecken. Sie atmete schneller, die Luft wurde wärmer, der Sauerstoff weniger. Ein Summen tönte in ihren Ohren, sie fühlte sich benommen, fast so, als wäre sie nach einem Sonnenbad zu schnell aufgestanden. Plötzlich strömte Luft in ihren Plastikkokon. Der Mann hatte die Verschnürung um ihren Hals gelöst. Sie atmete tief ein, spürte den Film aus Schweiß und Kondenswasser auf ihrem Gesicht.

»Das war nur ein kleiner Vorgeschmack.«

Da war sie wieder, diese verwaschene Stimme. Finger umklammerten ihren Oberarm, zerrten sie aus dem Auto, führten sie über den weichen Waldboden.

»Bindet sie fest!«

Ihr Rücken prallte gegen etwas Hartes, einen Baumstamm, Hände hielten sie, zurrten ein Seil um ihre Arme und ihren Oberkörper fest.

»Das genügt.«

Lea war beinahe dankbar um den Halt, den ihr die Fessel bot, sie konnte sich kaum mehr auf den Beinen halten.

»Ich hoffe, du bist kooperativer als dein Freund.«

Die Hasenscharte machte eine Pause, als würde er auf eine Antwort von Lea warten.

»Also: Wo ist die Speicherkarte?«

Der Schock traf Lea wie ein Tritt in die Magengrube. Sie hatten den Chip noch nicht gefunden. Manni hatte ihn nicht herausgegeben! Warum, um Himmels willen? Dachte er, er hätte damit einen Trumpf im Ärmel? War Manni noch am Leben? Gedanken flatterten durch ihren Kopf.

»Muss ich deinem Gedächtnis auf die Sprünge helfen?«

Lea wollte schlucken, aber ihr Mund war zu trocken. Ein klatschendes Geräusch, plötzlich brannte ihr Oberschenkel, als wäre ihr jemand mit einem Bunsenbrenner zu nahe gekommen. Sie stöhnte auf, krümmte sich nach vorne, als sie der nächste Schlag genau an derselben Stelle traf. Der Schmerz flammte erneut auf, noch schärfer, noch intensiver. Instinktiv versuchte sie, sich wegzudrehen, aber die Fessel ließ ihr kaum Spielraum. Die nächsten Schläge prasselten auf sie ein und trafen ihren Oberkörper. Eine heiße Zunge, die unnachgiebig auf sie niederfuhr. Wieder und wieder.

»Ich weiß es nicht! Wirklich nicht!«, stieß sie hervor, in der Hoffnung, dass er endlich von ihr ablassen würde.

»Maannii! Gib – ihnen – die – verdammte – Speicherkarte!«

Sie schrie und schluchzte, spürte, wie sie kaum noch Luft bekam, zwang sich, flach zu atmen. Durch die Plastikhülle drang kein

Wort zu ihr durch. Das Einzige, was sie hörte, war das unheilvolle Pfeifen, das den Schmerz ankündigte. Sie biss die Zähne zusammen, aber der Schlag war nur schwach ausgeführt und ihre Jacke hielt das Schlimmste ab.

»Du bist ein zähes Luder«, nuschelte die Stimme nahe an ihrem Gesicht. Lea spürte, wie die Hasenscharte die Schnur um ihren Hals wieder enger zog. Genau in diesem Moment zog sie mit aller Kraft ihr Knie hoch. Der Mann wich aus, als hätte er ihren Angriff vorausgeahnt. Aber mit ihrem Kopfstoß hatte er nicht gerechnet. Ihre Stirn knallte schmerzhaft gegen sein Gesicht. Die Hasenscharte schrie auf, fluchte und verpasste ihr eine Ohrfeige, die ihr die Tüte beinahe vom Kopf riss.

»Wildkatze! Dir wird das Kratzen noch …«

Weiter kam er nicht. Ein unspektakuläres *Plopp* stoppte seinen Redefluss. Noch bevor ihr Gehirn das Geräusch einordnen konnte, spürte Lea den schweren Körper. Er fiel gegen sie, verharrte kurz in dieser Position wie ein sinkendes Schiff, das sich aufstellt, bevor es von den Wellen verschlungen wird. Dann rutschte er langsam zu Boden. Lea versteinerte, wagte kaum, zu atmen. Rufe drangen durch das Plastik an ihre Ohren. Schüsse, etwas entfernt. Noch mehr Gebrüll. Jemand trampelte an ihr vorbei. Ein einzelner Schuss, links, ein dumpfer Aufprall, Stöhnen. Plötzlich gespenstische Ruhe. Schritte. Ein derber russischer Fluch, von dem Lea nur die Hälfte verstand. Die Tüte wurde ihr vom Kopf gerissen. Sie zuckte zusammen und sah in ein Paar bernsteinfarbene Augen, die unter buschigen Augenbrauen fragend auf sie herabblickten.

»Lea Winter?«

Sie nickte mechanisch, unsicher, ob das Auftauchen des Fremden etwas Gutes oder Schlechtes zu bedeuten hatte. Ein Lachen, so strahlend, wie sie es bei einem Mann noch nie gesehen hatte, erschien auf seinem Gesicht.

»Ian schickt mich. Ich bin Viktor.«

Mit einem Tritt rollte er den leblosen Körper zu ihren Füßen zur Seite und beugte sich leicht nach unten, um sich an ihren Fesseln zu schaffen zu machen. Millionen Gedanken strömten auf Lea ein. *Ian!* Ian hatte ihnen einen Schutzengel geschickt. Erleichterung, Dankbarkeit und Sehnsucht rollten über sie hinweg wie ein Tsunami. Sie sah nach unten und nahm durch einen Tränenschleier hindurch einen Wolf wahr, der quer über Viktors Nacken tätowiert war.

Kapitel 11

Der Flur war schlecht beleuchtet, es stank nach Desinfektionsmittel und Essen. Letztes Zimmer links am Ende des Gangs, hatte ihn die Krankenschwester angewiesen. McAllister war überrascht gewesen, als er erfuhr, dass sein *SIS*-Kollege so schnell von der Intensivstation in ein normales Krankenzimmer verlegt worden war. Sachte drückte er die Klinke nach unten und streckte den Kopf in den Raum hinein. Sechs Betten, vier davon belegt. Er schlüpfte durch die Tür, legte die Zeitung und die Tüte mit Äpfeln auf einen Tisch neben dem Waschbecken und sah sich um. McAllisters Blick blieb an einem Mann hängen, dessen Kopf mit einem dicken Verband umwickelt war, nur ein Schopf roter Haare lugte hervor. Die Augen waren geschlossen, das Gesicht mit blauen Flecken und Blutergüssen übersät. McAllister scannte die anderen Patienten im Zimmer. Zwei ältere Herren und ein Junge, der ihn neugierig musterte. Er schlich zum Bett des Rothaarigen und zog einen Stuhl heran. Gerade als er sich setzte, schlug der Mann die Augen auf und sah ihn irritiert an. McAllister beugte sich ein wenig vor und flüsterte dem Rothaarigen ins Ohr: »Ich bin Ian McAllister von *Interpol.* Elliot Wilcox schickt mich. Sie und ich, wir sind alte Freunde, wenn Sie verstehen, was ich meine …«

Er zwinkerte dem *SIS*-Mann zu, der mit einem Nicken antwortete.

»Wie geht es dir? Siehst ziemlich mitgenommen aus, alter Junge!«, sagte McAllister so laut, dass jeder im Zimmer es hören konnte.

»Deine Familie macht sich große Sorgen um dich.«

Der Mann versuchte ein Lächeln. McAllister sah, dass den Mann jede Regung seines geschwollenen Gesichts schmerzte.

»Ich verstehe dich nicht, du sprichst sehr leise.«

McAllister rückte den Stuhl noch näher an das Kopfende des Betts und beugte sich vor.

»Wilcox will wissen, ob es ein Unfall war«, wisperte er und lachte dann laut, als hätte er gerade einen großartigen Witz erzählt. Der *SIS*-Agent sah ihm fest in die Augen und schüttelte den Kopf.

»Ich bin auf eine stark befahrene Straße gestürzt, genau in dem Moment, als die Ampel auf Grün geschaltet hat.«

Er machte eine kurze Pause und rang nach Luft.

»Jemand hat mir von hinten einen kräftigen Stoß versetzt. In den Rücken. Ganz gezielt.«

Die Stimme des Mannes war heiser, das Sprechen fiel ihm schwer.

»Klar kannst du was zu trinken haben«, polterte McAllister und griff nach dem Wasserglas, das auf dem Nachttisch stand. Vorsichtig half er dem Mann, sich ein wenig aufzurichten, und setzte ihm das Glas an die Lippen.

»Ist jemand hier im Krankenhaus, der ein Auge auf Sie hat?«, fuhr McAllister im Flüsterton fort.

Wieder schüttelte der Agent den Kopf.

»Nein. Ich muss so schnell wie möglich raus hier.«

»Werde ich veranlassen. Versprochen. Was ist mit Ihrem Handy? Kann Wilcox Sie erreichen?«

»Mein Handy ist auf dem Weg ins Krankenhaus ›verloren‹ gegangen. Keine Ahnung, was passiert ist. Ich war über weite Strecken bewusstlos.«

»Verstehe. Nicht gut. Ich werde Ihnen ein neues besorgen.«

McAllister mimte Besorgnis, tatsächlich aber konnte er sein Glück kaum fassen. Er betrachtete die Kanüle, die aus dem blassen, mit Sommersprossen übersäten Handrücken ragte und in einen Schlauch überging. Sein Blick wanderte hinauf zur Infusionsflasche mit der farblosen Flüssigkeit.

»Haben Sie vor Ihrem Unfall etwas über Cyrus Wahdat in Erfahrung bringen können?«

Unvermittelt spiegelten himmelblaue Augen des *SIS*-Agenten Misstrauen wider. Er war angeschlagen, aber seine Instinkte schienen immer noch ausgezeichnet zu funktionieren. Er taxierte McAllister.

»Woher wissen Sie von Wahdat? Und warum interessiert Sie das überhaupt?«, kam die Frage heiser zurück.

McAllister ließ ihn vorsichtig ins Kissen zurückgleiten.

»Ich kann versuchen, dir eine Schmerztablette zu besorgen, wenn du willst«, antwortete er und stellte das Glas geräuschvoll auf den Tisch. Ihm blieb nichts anderes übrig, als zu pokern.

»Lange Geschichte. Wilcox und ich sind alte Kollegen. Er hat mich gebeten, den *SIS* zu unterstützen, da Sie außer Gefecht sind, und er keinen zweiten Mann schicken wollte. Offiziell zumindest. Sie verstehen?«

McAllister hoffte, dass zumindest noch ein letzter Rest Schmerz- oder Narkosemittel im System des *SIS*-Agenten kreiste. Im Normalzustand wäre der Typ zu smart und zu gut ausgebildet, um auf diese fadenscheinige Geschichte hereinzufallen. McAllister versuchte, die Miene des *SIS*-Mannes zu lesen. Die Augen waren geschlossen, die Hände zuckten unruhig auf der Bettdecke. McAllister ließ ihm Zeit, studierte den Siegelring an der rechten Hand. Ein kunstvoll geschwungenes *S* auf blauem Grund, das sich um ein Wappen schlang. Vermutlich stammte der Kerl aus irgendeinem Adelsgeschlecht. Blass genug war er, befand McAllister. Als er schon befürchtete, dass sein Gegenüber eingeschlafen war, drang ein Flüstern vom Bett.

»Angeblich hat Wahdat sich hier mehrfach mit einem reichen Russen getroffen, der sein Geld mit Bodenschätzen macht und irgendeinen Coup plant.«

»Haben Sie einen Namen?«

»Ich war gestern gerade auf dem Weg zu einem Informanten, als sich der Unfall ereignete.«

»Wo finde ich diesen Informanten?«

Der Mann drehte seinen Kopf zur Seite und sah aus dem Fenster.

»Rufen Sie zuerst Wilcox an, und lassen Sie mich mit ihm sprechen.«

»Sorry, hab mein Handy im Hotel gelassen«, log McAllister.

Der Rotschopf rührte sich nicht. McAllister schob den Stuhl nach hinten.

»Bevor ich's vergesse: Ich habe dir was zu lesen mitgebracht.«

Er ging zum Tisch, griff nach der Zeitung und den Äpfeln und legte alles auf den Nachttisch. Die neugierigen Augen des Jungen im Bett gegenüber folgten jeder seiner Bewegungen.

»Ich komme morgen wieder vorbei und sehe nach dir! Pass auf dich auf!«

Der *SIS*-Agent wandte ihm das Gesicht zu und sah ihn lange an.

»Vergiss nicht, mir ein Handy mitzubringen …«

Draußen stieg McAllister in den Mietwagen, den er auf dem Krankenhausparkplatz abgestellt hatte, und zog sein Handy aus der Jackentasche. Keine Nachricht von Viktor! *Verdammt!* Das Letzte, was er von ihm gehört hatte, war, dass er Leas Spur in diesem Gästehaus im Nationalpark aufgenommen hatte. Das war kurz vor seinem Abflug in London gewesen. Seither hatte er mehrfach vergeblich versucht, ihn zu erreichen. Auch seine Nachfrage in der Deutschen Botschaft in Bischkek war ohne Ergebnis geblieben.

Von Dr. Lea Winter hatte man nichts gehört. Wo war sie bloß? Und wo steckte Viktor? Noch einen Tag zuvor war er sich sicher gewesen, dass Viktor die beiden schnell finden und die Sache mit Hilfe seiner Beziehungen regeln würde. Sie hatten schließlich nur einen illegalen Abschuss gefilmt und keinen Putsch angezettelt. Die Geschichte mit dem kirgisischen Wirtschaftsminister und seinen illustren Freunden verlieh dem Ganzen natürlich einen unangenehmen Beigeschmack. Doch McAllister war noch immer überzeugt davon, dass sich die Geschichte auf diplomatischem Weg aus der Welt schaffen ließ. Er liebte Lea, war sich aber durchaus bewusst, dass sie ihr Kongo-Trauma noch nicht vollständig überwunden hatte. Möglicherweise wirkte die Situation dramatischer auf sie, als sie in Wirklichkeit war. Doch das war nebensächlich – er war hier, weil sie ihn brauchte. McAllister faltete die Straßenkarte auf und fand den Nationalpark Tschon-Kemin ohne Probleme. Er schätzte die Entfernung auf etwas über 100 Kilometer. Auf europäischen Straßen ein Katzensprung, hier würde er deutlich mehr Zeit einplanen müssen. Wenn er Glück hatte, gab es dort nur ein paar Gästehäuser. Er hoffte, zügig Leas und Viktors Spur aufnehmen zu können. McAllister legte den ersten Gang ein und fuhr vom Parkplatz.

***

»Na, gut geschlafen?«

Bernsteinfarbene Augen musterten sie freundlich im Rückspiegel. Lea nickte und gähnte herzhaft. Seit Tagen hatte sie das erste Mal tief und fest geschlafen. Wenigstens eine Stunde. Selbst der Schneeleopard, der seit Kurzem in jedem ihrer Träume abgeknallt wurde, war nicht aufgetaucht. Vor ihr schnarchte Manni auf dem Beifahrersitz. Die Typen hatten ihn übel zugerichtet. Über seinem

Auge prangte eine Platzwunde, und sie wusste, dass seine Rippen und der Rücken mit Blutergüssen übersät sein mussten. Lea fasste sich an den Oberschenkel, wo sie der Gürtel der Hasenscharte mehrfach getroffen hatte. Schmerzhafte Striemen, aber in ein paar Tagen würde davon nichts mehr zu spüren und zu sehen sein. Sie hatte Glück gehabt, dass Viktor rechtzeitig aufgetaucht war. Sonst würde sie jetzt aller Wahrscheinlichkeit nach mit einer Plastiktüte über dem Kopf tot im Wald liegen. Bei dem Gedanken wurde ihr speiübel. Schnell verdrängte sie das Bild.

»Wohin fahren wir?«

Viktor suchte ihren Blick im Rückspiegel.

»Zu einem alten Militärlager. Wir müssen Ausrüstung für die Tour besorgen.«

Lea schielte auf den Wolf in Viktors Nacken.

»Gibt es keinen anderen Weg?«

Sie donnerten durch ein Schlagloch, und Viktor hatte Mühe, den Wagen auf dem Güterweg zu halten.

»Ihr habt euch da mit ein paar üblen Burschen angelegt.«

»Mit wem haben wir es zu tun? Kirgisische Polizei?«

Viktor lachte so herzhaft, dass sogar Manni für einen Moment mit dem Schnarchen aufhörte.

»Das waren keine Kirgisen. Ich habe sie durchsucht, bevor ich sie im Wald deponiert habe. Leider habe ich nicht viel gefunden. Aber Ausrüstung und Waffen deuten auf einen russischen Schlägertrupp hin. Allerdings einen verdammt gut ausgebildeten Schlägertrupp. Ohne Überraschungsmoment hätte ich sie wohl kaum ausschalten können.«

Lea blieb die Spucke weg. Russischer Schlägertrupp? *Was, zur Hölle …*

»Nach dem, was McAllister mir erzählt hat, hatte ich damit gerechnet, kirgisische Kollegen zu treffen. Ein bisschen reden, ein bisschen verhandeln, vielleicht ein paar Scheine über den Tisch schieben und euch bei der Deutschen Botschaft abliefern. Fertig. Aber auf 'ne Schießerei war ich nicht eingestellt.«

Er lachte wieder. Lea fing an, den Mann zu mögen. Er strahlte Ruhe und Zuversicht aus, genau das, was sie jetzt brauchte.

»Das hat die Situation deutlich verkompliziert. Ich weiß weder, wer euch jagt, noch, warum. Das Sicherste wird wohl sein, wenn ich euch rüber nach Kasachstan bringe.«

Er fuhr sich durch die Haare, seine Hand verharrte für einen Moment im Nacken und verdeckte die Konturen des Wolfs.

»Um ehrlich zu sein«, fuhr er fort, »ist das einer der seltsamsten Aufträge, mit denen ich bisher betraut worden bin. Aber Ian hat mich darum gebeten. Und ich schulde ihm noch was.«

Lea sah sein Stirnrunzeln im Rückspiegel. Sie konnte sich keinen Reim darauf machen.

»Du bist auch bei *Interpol*?«

Viktor nickte.

»Ich habe Ian vor einigen Jahren bei einer Spezialausbildung kennengelernt.«

Er fuhr langsam an dem Gästehaus vorbei, das verlassen wirkte.

»Ihr müsst ja echt wichtig für seine Ermittlungen sein.«

Er sah sie fragend an. Lea war spontan versucht, zu fragen, von welchen Ermittlungen er sprach. Aber irgendetwas sagte ihr, dass es besser war, den Mund zu halten. Ian hatte sicherlich einen guten Grund, Viktor diese Geschichte aufzutischen.

»Wenn ich schon meinen Job für euch riskiere, wüsste ich wenigstens gerne, warum«, hakte Viktor nach.

»Hat Ian dir nichts erzählt?«

»Natürlich. Ich weiß von dem illegalen Schneeleoparden-Abschuss, aber …«

»Guten Morgen!«, schallte es vom Beifahrersitz.

Manni war aufgewacht, und seine lautstarke Intervention gab Lea ein paar Minuten Bedenkzeit. Wie viel wusste Viktor wirklich? Und was konnten sie ihm anvertrauen? Sie war unsicher. Manni streckte sich und drehte sich zu ihr um.

»Na, Engelchen, wie geht es dir?«

Auch wenn sein Gesicht mitgenommen aussah, wirkte er wesentlich frischer als bei ihrer Abfahrt eine Stunde zuvor.

Beim Anblick seines unschuldigen Gesichtsausdrucks flammte Wut in Lea auf wie ein Buschfeuer. Aber es war nicht der richtige Zeitpunkt, Manni zur Rede zu stellen. Sie schluckte und zwang sich zu einem neutralen Ton.

»Ging schon mal schlechter.«

Das war nicht einmal gelogen. Irgendwie hatte sie das Gefühl, das Schlimmste überstanden zu haben. Viktors Präsenz hatte eine erstaunliche Wirkung auf sie.

»Wie sieht der Plan aus?«

»Ausrüstung besorgen und über die Berge nach Kasachstan«, informierte ihn Lea.

Zwischen Mannis Augenbrauen erschien eine tiefe Falte.

»Wo übernachten wir?«

»Nirgends. Wir ruhen uns ein paar Stunden im Auto aus und steigen noch bei Dunkelheit auf«, schaltete sich Viktor ein.

Manni schüttelte den Kopf.

»Ich bin ja wirklich für fast alles zu haben, aber das ist Wahnsinn!«

»Wir müssen damit rechnen, dass bald jemand nach euren toten Freunden sucht, und wir haben nicht allzu viel Vorsprung.«

Manni sah Viktor an, als wäre dieser ein wildes Wisent. Aus der Furche zwischen seinen Augenbrauen war ein tiefer Krater geworden.

»Kann uns doch egal sein.«

»Kann es nicht, mein Freund«, antwortete Viktor. »Weil wir genau dort, wo wir die toten Russen zurückgelassen haben, noch einmal vorbeimüssen. Unser Aufstieg liegt nämlich hinter den Sommerweiden.«

Ein kleines Detail, das auch Lea bisher nicht bekannt gewesen war.

»Gibt es keinen anderen Weg?«

»Nein. Jede andere Strecke wäre ein gewaltiger Umweg. Und die Tour ist auch so schon kein Zuckerschlecken. Dazu kommt der Zeitfaktor.«

Manni drehte sich nach vorne und starrte aus dem Fenster.

»Wir sind da.«

Viktor zeigte geradeaus. Lea sah nichts außer ein paar schäbigen Häusern. Farbe blätterte von den Wänden, Fensterläden hingen schief in den Angeln, ein verbeulter Traktor stand im Vorgarten, umwuchert von Gras. Viktor reduzierte die Geschwindigkeit und fuhr langsam an den Gebäuden vorbei. Sie wirkten wie ausgestorben – kein Mensch, kein Hund, nicht einmal die obligatorischen Hühner waren zu sehen.

»Sieht aus wie eine Geisterstadt«, kommentierte Lea.

»Ist es auch. Zumindest in den Sommermonaten. Im Winter sind hier die Gebirgsjäger untergebracht, die in den Bergen Übungen abhalten und auf Patrouille gehen.«

Er bog in einen Waldweg ein, der sie schon nach wenigen Metern auf eine Lichtung führte. Dort befand sich etwas, das wie eine große Blechgarage aussah. Viktor parkte das Auto so, dass es von der Straße aus nicht zu sehen war. Auf der Rückseite der Lagerhalle befand sich eine Tür, die mit Kette und Vorhängeschloss gesichert war.

»Wir nehmen den Hintereingang«, sagte Viktor und machte sich an dem Schloss zu schaffen. Lea konnte nicht sehen, was er tat, da er direkt vor der Tür stand. Zudem verstellte ihr sein breiter Rücken die Sicht. Fasziniert beobachtete sie das Schauspiel.

»Hast wohl 'ne Schwäche für diese *Interpol*-Typen?«, feixte Manni und stieß sie mit dem Ellenbogen an. Lea fuhr wütend herum, aber auf Mannis Gesicht zeigte sich nichts außer einem entwaffnenden Grinsen.

»Ich glaube, Frauen stehen einfach auf diesen Geheimagenten-Kram.«

Sein Grinsen wurde noch breiter. Lea konnte beim besten Willen nichts Boshaftes darin erkennen. Manni hatte sich einen Scherz erlaubt, und sie hatte überreagiert. Weil sie wütend auf ihn war? Oder weil er, ohne es zu wissen, einen wunden Punkt berührt hatte? Vor ihrem Kongo-Albtraum war Lea davon überzeugt gewesen, dass sie eine starke, selbstständige Frau war, die sehr gut für sich selbst sorgen konnte. Für den Beschützer-Instinkt ihrer Lover hatte sie nur ein Lächeln übrig gehabt. Sie brauchte niemanden, der auf sie aufpasste. Aber die Entführung im Kongo hatte deutlich an ihrem Selbstbewusstsein gekratzt. Nie zuvor hatte sie sich so ausgeliefert und hilflos gefühlt wie in ihrem stinkenden Gefängnis, als ihr Leben auf die Grundfläche einer kleine Hütte im Nirgendwo des Dschungels zusammengeschrumpft war. Nichts, was sich in ihrem täglichen Leben bemerkbar gemacht und nach einer Therapie geschrien hätte. Aber seither fühlte sie sich verletzlicher. Und jetzt befand sie sich wieder in einer Situation, die ihr alles abverlangte.

»Lea?«

Sie schrak aus ihren Gedanken hoch. Die Hintertür der Lagerhalle stand offen, Viktor war verschwunden. Sie wollte hinterher, aber Manni hielt sie am Ärmel fest.

»Er hat gesagt, wir sollen hier warten.«

Lea ging ein paar Schritte auf und ab. Sie konnte es nicht mehr länger aufschieben, sie musste Manni die Frage stellen, die ihr seit ihrer Befreiung auf der Seele brannte. Bisher hatte sie Viktors Gegenwart davon abgehalten, aber jetzt …

Sie blieb vor Manni stehen und atmete tief durch.

»Eines interessiert mich ungemein: Warum hast du den Typen da oben die Speicherkarte mit dem Abschuss nicht einfach gegeben? Wolltest du warten, bis sie uns zu Tode prügeln?«

Manni schien mit diesem Frontalangriff nicht gerechnet zu haben. Er versteinerte, nur der Brustkorb hob und senkte sich schnell. Er stand da und starrte sie mit unbewegter Miene an. Plötzlich wurden seine Gesichtszüge weich. Wie Wachs, das zu nahe ans Feuer geraten war. Er senkte den Blick.

»Engelchen …«

»Hör auf, mich Engelchen zu nennen, und antworte mir!«

Manni schob die Hände in die Hosentaschen, seine Stiefelspitze spielte mit einem Stein auf dem Boden.

»Also?«, fauchte Lea.

»Ich habe sie nicht mehr«, flüsterte er, ohne sie anzusehen.

»Was?«

Sie machte einen Schritt auf ihn zu und versetzte ihm einen Stoß gegen die Brust.

»*Was* hast du da gerade gesagt?«

Manni taumelte nach hinten und hob abwehrend die Hände.

»Ich habe sie dem Dorflehrer gegeben, er …«

Leas Ohrfeige traf ihn so unvorbereitet, dass sein Kopf zur Seite schnellte. Sie stand vor ihm und hatte plötzlich eine klare Vorstellung davon, wie Mord im Affekt geschah.

»Lea …«

»Das heißt, du hast mich durch die Hölle gehen lassen, obwohl du die Speicherkarte schon längst nicht mehr hast?«

»Was hätte ich tun sollen? Die Typen zum Lehrer nach Rot-Front schicken?«

Lea starrte ihn ungläubig an.

»Warum? Warum hast du das getan, Manni? Und warum hast du mir nichts davon erzählt?«

»Um dich schützen. Ich dachte, je weniger du weißt, umso besser ist es für dich. Ich wollte sichergehen, dass wir die Speicherkarte mit dem belastenden Filmmaterial nicht bei uns haben, falls sie uns erwischen. Ich konnte doch nicht ahnen, dass uns der Wirtschaftsminister einen Schlägertrupp auf den Hals hetzt.«

Noch einmal versetzte Lea ihm einen Stoß gegen die Brust. Aber nur noch halbherzig, ihre Wut war verraucht. Er hatte das Beweismaterial sichergestellt, hatte dafür sorgen wollen, dass die Wilderer ihre verdiente Strafe bekamen. Ohne diese Speicherkarte wäre ihre Odyssee völlig umsonst.

»Gibt's Probleme?«

Lea fuhr herum. Viktor! Den hatte sie für einen Augenblick völlig vergessen. Wie viel hatte er von ihrem Streit mitbekommen?

»Wir haben genug Ärger. Es bringt uns nicht weiter, wenn ihr euch gegenseitig zerfleischt. Kommt jetzt rein!«

Viktor klang verärgert. Mit gesenktem Kopf trottete Lea hinter ihm her. Er hatte recht. Sie mussten sich jetzt auf ihre Flucht konzentrieren. Sie waren Zeugen, ob sie nun im Besitz der Speicherkarte waren oder nicht. Die Typen würden sie weiterhin jagen.

Nur wenig Licht sickerte durch die Scharten unter dem Dach.

Mit jedem Schritt wirbelte Viktor Staub auf, Lea musste niesen.

»Hier hinten«, sagte Viktor und leuchtete mit seiner Taschenlampe in einen Verschlag hinein. Lea kniff die Augen zusammen.

»Was sollen wir mit Skiern?«

»Tourenski. Die werden wir weiter oben in den Bergen gut gebrauchen können. Allerdings befürchte ich, dass in deiner Größe nichts Passendes dabei ist.«

Er ließ den Lichtkegel von Leas Kopf hinunter zu den Füßen

wandern, dann wandte er sich wieder dem Skistall zu. Geräuschvoll zog er Paar für Paar heraus und ließ den Strahl der Taschenlampe darübergleiten. Lea und Manni sahen ihm schweigend zu.

»Die könnten gehen.«

Er drückte Lea ein Paar in die Hand.

»Was ist das?«

Lea zeigte auf das, von dem sie vermutete, dass es sich um eine Bindung handelte.

»Ein Drahtbügelbindezug. Ist zwar nicht der neueste Stand der Technik, aber funktioniert gut mit Bergstiefeln. Da drüben stehen Stöcke. Such dir passende raus.«

Eine halbe Stunde später stopften sie Skier, Stöcke, dicke Armeeparkas, Stirnlampen und Rucksäcke in Viktors Auto. Auf der Fahrt zurück in den Nationalpark versuchte Lea, sich zu erinnern, wann sie das letzte Mal auf zwei Brettern gestanden hatte. Vielleicht mit achtzehn?

***

Janysh Borukev schenkte Champagner nach und ließ sich in die beigefarbene Couch zurücksinken. Mit einer nachlässigen Geste schickte er seinen kahlköpfigen Leibwächter vor die Tür.

»Und wann hattest du gedacht, es mir zu sagen?«

Igor Felipowitsch Potkov nippte an seinem Glas. Es war Vormittag, er hatte einen Kater. Nicht einmal der Champagner schmeckte.

»Ich musste zuerst Basim Haleeh einfangen – in unser beider Interesse. Unser Geschäftsfreund war überaus gereizt nach dem Vorfall.«

Potkov dachte an die unzähligen Telefonate, die er mit dem Iraner geführt hatte, seit der nach der Geschichte in den Bergen nach Teheran zurückgekehrt war.

»Zudem habe ich die Möglichkeit in Betracht gezogen, dass meine Männer in den Bergen eine schlechte Verbindung haben könnten.«

Er log. Schon wenige Stunden nach dem letzten Telefonat mit seinem Sicherheitschef war er nervös geworden. Keine Vollzugsmeldung. Überhaupt keine Meldung. Dunkle Vorahnung hatte ihn wie eine todbringende Krankheit infiziert und nicht mehr losgelassen. Trotzdem hatte er eine Nacht gewartet, bevor er Janysh informierte. Wie festgefroren, hatte er auf diesem beigefarbenen Sessel verharrt, in der einen Hand das Handy, in der anderen ein Whiskeyglas. Zähe Stunden der Dunkelheit vor sich. Kein Anruf, kein Klingeln an der Tür. Ein Unfall? Was war geschehen? Die ganze Nacht hatte sich Potkov das zunehmend umnebelte Gehirn zermartert. Es schien ihm ein Ding der Unmöglichkeit, dass seine Männer versagt hatten.

»Wann hast du das letzte Mal von deinen Leuten gehört?«, fragte Borukev.

»Gestern. Gestern Mittag.«

»Und du wartest eine halbe Ewigkeit, bis du mich anrufst?«

Borukev hieb so heftig auf den Tisch, dass die Champagnerschalen klirrten.

»Du hättest mich unmittelbar informieren müssen!«

Potkov war kurz versucht, Janyshs Tonfall zu kommentieren, besann sich aber schnell eines Besseren.

»Was schlägst du vor?«, fragte er stattdessen.

Janysh räkelte sich auf dem Sofa. Er genoss es sichtlich, dass Potkov ihn um Hilfe bitten musste. *Du Idiot hast immer noch nicht kapiert, dass wir im selben Boot sitzen*, dachte Potkov.

»Mein Bruder wird in ein paar Minuten hier sein. Er wird das Problem im Handumdrehen lösen. Können schließlich nicht vom Erdboden verschwunden sein, deine Männer. Ich hoffe nur, dass sie die Speicherkarte haben. Denn wenn die beiden Deutschen wieder damit entkommen sind, kommt das bei einigen Leuten bestimmt nicht gut an.«

Ein schmieriges Lächeln huschte über Janyshs Lippen. Potkov musste es stillschweigend über sich ergehen lassen. Er brauchte diese Speicherkarte, sonst könnte er Basim Haleeh nie wieder unter die Augen treten. Er schielte auf die Uhr. Obwohl er das Gefühl hatte, schon ewig auf den Beinen zu sein, war es noch nicht einmal halb zehn. Der Adrenalinstoß, der ihn durchfuhr, als es an der Tür klingelte, weckte ihn endgültig auf. Potkov hätte den jüngsten der Borukev-Brüder auch ohne Vorwarnung erkannt. Dieselbe hohe Stirn, die Augen und die untersetzte Statur seiner Brüder. Nur der Mund eine Spur schmaler, was ihm einen brutalen Ausdruck verlieh. Maksim Borukev streckte ihm die Hand hin und drückte zu, als wollte er eine Orange auspressen. Sein Blick schien Potkov zu durchbohren.

»Mein Wagen ist unten. Wir besprechen alles Weitere während der Fahrt.«

Potkov stutzte.

»Wohin fahren wir?«

Maksims Blick wanderte zu Potkovs handgenähten Schuhen.

»Sie sollten eine warme Jacke und feste Schuhe mitnehmen. Wir fliegen in die Berge, dorthin, wo Sie das letzte Mal von Ihren Männern gehört haben.«

***

Jeder Atemzug quälte Lea und ließ weiße Wölkchen entstehen. Ihre Lungen brannten, ihr Herz arbeitete wie ein Presslufthammer in ihrem Brustkorb. Fest stieß sie die Stöcke in den gefrorenen Schnee, prüfte den Halt, schob vorsichtig das linke Bein nach vorne, stach die Stöcke wieder ein, zog das rechte nach. Eine bleierne Schwere machte sich in ihr breit. Bereits eine Stunde kämpften sie sich in endlosen Spitzkehren die steile Flanke hinauf. Lea hatte kein Auge für die atemberaubende Landschaft, die sich wie eine Kulisse vor ihr ausbreitete. Starr hielt sie den Blick auf ihre Skispitzen gerichtet. Es war mittlerweile hell geworden, und sie hatten die Stirnlampen abgenommen. Noch lag der Hang im Schatten, und die Schneedecke war knochenhart. Schon mehr als einmal hatte Lea den Halt verloren, weil ihr die Skier nach hinten weggerutscht waren. Es hatte sie jedes Mal enorme Kraft gekostet, einen Sturz zu vermeiden. In diesen Momenten wünschte sie sich nichts sehnlicher als Harscheisen unter den Skiern. Trotzdem wusste sie, dass es noch schlimmer kommen konnte. Gleich würde die Sonne ihre wärmenden Strahlen über die Gipfel des Tian-Shan schicken, und sie hätten bald ein paar Probleme mehr. Nasser, schwerer Schnee, der sich spontan in Bewegung setzen und als gewaltige Lawine ins Tal donnern konnte. Tonnen von Schnee, die alles mitrissen, was ihnen im Weg stand. Zerquetscht wie Insekten. Sie versuchte, nicht daran zu denken. In Bayern, wo sie aufgewachsen war, gehörten Lawinentote im Winter zum Alltag. Sie hatte sich nie daran gewöhnen können. Weder an die Opfer, noch an den sensationslüsternen Umgang mit solchen Tragödien.

Lea sah hoch. Viktor war ihr einige Schritte voraus und managte gerade elegant die nächste Spitzkehre. Manni schnaufte wie ein altes Postross hinter ihr her. Das Reden hatte er längst aufgegeben. Sie bewunderte ihn für sein Durchhaltevermögen. Er stand das erste Mal auf Tourenski und musste fehlende Technik mit Kraft wettmachen. Lea konzentrierte sich. Mit den alten, schweren Latten und dem Drahtbügelbindezug, der die Skier nur notdürftig an ihren Wanderschuhen festhielt, waren Spitzkehren eine wahre Herausforderung. Jeder Fehler auf diesem 30 Grad steilen Hang konnte sie das Leben kosten. Ihr Atem ging schnell, sie spürte jeden Muskel in ihren Armen und Beinen. Viktor blieb stehen und drehte sich zu ihr um.

»Sei vorsichtig, die Talspur ist etwas brüchig.«

Sie lächelte, ohne ihn anzusehen. Vorsichtig legte sie den Talski um und platzierte ihn in Viktors Spur, dann zog sie den zweiten Ski nach. Genau in dem Moment, als sie den ersten Schritt machte, brach die Spur, und ihr rechtes Bein rutschte nach unten weg. Verzweifelt versuchte sie, mit den Stöcken die Balance zu halten, lehnte sich in den Hang, um sich zu stabilisieren. Zitternd zog sie ihr Bein wieder hoch und wartete, bis sich ihr Atem etwas beruhigt hatte. Dann schloss sie zu Viktor auf.

»Das war knapp!«

Viktor lachte.

»Knapp sieht anders aus.«

Sie warteten, bis Manni die schwierige Stelle gemeistert hatte, und gingen dann weiter. In der nächsten halben Stunde sagte niemand ein Wort. Zu sehr waren sie damit beschäftigt, möglichst viele Höhenmeter zu machen, bevor die Maisonne den Hang aufweichte und in eine tödliche Falle verwandelte.

»Ich brauch 'ne Pause!«, keuchte es hinter Lea. Sie drehte sich nach Manni um und sah, dass er sich die Rippen hielt.

Die Tritte der Hasenscharte machten ihm offensichtlich noch zu schaffen. Viktor hatte von alldem nichts mitbekommen und zog mit langen Schritten davon.

»Hey, Viktor! Pause!«, rief sie ihm hinterher. Aber er schüttelte den Kopf und zeigte zu einem Felsband, das quer zum Hang verlief.

»Schätze, ein paar Meter musst du noch durchhalten.«

Manni verzog das Gesicht, griff sich die Stöcke und schloss zu Lea auf.

»Verdammte Rippenprellung! Ich fühle mich, als hätte ich in einer Waschmaschine im Schleudergang geschlafen«, schimpfte er.

»Spar dir die Luft lieber für die nächsten Meter«, antwortete Lea und folgte Viktor. Kaum hatten sie den breiten Felsvorsprung erreicht, ließ sich Manni in den Schnee fallen.

»Hat einer von euch zufällig eine Schmerztablette dabei?«

Lea sah Viktor an, aber der schüttelte nur den Kopf.

»Hab ich mir fast gedacht. Ich brauche nur ein paar Minuten, dann können wir weiter.«

Lea kramte in ihrem Rucksack und fischte Brot heraus, das ihnen der Dorflehrer mitgegeben hatte. Sie riss ein Stück ab und hielt es Manni hin, der es sich sofort in den Mund stopfte. Viktor lehnte ihr Angebot ab.

»Macht nicht zu lange. Es wird schnell wärmer, und wir haben noch ein ganzes Stück vor uns«, trieb er sie an.

Manni verdrehte die Augen.

»Dein Superagent ist ein echter Sklaventreiber.«

Lea hatte sich vorgenommen, Manni für die Geschichte mit dem Dorflehrer mit Missachtung zu strafen. Aber er hatte etwas Jungenhaftes an sich, das es ihr fast unmöglich machte, lange wütend auf ihn zu sein.

»Wir müssen weiter«, drängte Viktor und hängte sich seinen Rucksack um. Lea half Manni hoch, dann schlüpfte sie mit den Händen in die Lederschlaufen ihrer Stöcke.

Die drei hatten gerade den schützenden Felsvorsprung verlassen, als Viktor abrupt stehen blieb. Im ersten Moment dachte Lea, er hätte etwas gesehen. Doch dann begriff sie, dass er lauschte. Jetzt hörte sie es auch. Ein dumpfes, rhythmisches Geräusch, das schnell lauter wurde. Zuerst konnte Lea das Brummen nicht einordnen. Doch plötzlich durchfuhr sie die Erkenntnis. Sie hatte es im Kongo mehr als einmal gehört. Schlagartig wurde ihr schlecht. Ein Helikopter. Sie schielte zu Viktor, ihre Blicke trafen sich.

»Zurück unter den Felsvorsprung, schnell!«, rief er.

Manni stand da und starrte die beiden an.

»Spinnt ihr? Was ist los?«

»Ein Helikopter. Schnell, dreh um, du blockierst die Spur«, fauchte Lea. Das Flappen der Rotorblätter ließ sie die Angst, die sie damals im Kongo gefühlt hatte, noch einmal durchleben. Manni versuchte, sich rückwärts zu den Felsen zu schieben, aber die Enden seiner Skier verkeilten sich neben der Spur.

»Mach schon, Manni!«, flehte Lea ihn an. Genau in dieser Sekunde tauchte der Hubschrauber hinter einer Kuppe auf und schoss auf sie zu. Er ging tiefer, umkreiste sie wie eine Libelle, die sie aus gläsernen Augen beobachtete. Das Dröhnen war ohrenbetäubend. Lea stand, wie gelähmt, auf ihre Stöcke gestützt und starrte auf das metallene Insekt. Plötzlich zog der Helikopter nach oben und jagte wenige Meter über der weiß glitzernden Oberfläche in Richtung Gipfel. Der Lärm der Rotorblätter brach sich an den Felsen und wurde tausendfach zurückgeworfen. Selbst als sich der Helikopter bereits ein gutes Stück entfernt hatte, drang das Echo noch laut an ihre Ohren.

»Verdammt! Beeilt euch!«

Das war das erste Mal, dass Lea Nervosität aus Viktors Stimme heraushörte. Manni hing immer noch fest, also stieg Lea aus der Spur, um sich an ihm vorbeizuschieben.

»Verfluchte Bretter!«, schimpfte Manni mit hochrotem Kopf.

So gut es mit Fellen unter den Skiern ging, rutschte Lea ein paar Meter seitlich ab und stellte sich unter Manni an den Hang.

»Halt still, sonst kann ich dir nicht helfen!«

Genau in dem Moment, als sich Lea nach Mannis Skiern bücken wollte, wehte ihnen der Wind einen dumpfen Knall zu. Das

Geräusch einer Detonation, zigfach reflektiert an den steil aufragenden Felswänden. Viktors Gesicht verzerrte sich vor Wut. Oder Angst? Er glitt neben sie, schob Lea unsanft zur Seite und fing an, Mannis Skier auszugraben. Wieder echote der Schall einer Detonation die Felswände entlang. Und plötzlich war da noch ein anderes Geräusch. Ein dumpfes, dunkles Grummeln, wie ein fernes Unwetter. Lea sah irritiert nach oben. Keine einzige Wolke am Himmel. Das Grollen wurde lauter. Leas Blick wanderte zum Gipfel hoch. Ihr Herz fing an zu rasen.

»Lawine!«, brüllte sie aus Leibeskräften.

Viktor versetzte Manni einen Stoß, der ihn zwei Meter nach hinten katapultierte. Der Tierfilmer fiel wie ein Käfer auf den Rücken, rutschte ein Stück nach unten, dann krabbelte er samt Skiern an den Füßen auf allen vieren unter den Felsvorsprung. Lea hatte sich keinen Millimeter bewegt. Sie starrte wie hypnotisiert auf die weiße Wand, die aus der Ferne auf sie zurollte.

»Lea!«

Viktors Stimme holte sie in die Gegenwart zurück. Sie griff ihre Stöcke und rutschte seitlich ab. Viktor war direkt über ihr.

»Schneller!«, rief er ihr atemlos zu. Das Grollen der Lawine klang wie ein Gruß aus der Hölle. Die weiße Wand trieb Wind vor sich her, Lea fühlte ihn kühl um ihr Gesicht streichen. Nur noch wenige Meter trennten sie von dem schützenden Felsvorsprung. Sie umklammerte die Stöcke fester und lief, so schnell sie konnte, darauf zu, Viktors Keuchen im Nacken. Nur noch zwei Schritte, nur noch einer. Sie katapultierte sich mit all ihrer Kraft unter die Felsen, presste sich in den hintersten Winkel des Vorsprungs, wo sich auch Manni zusammengekauert hatte. Geistesgegenwärtig riss sie sich die Skier von den Füßen, um Viktor Platz zu machen, der sich nur wenige Sekunden, bevor die Lawine sie erreichte, vor Lea warf. Ein Fauchen und Stampfen, als wäre im Herzen der Erde ein wilder

Drache erwacht. Schon rauschte ein Meer aus Schnee mit voller Wucht über ihr Versteck hinweg und ergoss sich wie ein tosender Wasserfall ins Tal. Schlagartig wurde es dunkler. Lea drückte sich noch fester an die Felswand in ihrem Rücken. Sie registrierte mit brutaler Klarheit, dass die Lawine sie einmauerte, dabei war, ihren Unterstand in ein kaltes, weißes Grab zu verwandeln. Sie hob den Kopf. Nur noch ein dünner Streifen Himmel war zu sehen. Ein letztes Stück blaue Hoffnung. Das war der Moment, in dem sie aus der Schockstarre erwachte und zu schreien begann. Sie spürte Viktors Körper, der sich an sie presste und sie gegen die heranrückenden Schneemassen abschirmte. Begraben. Lebendig begraben. Die Lawine würde sie zudecken wie ein Leichentuch. Panik lähmte ihre Lungen, sie bekam nicht mehr genug Luft. Die Stimme versagte ihr den Dienst. Lea starrte nach oben. Das Blau – aufgefressen vom Schnee. Wie auch ihre Hoffnung. Ein letzter Sonnenstrahl drang durch die schmale Öffnung, dann wurde es grau und still. Langsam drehte sie den Kopf. Sie konnte Mannis Umrisse erkennen. Er tastete die Schneewand ab, die vor ihnen in die Höhe ragte. Auch in Viktor kam Leben. Er löste sich vorsichtig von Lea und quetschte sich neben sie. Lea atmete ganz flach, als fürchtete sie, mit ihrem warmen Atem die Schneehöhle zum Einstürzen zu bringen.

»Seid ihr okay?«

Viktors Stimme schien aus der Tiefe des Meeres aufzusteigen.

»Atmet ganz ruhig, dann verbraucht ihr weniger Sauerstoff.«

Mit einem Schlag wurde es gleißend hell. Viktor hatte eine Taschenlampe angeknipst, Schneekristalle reflektierten das Licht tausendfach. Als Lea die im Reflex geschlossenen Augen wieder öffnete, sah sie, wie Viktor seinen Rucksack aufschnürte, die Teile einer Schaufel herauszog und zusammensteckte.

»Manni, du hast auch eine im Rucksack. Ich werde deine Hilfe brauchen.«

Viktor schraubte eine Lawinensonde zusammen.

»Jetzt brauchen wir eine ordentliche Portion Glück«, kommentierte er, bevor er mit dem Stab vorsichtig in den Schnee stach.

Kapitel 12

Potkov starrte aus dem Fenster. Die gigantische Lawine schoss unter ihm Richtung Tal. Nie zuvor in seinem Leben hatte er etwas ähnlich Beängstigendes gesehen. Eine tobende Gischt aus Schnee, die alles auslöschte, was ihr im Weg war. Zurück blieb nur eine Schneise aus Tod und Vernichtung. Der Helikopter zog nach oben, um den Luftwirbeln unmittelbar über der Lawine zu entgehen. Gefesselt von der elementaren Gewalt des Augenblicks starrten die Männer wie gebannt auf das Naturschauspiel. Als die Schneewalze zum Stillstand kam, ging der Pilot tiefer und flog den Lawinenkegel mehrere Male ab. Nichts regte sich. Nur Felsbrocken und Büsche sprenkelten die zerrissene, schmutzig weiße Oberfläche. Eine Naturkatastrophe dieses Ausmaßes konnte niemand überlebt haben. Als hätte Maksim Borukev seine Gedanken erraten, wandte er sich an Potkov.

»Warum sollen wir uns die Finger schmutzig machen, wenn ein paar Tonnen Schnee den Job für uns erledigen können?«

Er lachte heiser.

»Selbst wenn jemand die Leichen irgendwann entdeckt, wird es wie ein Lawinenunglück aussehen. Drei Menschen, die zur falschen Zeit am falschen Ort waren. Fertig. Die unselige Speicherkarte verloren im ewigen Eis.«

Das Gesicht des Geheimdienst-Chefs strahlte vor Selbstzufriedenheit. Potkov bedachte ihn mit einem knappen Lächeln und sah aus dem Fenster. Er mochte Maksim noch weniger als dessen Brüder. Mit schmalen Augen suchte er die Felsvorsprünge ab. Als sie den Gipfel das erste Mal überflogen hatten, war eine Gruppe Steinböcke in weiten Sprüngen geflüchtet. In Potkov war die irrwitzige Hoffnung aufgekeimt, vor seiner Rückreise nach London noch einmal einen Blick auf einen Schneeleoparden erhaschen zu können.

»Nächstes Jahr, wenn die Anlagen laufen, holen wir uns einen Isabell-Braunbären. Nur du und ich. Was meinst du?«

Janysh klopfte ihm jovial auf die Schulter. Der Wirtschaftsminister machte ihm ein Friedensangebot. Jetzt hatte er ihn genau dort, wo er ihn haben wollte.

»Gefällt mir. Könnten wir noch eine Runde entlang der Gipfel fliegen, bevor es nach Bischkek zurückgeht?«

Potkov zeigte nach Norden, wo sich Ketten schneebedeckter Berge aneinanderdrängten.

Janysh und Maksim Borukev wechselten einen kurzen Blick, dann rief der Wirtschaftsminister dem Piloten zu: »Eine Runde Sightseeing für unseren Gast!«

Potkov genoss die atemberaubende Aussicht. Aber das Bergpanorama war nicht der Grund, warum er länger als nötig im Helikopter sitzen wollte. Er musste nachdenken. Es gab ein paar Ungereimtheiten, und die beharrliche Penetranz, mit der die Borukev-Brüder darüber hinweggingen, behagte ihm nicht.

Bei ihrem Sondierungsflug hatten sie das Lager seiner Männer aufgespürt. Dem Co-Piloten war die Feuerstelle aufgefallen. Als der Helikopter tiefer ging, entdeckten sie schließlich den Mini-Van, der notdürftig im Gebüsch versteckt war. Der Pilot war mehrere Schleifen geflogen. Als alles ruhig blieb, landete er auf der nahegelegenen Wiese. Potkov hatte von der ersten Sekunde an ein ungutes Gefühl gehabt. Dachte er anfangs noch, seine Männer hätten sich beim Auftauchen des Hubschraubers verschanzt, spürte er jetzt fast körperlich, dass etwas schiefgelaufen war. Er zückte das Handy und sah auf das Display. Voller Empfang. Potkov rief die

Nummer der Hasenscharte auf, das Freizeichen schnarrte in seinem Gehörgang. *Born to be wild*, jaulte es mit etwas Verzögerung aus dem Wald. Der Klingelton seines Sicherheitschefs. Jahrelang hatte Potkov die Hymne von der Midlife-Crisis geplagter Harley-Fahrer kommentarlos ertragen. Jetzt wünschte er sich, er hätte ihm diesen Spleen ausgetrieben.

Im Nachhinein vermochte er nicht mehr zu sagen, wer als Erster losgelaufen war. Es tat auch nichts zur Sache. Sie fanden den Sicherheitschef und die anderen beiden hinter einem Gebüsch. Kopfschuss. Alle drei.

»Tja, dann hätten wir Ihre Männer wohl gefunden«, hatte Maksim lapidar kommentiert, sein Handy gezückt und war, während er telefonierte, zurück zum Helikopter gegangen. Seither hatte niemand mehr ein Wort über den Vorfall verloren.

Potkov beobachtete ein paar Bergziegen, die, aufgestört durch den Lärm, über einen Bergkamm flüchteten. Eines der Tiere stolperte, überschlug sich und stürzte die steile Flanke hinunter. Gefundenes Fressen für die Raubtiere in dieser unwirtlichen Gegend. Eine Biologin und ein Filmemacher sollten seine topausgebildeten Leute getötet, regelrecht hingerichtet haben? *Unmöglich!* In Potkovs Augen konnte das nur das Werk von Profis gewesen sein. Aber um wen konnte es sich hier handeln? Wer war ihnen in die Quere gekommen – und warum? Vielleicht war ein Teil der Antwort in einer weiteren Frage zu finden, die ihn umtrieb. Dieser dritte Mann, den sie zusammen mit den Deutschen gesehen hatten. Wer war er? Die drei Skibergsteiger waren vom Helikopter aus leicht auszumachen gewesen. Wie dunkle Raupen waren sie über das Schneefeld gekrochen, ganz offensichtlich in der Absicht, das Gebirge zu überqueren.

»Rüber nach Kasachstan. Schlau. Das hätte ich nicht gedacht«, hatte Maksim geknurrt, als er die drei durch den Feldstecher beobachtete.

»Oder eben auch nicht so schlau. Wie man's nimmt.«

Das Lachen des Wirtschaftsministers donnerte durch die Kabine, übertönte sogar den Lärm der Rotorblätter. Um sicherzugehen, die Richtigen aufgespürt zu haben, überflogen sie die drei noch einmal in geringer Höhe. Kein Zweifel, einer der Typen hatte lange, blonde Haare. So wie der Mann auf dem Foto, das zu ihren Füßen lag. Maksim kletterte nach vorne zum Piloten, der den Hubschrauber sofort Richtung Gipfel manövrierte. Nur wenige Minuten später erschütterte die erste Detonation den Berg.

»Was machst du für ein Gesicht? Gefallen dir unsere Berge nicht?«, fragte Janysh in Potkovs Gedanken hinein. Potkov zögerte einen kurzen Augenblick, dann spuckte er dem Wirtschaftsminister seine Fragen vor die Füße.

»Ich wundere mich nur, dass euch völlig kaltlässt, was in dem Lager passiert ist und wer dieser dritte Mann war, den wir gesehen haben.«

Janysh wiegte den Kopf und sah Potkov mitleidig an.

»Kein Wunder, dass ihr in Europa alle Magengeschwüre habt. Macht euch Gedanken über Dinge, die nicht relevant sind. Sie sind tot. Das Problem ist gelöst. Fertig.«

***

Vorsichtig schob Viktor die Lawinensonde in die weiße Wand. Zentimeter für Zentimeter. Immer wieder zog er den dünnen Stab ein Stück heraus, um ihn dann umso tiefer in den gepressten Schnee zu treiben. Lea saß da, mit der Taschenlampe in der Hand, und verfolgte gebannt jede Regung in Viktors Gesicht. Ein Gesicht, das alles, was die Hände erfühlten, sofort in Mimik übersetzte. Er schloss die Augen und konzentrierte sich. Lea dachte unwillkürlich an einen Safeknacker auf der Suche nach der richtigen Zahlenkombination. Der Zahlenkombination, die sie aus ihrem eisigen Tresor befreien würde. Bevor der Sauerstoff aufgebraucht war.

Wieder zog er die Sonde heraus und stach ein Stück weiter links ein. Plötzlich, fast, als hätte auf der anderen Seite jemand daran gezogen, glitt der Metallstab bis zum Anschlag in den Schnee. Auf Viktors Gesicht zeigte sich dieses Lachen, das Lea so faszinierte.

»Ja!«, brüllte er und reckte eine Faust in die Höhe. Mit strahlenden Augen drehte er sich zu den beiden um.

»Ich bin durch!«

Ungestüm fiel Lea Manni, der neben ihr kauerte, um den Hals. Der unerwartete Ansturm ließ ihn nach hinten kippen, sein Kopf knallte gegen den Felsen.

»Ho, immer langsam mit den jungen Pferden!«, brummte er grinsend und rieb sich den Schädel.

»Jetzt wartet erst mal noch ein gutes Stück Arbeit auf uns«, mischte sich Viktor ein und griff nach der Schaufel.

»Komm her«, wies er Manni an, »ich zeige dir, wo und wie man richtig schaufelt.«

Manni kommentierte die Anweisung mit einer steil nach oben gezogenen Augenbraue und erntete dafür einen Stoß von Lea.

»Schon gut, Engelchen. Ich werde keine Grundsatzdiskussion mit ihm anzetteln«, flüsterte Manni und wollte sich an ihr vorbei zu Viktor durchzwängen. Aber Lea hielt ihn am Ärmel seiner Jacke fest. »Wäre es nicht vernünftiger, wenn ich schaufle?« Aber Manni schüttelte nur den Kopf. Also blieb Lea nichts anderes übrig, als die Taschenlampe höher zu halten, damit die beiden Männer genug Licht hatten. Sie arbeiteten sich schweigend durch die Schneemassen. Während der eine mit der Schaufel Schnee aus der Wand stach, verteilte der andere den Aushub gleichmäßig unter den Felsen, um Platz für mehr zu schaffen. Lea sah die Schweißperlen auf Mannis Stirn und bewunderte sein Durchhaltevermögen. Die Verletzung an seinen Rippen musste schmerzhaft sein, aber er arbeitete verbissen weiter. Mit jeder Stunde, die sie auf dieser irrwitzigen Flucht mit ihm verbrachte, wuchs er ihr mehr ans Herz. Er hatte zwar eine große Klappe und Allüren einer Diva, aber er war mutig, zäh und hatte das Herz am rechten Fleck. Sie war froh, dass er hier war. In der Nacht, als sie mit Oleg und den anderen ihren Erfolg begossen hatten, hatte er ihr einen kurzen Blick hinter die Fassade des preisgekrönten Tierfilmers gewährt. Kirgisischer Wodka und die Freude über den geglückten Dreh hatten seine Zunge gelockert. Eingemummt wie Polarforscher, waren sie mit ihren Gläsern vor der Jurte gesessen und hatten in den Himmel gestarrt, der sich wie eine mit funkelnden Steinen bestickte Decke über ihnen ausbreitete. Erst hatte sie nicht verstanden, was er mit rauher Stimme in die Nacht hinausflüsterte. Ihr Gehirn war wodkaumnebelt, die Information sickerte nur langsam zu ihr durch. Lea verstand, dass Manni diesen spektakulären Dreh brauchte. Um jeden Preis, denn der Sender setzte ihm das Messer auf die Brust. Nicht zum ersten Mal. Zu viele junge Kollegen, die für einen Bruchteil seiner Gage arbeiteten, drückten in die Branche. Nachwuchs, der völlig skrupellos war, alles für spektakuläre Aufnahmen tat, selbst vor Manipulation an den Tieren nicht zurückschreckte. Er wollte mit einem atemberaubenden Zehnminüter aus Kirgistan zurückkommen, mit dem Abstellgleis gab er sich nicht zufrieden.

Ein kühler Luftzug riss Lea aus ihren Gedanken. Schnee wirbelte auf, die Männer schaufelten verbissen. Der Sauerstoff, der durch das größer werdende Loch in ihr eisiges Gefängnis drang, schien sie zu beflügeln. Irgendwann warf Viktor die Schaufel beiseite und nahm Lea die Taschenlampe ab.

»Wartet hier«, sagte er und zwängte sich durch das Loch in der weißen Wand. Manni hockte neben dem Schneehaufen und rührte sich nicht. Mehr als seine Silhouette konnte Lea nicht erkennen, nur ein fahler Lichtstreifen erreichte das Innere. Erst als mit Viktor auch das Licht wiederkehrte, sah sie Mannis erschöpftes Gesicht.

»So, wie es aussieht«, erklärte Viktor, »haben wir verdammt viel Glück gehabt. Uns hat nur ein Ausläufer der Lawine erwischt. Zehn Meter weiter links, und wir wären für immer unter den Schneemassen begraben gewesen.«

Für einen kurzen Moment spürte Lea einen Kloß im Hals. Sie blickte hinüber zum Loch, als wollte sie sich vergewissern, dass es noch da war.

»Seid ihr fit genug, mit den Stirnlampen noch bis zum Gipfel aufzusteigen?«

Lea schielte zu Manni, der mit geschlossenen Augen an der Schneewand lehnte und schüttelte den Kopf.

»Es ist schon spät, und wir sind erschöpft. Können wir hier nicht ein paar Stunden ausruhen und vor dem Morgengrauen aufbrechen?«

Viktor musterte Manni, der mit den geschlossenen Augen wie ein Komapatient wirkte.

»Na, schön«, murrte Viktor und machte es sich neben Lea auf dem Rucksack bequem. Lea schloss die Augen. Sie brauchte dringend etwas Schlaf, aber ihre Gedanken waren wie Wellen, die gegen eine steile Klippe anbrandeten. Plötzlich spürte sie, wie Viktor ihr einen Arm um die Schulter legte.

»Mach dir keine Gedanken, wir schaffen das schon. Ruh dich aus!«

Eine einfache Geste, aber dafür hätte Lea ihn küssen können. Viktor gab ihr genau das, was sie im Moment am dringendsten brauchte: Halt und Zuversicht. Sie hatte sich bisher ganz gut geschlagen, aber jetzt spürte sie, wie die permanente Anspannung sie zermürbte. Obwohl sie sich körperlich verausgabt und kaum gegessen hatte, verspürte sie keinen Hunger. Ihre Unruhe ließ sie wie eine zu straff gespannte Saite vibrieren. Viktors Nähe tat gut und besänftigte ihre Nerven. Der Wolf, der auf seinen Nacken tätowiert war, streifte auf leisen Pfoten durch ihr Gehirn. Der alte Schamane hatte ihr eine Botschaft geschickt. Das wusste sie jetzt, und sie war bereit, es zu akzeptieren. Gerne hätte sie sich enger an Viktor geschmiegt, fürchtete aber, damit ein falsches Signal zu senden. Also hielt sie die Augen geschlossen und genoss einfach die Wärme, die sein Körper ausstrahlte. Doch der Schlaf wollte nicht kommen.

»Ich weiß nicht, was wir ohne dich gemacht hätten«, flüsterte sie. Viktor verstärkte den Druck seines Arms um ihre Schultern.

»Alles ist gut. Wer auch immer uns verfolgt hat, wird denken, dass euer Geheimnis unter der Lawine begraben ist.«

Lea straffte die Schultern.

»Da täuschen die sich aber! Der Film mit dem Abschuss wird über alle Bildschirme flimmern. Das schwöre ich!«

Sie lachte bitter. Das Bild des Schneeleoparden, wie er von der Wucht der Kugel nach hinten gerissen wurde, würde sie nie mehr aus ihrem Gedächtnis löschen können. Diesem Schneeleoparden würden die Enthüllungen nicht mehr helfen, aber vielleicht konnten sie wenigstens verhindern, dass noch mehr der seltenen Katzen sein Schicksal teilen mussten.

»Was für ein Film?«, fragte Viktor in ihre Gedanken. Lea begann zu erzählen. Die ganze Geschichte, bis ihr vor Müdigkeit die Augen zufielen. Als sie aufwachte, fror sie. Manni kniete vor ihr und starrte ihr ins Gesicht.

»Wo ist Viktor?«

»Was? Wovon redest du?«

»Von deinem großen Beschützer. Er ist weg.«

»Vielleicht ist er nur zum Pinkeln raus.«

Manni schüttelte den Kopf.

»Ich war schon draußen. Weit und breit nichts von ihm zu sehen.«

Lea rappelte sich auf und kletterte durch die Öffnung ins Freie. Das Licht blendete, und sie schloss für einen Moment die Augen. Vor ihr eine schwarz-weiße Welt. Dunkelgraue Felsbrocken, die wie Würfelzucker verstreut auf dem Lawinenfeld lagen, dazwischen Schlieren aus Dreck, die der frisch gefallene Schnee nur notdürftig kaschierte. Ihr Blick fiel auf die Skier. Viktors Paar fehlte. Sie kletterte über das Feld aus Schnee- und Eisbrocken. Dorthin, wo die Lawine die Bergflanke unversehrt gelassen hatte. In der dünnen Schicht Neuschnee zeichneten sie sich ab. Skispuren, die hinunter Richtung Tal führten. Eine eiskalte Hand griff nach Leas Herz.

***

Während der Fahrt zum Nationalpark versuchte McAllister, die Landschaft mit Leas Augen zu sehen. Diese Augen, die in allem etwas Schönes entdecken konnten. Sie würden den Gebirgsketten, Grashügeln und Feldern einen Zauber entlocken, der sich ihm nicht erschloss. Sicher, die schneebedeckten Bergflanken waren imposant, aber er sah darin zuallererst Wasserspeicher, Lebensraum bedrohter Tierarten, Zeichen des Klimawandels. Lea hingegen nahm die Schönheit in sich auf, ließ sie ungefiltert in ihre Seele strömen. Erst dann sezierte ihr Verstand die Probleme. Er beneidete sie darum, dass sie solche Momente beinahe wie ein Kind erleben und genießen konnte. Genau das war es, was er so liebte, diese Gegensätze in ihrer Persönlichkeit faszinierten ihn. Das Handy auf dem Beifahrersitz klingelte.

»Du wolltest mich anrufen«, kam es blasiert aus dem Hörer.

Wilcox! Den hatte er völlig vergessen.

»War bis eben bei eurem Mann. Ihr solltet ihn schnell da rausholen oder jemanden zu seiner Bewachung abstellen.«

»Es war also kein Unfall. Dachte ich mir schon.«

McAllister überholte einen Karren, der vollgestopft war mit Truthähnen. Ihre roten Halslappen leuchteten in der Sonne.

»Er war auf dem Weg zu einem Informanten, als es passiert ist.«

»Wie?«, kam es knapp vom anderen Ende der Leitung.

McAllister wiederholte, was der *SIS*-Agent ihm erzählt hatte, und fügte hinzu: »Sein Handy ist auch verschwunden.«

»Und sonst?«

McAllister verlor langsam die Geduld.

»Was ist das für eine Geschichte mit diesem reichen Russen?«

Er hörte, wie Wilcox am anderen Ende der Leitung schnaubte.

»Elliot, wir stehen auf derselben Seite. Also stell dich nicht so an. Was hatte Cyrus Wahdat mit ihm zu tun?«, hakte er nach.

»Ich kann nur so viel sagen: Der Russe ist reich, äußerst gut vernetzt und glitschig wie ein Aal.«

McAllisters Hand schloss sich fester um das Lenkrad. *Danke für diese ausführliche Info*, dachte er. Doch zu McAllisters Überraschung sprach Elliot weiter: »Wir haben den Verdacht, dass er über eines seiner zig Subunternehmen versucht, eine stillgelegte Uranlagerstätte samt Aufbereitungsanlage in Kirgistan zu kaufen. Bestätigung gibt es dafür keine, die kirgisische Regierung«, er betonte das Wort Regierung, als fürchtete er, allein dadurch, dass er es sagte, Herpes zu bekommen, »gibt sich sehr zugeknöpft. Wir hatten gehofft, dass der Informant Licht in die Sache bringen könnte.«

McAllister entdeckte ein Schild, das den Weg zum Eingang des Tschon-Kemin-Nationalparks wies. Er setzte den Blinker und bog links ab. In seinem Kopf herrschte Chaos. Cyrus hatte sich mit einem russischen Oligarchen getroffen, der im Begriff war, eine alte Uran-Aufbereitungsanlage zu kaufen? Warum? Hatte er versucht, sich aus dem Iran abzusetzen? Das hätte der *SIS* nie zugelassen.

»Ian! Hallo, Ian? Die Verbindung ist miserabel. Ich höre dich …«

McAllister drückte die rote Taste. Er brauchte Zeit zum Nachdenken. Er ließ den Wagen langsam über die schmale Schotterstraße rollen, die mitten durch einen mächtigen Wald schnitt. Die schwarzen Stämme der Nadelbäume ragten auf, als wollten ihre Kronen nach dem Himmel greifen. Ein Haus kam in Sichtweite. McAllister stellte sein Auto auf dem verwaisten Parkplatz ab, stieg aus und ging auf die Tür zu. Seine Augen suchten die Fenster und den leeren Balkon ab, schweiften hinüber zum Schuppen, aus dem das Heck eines Autos ragte. Ein Mann in Schürze tauchte in der Eingangstür auf und winkte ihm zu. McAllister beschleunigte seine Schritte und folgte dem Wirt in die Gaststube. Als McAllister dem Mann vermittelt hatte, dass er kein Zimmer suchte, aber durchaus bereit wäre, für gewisse Informationen Geld auf den Tisch zu legen, holte der Wirt eine Wodkaflasche und stellte zwei Gläser auf den Tresen. Er grinste dabei wie ein feister Kater, der an der Sahneschüssel geleckt hat.

»Hab sie ein Stück hochgefahren. Vorgestern. Die holst du nie mehr ein.«

»Wo wollten sie hin?«

Der Wirt zuckte mit den Schultern, seine Äuglein blickten ihn listig an. McAllister legte noch einen Geldschein auf den Tresen.

»Ich glaube, rüber nach Kasachstan. Frag mich nur, warum sich alle für diese Deutschen interessieren.«

McAllister wurde hellhörig.

»Wer noch?«

Der Wirt zupfte nervös an der schlaffen Haut unter seinem Kinn und schenkte Wodka nach. McAllister knallte noch ein paar Som auf den Tresen.

»Also. Wer?«

»Drei Typen in ’nem Van, kurz darauf so ein Kerl aus Bischkek.«

Seine teigige Hand raffte die Geldscheine zusammen und ließ sie in die Schürze gleiten. McAllister fühlte sich plötzlich wie unter Strom gesetzt. Er kippte den letzten Rest Wodka hinunter und verließ mit einem knappen Gruß die Stube. Als er schon fast zur Tür hinaus war, rief ihm der Wirt hinterher: »Gestern ist da oben ’ne mächtige Lawine runtergekommen.«

***

Manni und Lea standen an den unteren Ausläufern der Lawine und blickten wie in Trance auf das Schlachtfeld. Erst hier unten erkannten sie das ganze Ausmaß der Katastrophe. Leas Herz flatterte wie ein Vogel im Käfig. Die Schrecken der vergangenen Nacht saßen tief. Sie schwitzte. Die Abfahrt war ein einziger Höllenritt gewesen. Mit den alten Latten unter den Füßen war Skifahren, so, wie Lea es kannte, unmöglich. In stemmbogenartigen Bewegungen hatten sie sich den steilen Hang hinuntergequält. Als Manni einmal beinahe das Gleichgewicht verloren hätte und drohte, kopfüber ins Tal zu schießen, gaben sie schließlich auf. Vorsichtig, Meter um Meter, waren sie auf den rostigen Kanten nach unten abgerutscht.

»Meine Fresse! Dass wir hier lebend rausgekommen sind … Das glaubt uns keiner. Verdammt, und ich habe meine Kamera nicht dabei.«

Lea ließ den Blick noch ein letztes Mal nach oben schweifen. Ein Raubvogel zog über der zerrissenen Bergflanke langsam seine Kreise. Seine scharfen Augen mussten einen Kadaver entdeckt haben. Ein Lawinenopfer, das nicht so glimpflich davongekommen war wie sie.

Seit ihrem Aufbruch vom Felsvorsprung hatten sie nicht mehr über Viktor gesprochen. Manni mied das Thema wie eine Katze das Wasser. Gemeinsam hatten sie beschlossen, den Mini-Van des Schlägertrupps zu kapern und nach Rot-Front zu fahren. Sie wollten nach dem Dorflehrer sehen. Ihre Verfolger vermuteten sie tot unter der Lawine, die Gefahr war gering, dass sie weiterhin gesucht wurden. Mehr war aus Mannis Sicht nicht zu besprechen gewesen. Kein einziges Wort des Vorwurfs. Trotzdem fühlte sich Lea wie ein an Land gespültes Ungeheuer. Viktor, der Schutzengel, den Ian ihr geschickt hatte. Ohne den sie nicht mehr am Leben wären. Viktor, der gefallene Engel. Sie dachte an sein Lachen. So gewinnend. Seine Fürsorge, die kleinen Gesten. Alles nur Kalkül? Sie konnte das nicht glauben. Irgendetwas musste sie mit der Geschichte, die sie, an seine Schulter gelehnt, in die Dunkelheit geflüstert hatte, entfacht haben. Was hatte sie nur erzählt, das ihn dazu gebracht hatte, die Fronten zu wechseln?

Manni stupste sie sanft von der Seite an.

»Komm, Prinzessin, wir müssen weiter.«

Ohne die schweren Skier und mit festem Boden unter den Füßen war das Gehen ein Genuss, selbst wenn jede Faser ihres Körpers schmerzte. Die Stöcke hatten sie behalten, um ihren geschundenen Knochen wenigstens etwas Entlastung zu gönnen. Lange Zeit war nur das Platschen ihrer Schritte auf dem feuchten Boden und das synchrone Klirren der Stockspitzen zu hören.

»Du konntest es nicht wissen«, sagte Manni schließlich.

Lea hielt den Blick auf die Almwiesen gerichtet. Sie meinte, Hundegebell und Schafblöken zu hören. Dort drüben mussten die Sommerweiden der Hirten sein.

»Denkst du, der Dorflehrer ist in Gefahr?«

Manni zuckte mit den Schultern, aber aus seinem Gesicht sprach Sorge.

»Vielleicht war er gar nicht da, als Viktor ihm einen Besuch abgestattet hat.«

Sie gingen ein Stück den Güterweg entlang.

»Warum sollte Viktor dem Dorflehrer etwas antun? Er muss sich doch nur als Polizist ausweisen und die Herausgabe der Speicherkarte verlangen«, schob Manni nach.

Lea nickte gedankenverloren. Sie würde ihm zu gerne glauben. Sie hatte genug von Gewalt und Tod, wollte nur noch weg von hier. Sehnsucht nach Ian erfasste sie, so stark, dass ihr das Atmen schwerfiel. Der Wind frischte auf und trieb Schneegeruch vor sich her, dunkle Wolken malten eine düstere Stimmung an den Himmel. Es war Mai, aber der Winter schien noch lange nicht bereit, die höher gelegenen Landstriche aus seinen Fängen zu entlassen. Leas Gedanken wanderten hinauf zu den Hirten. Sie hatte noch Olegs Erzählung im Ohr. Über die Familien, die im Sommer in die Berge zogen, um ihre Tiere auf den saftigen Bergwiesen grasen zu lassen. Schafe und Kühe, die vor Gesundheit nur so strotzten. Die Männer versorgten die Tiere, die Frauen kümmerten sich um die Kinder, backten und kochten. Ein einfaches, hartes Leben. Oleg hatte in den vergangenen Jahren regelmäßig einige Tage in der Jurte einer dieser Familien verbracht. Die Gastfreundschaft, der Zusammenhalt und vor allem die Zufriedenheit dieser Menschen hatten ihn, zumindest glaubte Lea, das herausgehört zu haben, zutiefst berührt.

»Wir müssten es bald geschafft haben.«

Lea schielte hinüber zu Manni. Sein Gesicht strahlte Zuversicht aus, obwohl er immer noch wie ein ramponierter Kleinwagen nach einem Unfall aussah. Lea lächelte und fragte sich, woher er diesen unzerstörbaren Optimismus nahm, und fühlte beinahe so etwas wie Neid.

»Manni, du bist ein Stehaufmännchen!«

»Die Alternative wäre, sich zu erschießen.«

Als er Leas entsetztes Gesicht sah, lachte er laut auf.

»Wirklich deprimiert bin ich nur, wenn ich meine Steuererklärung machen muss«, sagte er und zwinkerte ihr zu. Lea wollte etwas erwidern, aber Manni blieb abrupt stehen.

»Verdammt!«

Noch ehe Lea verstand, hatte er sie vom Güterweg geschubst. Er zog sie zwischen die Fichten, die rechts neben dem Weg aufragten.

»Nur eine kleine Vorsichtsmaßnahme«, raunte er ihr zu. Leise schlichen sie weiter. Lea machte eine schemenhafte Gestalt zwischen den Bäumen aus.

»Da vorne ist der Van. Wir müssen näher ran.«

Geduckt schoben sie sich Meter um Meter heran. Sie konnten den Mann jetzt besser sehen. Er schien immer wieder Deckung hinter den Bäumen zu suchen.

Lea stand versteckt hinter ein paar Büschen, beobachtete, wie sich der Fremde durch die Haare fuhr. Als wäre er ratlos. Diese Geste. Diese Geste kannte sie gut. Noch bevor Manni etwas sagen konnte, sprintete sie los. Alle Müdigkeit fiel von ihr ab. Zweige knackten laut unter ihren Schuhen. Es war ihr gleichgültig. Sie lief, trieb ihre müden Beine voran. Jetzt hatte sie der Mann entdeckt und verschanzte sich hinter dem Van, der in Leas Blickfeld auftauchte. Mit einem Mal wurde ihr bewusst, dass er sie ebenso gut für einen Angreifer halten konnte. Sie setzte alles auf eine Karte. »Ian! Ich bin's, Lea!«

Nichts rührte sich. Lea blieb stehen. Kälte kroch in ihr hoch. Hatte sie sich getäuscht?

»Ian?«, rief sie noch einmal. Dieses Mal zögerlich.

Sein Kopf tauchte auf, die Schultern, ein Körper. Er rannte los. Lea stand wie festgefroren. Wie in Zeitlupe sah sie McAllister auf sich zukommen. Sie spürte, wie sich ein Lachen in ihr Gesicht grub, Tränen über ihre Wangen rollten. Erst seine Umarmung erlöste sie aus der Erstarrung. Sie drückte sich an ihn, lachte und weinte gleichzeitig, spürte eine Hand, die ihren Hinterkopf umfasste, den rauhen Stoff seiner Jacke, atmete tief seinen Geruch ein. Sachte schob er sie ein Stück von sich.

»Ich dachte, du bist tot.«

Lea starrte in sein Gesicht, das ihr so vertraut war. Die Sonne schob sich durch die Wolken und verwandelte seine Augen. Das Grün seiner Iris vermischte sich mit gelben Einsprengseln, die Pupillen waren eng und schwarz. *Wolfsaugen*, dachte sie. Nicht zum ersten Mal hatte sie diese Assoziation. Diesen Blick, sie kannte ihn. Der Wolf, er sah sie an. *Wolf ist nicht gleich Wolf*, echote es in ihrem Kopf.

»Lea, was ist los? Du zitterst.«

Die Sonne verschwand und mit ihr der Augenblick.

»Ich bin nur müde«, sagte sie lächelnd. Hinter ihr räusperte sich jemand. Sie wand sich aus Ians Umarmung.

»Ian, das ist Manni Fuchs, der Dokumentarfilmer, von dem ich dir erzählt habe.«

Sie packte Manni an der Jacke und zog ihn näher zu sich.

»Mein Weggefährte und Freund«, schob sie nach. Manni lächelte verlegen und griff nach McAllisters Hand.

»Ihr beide seht aus, als wärt ihr unter einen Zug geraten. Und da«, McAllister wies hinter sich, »liegen drei tote Männer. Erschossen. Habt ihr was damit zu tun? Und wo zur Hölle ist Viktor?«

Lea konnte förmlich sehen, wie Ians Gehirn arbeitete.

»Hast du ein Auto hier oben?«, fragte Lea. McAllister nickte.

»Wir müssen nach Rot-Front. Den Rest erklären wir dir unterwegs.«

Kapitel 13

Igor Felipowitsch Potkov legte das Messer zurück in den Glaskasten. Er hatte es sorgfältig vom Blut des Schneeleoparden gereinigt, die Elfenbeinintarsien schimmerten matt im Neonlicht. Fast, als wäre nie etwas passiert. Er war kein ängstlicher Mann, nie gewesen, aber die vergangenen Tage in Kirgistan steckten ihm noch in den Knochen. Zurück in London, in all dem Luxus und Wohlstand, hatte das Geschehene beinahe surreale Züge angenommen. Aber er schlief schlecht. Nacht für Nacht rauschte eine gewaltige Lawine durch seine Träume und ließ ihn schwitzend in seinem Bett zurück. Nie zuvor in seiner Karriere hatte ihm der Zufall derart ins Handwerk gepfuscht. Seine Transaktionen waren für gewöhnlich minutiös geplant, unvorhergesehene Ereignisse im Programm nicht vorgesehen. Kontrollverlust, wie er ihn in Kirgistan erlebt hatte, war ein Novum. So etwas durfte und würde ihm nie wieder passieren. Die Bilanz dieser Reise war unterirdisch. Er hatte drei seiner Männer verloren. Er war nicht sentimental, aber es würde schwer sein, wieder jemanden vom Format seines ermordeten Sicherheitschefs zu finden. So kaltblütig, so smart, so gut ausgebildet. Ein Elitesoldat, mit allen Wassern gewaschen.

Wer hatte seine Männer überrumpelt und hinterrücks abgeknallt? Unwahrscheinlich, dass die Biologin oder der Filmer eine militärische Spezialausbildung genossen hatten. Also wer? Dieser dritte Mann? Aus welchem Loch war er gekrochen?

In seinem Kopf dröhnte Janyshs Lachen.

Kein Wunder, dass ihr in Europa alle Magengeschwüre habt. Macht euch Gedanken über Dinge, die nicht relevant sind. Sie sind tot. Das Problem ist gelöst. Fertig.

Wieder stieß ihm Janyshs Naivität sauer auf. Das kleine, selbstherrliche Gehirn des Wirtschaftsministers hielt offensichtlich nichts von der Praxis des Hinterfragens. Potkov schloss den Glaskasten ab und setzte sich hinter den Schreibtisch. Vor ihm lag die Einladung zu einem Gala-Dinner. Einer dieser klassischen Networking-Events, bei dem die Crème de la Crème der Londoner Finanzwelt bei exquisiten Speisen und teuren Weinen die Welt unter sich aufteilte. Wie von alleine glitt sein Kugelschreiber über das handgeschöpfte Papier, und schon bald machten Kreise und Ornamente den Text unleserlich. Wenn jemand einen Profi geschickt hatte, um den Deutschen aus der Klemme zu helfen, dann gab es da draußen noch jemanden, der von diesem Abschuss wusste. Die Frage, die sich stellte: Konnte jemand wissen, warum er mit Basim und Janysh in den kirgisischen Bergen auf Schneeleopardenjagd gegangen war? Gab es einen Maulwurf? Wie ein Wurm bohrte sich dieser Gedanke durch seine Innereien. Ein Schrillen ließ Potkov zusammenzucken. Ein Gespräch auf der abhörsicheren Leitung.

»Ich sollte dich zurückrufen. Ich hoffe, du hast Positives zu berichten?«

Potkov schob seine Bedenken beiseite. Er würde Basim Haleeh nicht von dem mysteriösen Dritten erzählen. Es genügte, dass er schlaflose Nächte hatte. Warum seinen Geschäftspartner damit belasten? Er stand kurz davor, den spektakulärsten Deal seines Lebens abzuschließen. Ein unbekannter Dritter, der platt gedrückt unter einer Lawine lag, würde die Situation nur unnötig verkomplizieren.

***

Ein unangenehmes Kribbeln kroch McAllisters Nacken hoch, als sie auf der von Pappeln gesäumten Hauptstraße durch Rot-Front fuhren. Lea saß hinter ihm, ihre Hand ruhte auf seiner Schulter. Mit jedem Meter, den sie näher an das Haus des Dorflehrers herankamen, bohrten sich ihre Finger tiefer in seine Muskeln. Sie hatte kein Wort mehr gesprochen, seit Rot-Front in Sichtweite gekommen war.

»Da hinten. Das etwas zurückgesetzte Haus. Das ist es.«

Mannis Zeigefinger stieß gegen die Windschutzscheibe und hinterließ einen Fleck. McAllister ging vom Gas und fuhr langsam an dem blau-weiß gestrichenen Gebäude vorbei. Ein Audi, unter dem es sich eine Katze bequem gemacht hatte, stand in der Einfahrt. Alles war ruhig. McAllister bog in die nächste Seitenstraße ein und stellte das Auto hinter einer Scheune ab. Im Rückspiegel sah er, wie Lea im Begriff war, die Tür zu öffnen.

»Ihr wartet hier.«

Zwei Augenpaare richteten sich auf ihn.

»Vergiss es, wir kommen mit. Der Lehrer kennt dich nicht, außerdem …«

Es war genau, wie McAllister befürchtet hatte. Lea und ihr Sturkopf.

»Außerdem weiß ich, wie wir ungesehen ins Haus kommen können«, sagte Manni, und nach einem kurzen Blick auf Lea fügte er hinzu: »Durch den Stall, in dem ich dank dir übernachten durfte.«

Ein Lächeln huschte über ihr Gesicht, aber McAllister nahm es kaum wahr. Seine Gedanken waren bei Viktor. Hatte sein Kollege die Seiten gewechselt? Aus einem Grund, der sich ihm nicht erschloss? Auf der Fahrt nach Rot-Front hatte sein Gehirn unablässig Szenarien durchgespielt. Viktor, der sich noch immer im Haus des Lehrers befand, war eines davon. Das konnte verdammt brenzlig werden. Sein Blick ging zwischen Lea und Manni hin und her.

Wie zwei Teenager, die eine Verschwörung planten, saßen sie vor ihm. Seine Erfahrung sagte ihm, dass sie nicht im Auto warten würden.

»Okay, aber ihr bleibt immer hinter mir! Verstanden?«

Sie machten einen großen Bogen um das Haus des Dorflehrers und schlichen sich von hinten in den Stall. Es stank nach Ziege. Sie schoben sich an dem Verschlag mit den Tieren vorbei, passierten den Raum, in dem der Lehrer Futter, Heuballen und Kleingeräte aufbewahrte, und standen schließlich vor der Tür zum Wohngebäude. McAllister gab Lea und Manni ein Zeichen, zu warten, und drückte die Tür vorsichtig auf. Er lauschte, dann huschte er in die Stille des Hauses hinein. Ein Gang, rechts und links Türen. Durch das gelbe Glas der Eingangstür fiel Licht auf einen Flickenteppich, daneben ein Paar Schuhe. Vorsichtig bewegte McAllister sich zur ersten Tür und drückte sie auf. Ein karges Schlafzimmer. Leer. Das nächste Zimmer, die Küche. Jemand hatte in Eile den Frühstückstisch verlassen. Der Stuhl war nach hinten geschoben, auf dem Tisch befanden sich eine halbvolle Kaffeetasse und ein angebissenes Stück Brot. Durch das Küchenfenster konnte McAllister die Straße sehen, auf der sie hergekommen waren. Er schlich zurück auf den Gang, öffnete die gegenüberliegende Tür einen Spaltbreit. Für den Bruchteil einer Sekunde glaubte er, den metallischen Geruch von Blut wahrzunehmen. Als er die Tür aufstieß, tauchten in seinem Gesichtsfeld Beine auf. Der rechte Fuß steckte noch in einem Filzpantoffel. Mit zwei Schritten war er beim Lehrer. Sein Kopf war zur Seite gedreht, das Gesicht eingefallen und grau. Blut verklebte das Haar. Unter seinem Kopf hatte sich ein Fleck ausgebreitet. Wie Tinte, die auf Papier zu einer Rorschach-Figur verlaufen war. Der Puls des Lehrers flatterte unter McAllisters Fingern wie ein Kolibri, sein Atem war kaum mehr als ein Hauch.

»Kommt her, ich habe ihn!«

McAllister hörte die Schritte im Flur und sah zur Tür. Lea stand wie festgefroren an der Schwelle. Die Hand vor dem Mund, die Augen weit aufgerissen. Aber der Augenblick währte nur kurz, dann kniete sie neben ihm.

»Lebt er?«

Ihre Stirn leuchtete weiß, ihre dunklen Haare verstärkten den Eindruck noch.

»Ja, aber sein Puls ist sehr schwach.«

»Wir brauchen einen Arzt!«

Sie sah sich suchend im Raum um.

»Hast du irgendwo ein Telefon gesehen?«

McAllister versuchte, ihr zu signalisieren, dass ein Arzt hier nicht mehr helfen konnte. Sofort zeichnete sich eine scharfe Falte zwischen Leas Augenbrauen ab. Sie wollte gerade etwas erwidern, als die Hand des Lehrers nach ihren Fingern griff. Sein Mund formte Worte, aber kein Ton kam über seine Lippen.

»Wir finden einen Arzt, keine Sorge«, flüsterte ihm Lea zu und drückte seine Hand. Der Mund des Lehrers bewegte sich, seine Lider flatterten. Mit einem Mal riss er die Augen auf und stierte Lea mit einer Dringlichkeit an, dass selbst McAllister eine Gänsehaut bekam. Der sterbende Mann sah aus, als hätte er einen letzten, wichtigen Auftrag zu erfüllen. Lea brachte ihr Ohr ganz nah an seinen Mund, seine Hand hielt sie weiterhin fest. Endlose Minuten verstrichen, ohne dass Lea ihre unbequeme Position ein einziges Mal verändert hätte. Als McAllister sich zu ihr hinunterbeugte, bemerkte er, dass sie weinte. Der Lehrer war tot. Vergeblich versuchte er, Lea von ihm wegzuziehen. Sie hielt die Hand des Lehrers so fest umklammert, als könnte sie ihn damit wieder zum Leben erwecken.

»Lea«, sagte er sanft und strich ihr übers Haar. »Lea, er ist tot. Du kannst ihm nicht mehr helfen.«

Sie wandte sich ihm zu. Die Augen verquollen und rot.

»Es ist meine Schuld.«

Aller Ausdruck war aus ihrem Gesicht gewichen, ihre Nasenflügel bebten. Sie erinnerte ihn an ein waidwundes Tier.

»Blödsinn!«

McAllisters Stimme wurde hart.

»Niemand außer Viktor ist verantwortlich für das hier.«

Er packte sie an den Schultern und zog sie hoch in seine Arme. Manni hatte in der Zwischenzeit irgendwo eine Decke gefunden und breitete sie über dem Lehrer aus. McAllister war für extreme Situationen ausgebildet, aber Lea in ihrer Verzweiflung und Trauer zu erleben, machte ihn hilflos. Sachte schob er sie aus dem Wohnzimmer über den Gang und bugsierte sie auf einen Stuhl in der Küche. Manni hatte eine Flasche Wodka aufgetrieben, füllte ein Wasserglas und hielt es ihr hin.

»Trink«, sagte er, setzte die Flasche an die Lippen und nahm selbst einen kräftigen Schluck. Lea nippte nur, aber langsam kehrte Farbe in ihr Gesicht zurück.

»Er will zu Borukev.«

McAllister sah sie verständnislos an.

»Wer will zu Borukev?«

»Viktor. Mit der Speicherkarte. Er denkt, Borukev wird sich erkenntlich erweisen, wenn er sie abliefert.«

Wieder stiegen Lea Tränen in die Augen, und Manni beeilte sich, ihre Hand mit dem Glas an den Mund zu führen. Gefügig nahm Lea noch einen Schluck, doch dann schüttelte sie den Kopf.

»Lass, Manni, es geht schon.«

McAllister starrte aus dem Fenster. Langsam ergab alles einen Sinn. Er wusste jetzt, wo er Viktor finden würde.

***

Viktor stieß die Tür zu seinem Büro auf. Er achtete nicht auf die verwunderten Blicke seiner Kollegen. Er hörte nicht ihr Lachen und Tuscheln. Das alles perlte an ihm ab wie Regen. Sein ganzes Denken war auf die Speicherkarte in seiner Jacke gerichtet. Er verstand nicht viel von Computern, aber ein Blick auf seinen vorsintflutlichen Rechner sagte ihm, dass er damit nicht weiterkommen würde. Seine Finger tasteten nach der Plastikhülle in seiner Tasche. Das war sie, die Chance, auf die er sein Leben lang gewartet hatte. Sein armseliges Polizistendasein, die triste Wohnung, das aufgewärmte Essen seiner Mutter – all das würde bald der Vergangenheit angehören. Als Mitglied des Geheimdienstes würde er Privilegien genießen. Geld, Respekt, vielleicht sogar ein Dienstwagen. So, wie er es verdiente. Nie mehr würde es seine Nachbarin wagen, sich über den Müll vor seiner Tür zu beschweren. Zwischen ihm und seinem neuen Leben stand nur noch eine Kleinigkeit: Er musste das Material sichten, bevor er sich mit Maksim Borukev in Verbindung setzen konnte. Sein Blut war überschwemmt mit Endorphinen, er war aufgeregt wie ein Teenager vor dem ersten Sex. Ihn erfüllte ein einziger Gedanke: Maksim Borukev würde sich dankbar erweisen. Dafür, dass er, Viktor, einen internationalen Skandal um seinen Bruder Janysh in letzter Minute abgewendet hatte. Dank ihm würde niemand erfahren, dass der Wirtschaftsminister einen Schneeleoparden abgeknallt hatte. Gedankenverloren rieb er die Plastikhülle zwischen Daumen und Zeigefinger, dann griff er zum Telefon und wählte eine interne Nummer. Boris, IT-Spezialist der Polizeidienststelle, war verschrien für seine Faulheit. Für Viktor kein Problem, er wusste von dem ausschweifenden Lebensstil des Kollegen und von der damit verbundenen Notwendigkeit, monatlich Extra-Einkünfte zu generieren. Mit ein paar Scheinen ließ sich jeder Prozess in der IT-Abteilung beschleunigen, und für ein paar Scheine mehr gab es Diskretion obendrauf.

Das Gespräch war kurz und geschäftsmäßig, Boris erwartete ihn im Technik-Raum. Als Viktor dort ankam, saß Boris bereits auf einem der Tische und bearbeitete die Zwischenräume seiner Zähne mit einem Zahnstocher. Er hielt Boris die Speicherkarte hin, der einen kurzen Blick darauf warf und grinste.

»Mich laust der Affe, wenn die nicht zufällig in unser neues Schätzchen passt.«

Viktor hatte keine Ahnung, worauf Boris hinauswollte, aber er schwieg.

»Gib mir die Karte, ich teste das.«

Boris klemmte sich den Zahnstocher zwischen die Zähne und wollte nach der Speicherkarte greifen.

Aber Viktor war schneller. »Ich komme mit.«

Boris' Hand zuckte zurück. »Wie du meinst.«

Schweigend liefen sie den Gang hinunter, ein Slalom zwischen Kisten und Rollcontainern hindurch, die nirgends sonst Platz gefunden hatten. Boris schloss eine Tür auf. Als das Licht aufflackerte, sah sich Viktor wandhohen Metallregalen gegenüber, die mit Elektronikkram vollgestopft waren. Kabel, Drucker, Rechner, Festplatten und Kameras. Zielstrebig zog Boris die kleinere der beiden Kameras aus dem Fach.

»Die wurden kürzlich konfisziert und sollten eigentlich in der Asservatenkammer liegen. Viel zu schade, oder?«

Zärtlich wie ein Liebhaber strich er über das Gehäuse der Sony, säuselte technische Daten. Aber Viktor hatte kein Ohr dafür. Adrenalin pumpte durch seinen Körper. Hätte er noch Zweifel an Leas Geschichte gehabt, wären die nun endgültig beseitigt. Diese Hightech-Kameras, da war er sicher, gehörten Manni. Viktor fühlte einen Stich, als er an die beiden Deutschen dachte, die er im Nationalpark zurückgelassen hatte. Würden sie versuchen, ohne ihn über die Grenze zu kommen? Vermutlich, denn den Weg nach

Bischkek würden sie aus Angst vor Borukev bestimmt nicht antreten. Aber die Glückshormone in seinem Körper spülten diesen Anflug von schlechtem Gewissen schnell mit sich fort.

»Müsste noch Saft drauf sein. Gib mir die Speicherkarte.«

Boris streckte die Hand aus, und Viktor legte seine Zukunft hinein. Der IT-Mann schob die Karte in die Kamera, der Schacht schloss mit leisem Summen. Dann justierte er den Kontrollmonitor, aber zum Abspielen kam er nicht mehr – Viktors Hand legte sich schwer auf seine Schulter.

»Zeig mir einfach, was ich machen muss«, sagte er und nahm ihm die Kamera aus der Hand. Boris schob den Zahnstocher in den anderen Mundwinkel und grinste schmierig.

»Verstehe. 'ne Nummer mit 'ner heißen Braut gefilmt. Alter …«

»So ähnlich. Und jetzt lass mich fünf Minuten alleine.«

Viktor hörte nicht einmal mehr das Klicken der Tür, so konzentriert stierte er auf das kleine Display. Lea vor einer Jurte. Daneben ein Typ, den er nicht kannte. Aufnahmen von den Bergen. Uninteressant. Er spulte vor. Seine Nackenmuskeln spannten sich an. Wieder Lea, wie sie auf einem Felsen sitzt und einen Müsliriegel isst. Ganz blass. Ihm fiel plötzlich ein, wie seine Zechkumpanen europäische Frauen nannten: Weißbrot. Er schüttelte den Gedanken ab und vertiefte sich wieder in die Szenen, die jetzt schnell hintereinander kamen. Lea, wie sie sich geduckt an etwas heranschleicht. Viktor betrachtete ihren Arsch. Schmal, aber knackig. Dieser Manni interessierte sich offensichtlich nicht nur für Schneeleoparden. Mit einem Mal dreht Lea sich um, sie sieht ängstlich aus. Ihre Lippen bewegen sich. Viktor konnte nichts verstehen, wusste aber nicht, wie man den Ton lauter drehte. Grau. Berge. Die Kamera zoomt näher. Männer. Die Kamera zoomt noch näher. Das Bild für den Bruchteil einer Sekunde verwackelt, dann wieder gestochen scharf. Der Schuss laut, selbst für Viktor hörbar.

Der Schneeleopard, der von der Wucht des Schusses nach hinten gerissen wird. Janysh Borukev lacht. Ein Mann mit Gewehr reißt siegessicher die Arme in die Höhe, ein anderer sprintet über das Geröllfeld.

Jetzt kommt auch in Borukev Bewegung. Er gibt die Sicht frei auf einen weiteren Mann.

Hektisch nestelten Viktors Finger an den Knöpfen. Zurückspulen. Er musste zurückspulen. Wie in einem Comic stolpern die Figuren rückwärts. Und wieder vorwärts. Viktors Herz schlug so unregelmäßig, dass er unwillkürlich an einen Herzinfarkt dachte. Aber er war fit und erst 38. *Unmöglich!* Ihn jetzt abnippeln zu lassen, wäre die größte Strafe, die Gott sich ausdenken könnte. Er machte die Augen schmal. Es gab keinen Zweifel. Er erkannte ihn eindeutig wieder. Erst wenige Tage zuvor hatte er den Iraner am Flughafen abgeholt und zum Helikopter eskortiert. Im Büro wurde gemunkelt, dass der Typ ein hohes Tier im iranischen Regime war. *Du bist also auch in die Berge geflogen*, dachte Viktor. Zusammen mit unserem Wirtschaftsminister. Ein wohliger Schauer durchfuhr ihn. Sein Instinkt flüsterte ihm zu, dass sich seine Verhandlungsposition noch einmal deutlich verbessert hatte.

Er fand den Knopf für die Auswurffunktion, verstaute die Speicherkarte wieder sorgfältig in der Plastikhülle, klemmte sich die Kamera unter den Arm und verließ den Raum. Boris sah ihn verdutzt an.

»Bist du verrückt? Du kannst die nicht einfach mitnehmen!«

»Ich bring sie dir morgen wieder.«

Ohne Boris' Antwort abzuwarten, eilte er im Laufschritt den Gang hinunter. Zurück im Büro kramte er in seiner Schublade nach der Visitenkarte von Askar Usup. Dieser war einer der Handlanger von Maksim Borukev. Viktor hatte ein paarmal mit seiner Tochter – ein kleines, dralles Ding mit spitzen Brüsten – gevögelt und wusste, dass Askar sich nichts sehnlicher wünschte, als seine Tochter unter die Haube zu bekommen. Viktor dachte nicht im Traum daran, das einfältige Mädchen zu heiraten, aber mit dieser Tatsache musste er den Vater nicht konfrontieren. Zumindest nicht jetzt.

Einst hatte er die Karte achtlos in die Schreibtischschublade gepfeffert, jetzt verfluchte er sich dafür. Eine halbe Stunde lang durchforstete er den Inhalt der Schublade, bis er die Visitenkarte schließlich zwischen den Seiten eines Notizbuchs entdeckte. Viktor griff zum Telefon, zögerte jedoch, als er sich fragte, ob er gefahrlos die Festnetzleitung benutzen konnte. Er hob den Kopf, sah die neugierigen Blicke der Kollegen und entschied sich dagegen. Auf dem Display seines Handys blinkten immer noch die Benachrichtigungen über McAllisters Anrufe. Er löschte sie und ignorierte das flaue Gefühl in der Magengegend. Das war sein altes Leben. Schnee von gestern. Ian würde nichts gegen ihn unternehmen. Niemals. Es hatte nie eine offizielle *Interpol*-Ermittlung wegen des Schneeleoparden-Abschusses gegeben. Viktor wusste das, seit Lea in der Höhle geplaudert hatte. Dieses Wissen war heilsamer als jede Magentablette. Er lächelte immer noch, als er die Nummer wählte. Askar ging ans Telefon. Seine Stimme wurde eine halbe Oktave höher, als Viktor ihn mit »Vater« ansprach. *Gut!* Jetzt musste er seinen Plan nur noch exekutieren, bevor Askar versuchte, ihn in ein Gespräch über seine Tochter zu verwickeln, von dem Viktor nicht vorhatte, es jemals zu führen.

»Kannst du mir einen Termin bei Maksim Borukev besorgen?«

»Worum geht es?«

»Sag Borukev, ich will mit ihm um über einen Schneeleoparden sprechen. Er weiß dann schon Bescheid.«

»Ich verstehe nicht …«

»Musst du auch nicht, mach einfach. Wird nicht zu deinem Schaden sein.«

Kapitel 14

Als sie durch die ersten Wohnviertel von Bischkek fuhren, wunderte Lea sich einmal mehr, wie grün die Stadt war. Die einstöckigen Häuser und die üppigen Gärten ließen die Gegend beinahe ländlich wirken. Aber je näher sie dem Zentrum kamen, umso mehr dominierte Beton das Stadtbild. Sowjetische Architektur säumte die breiten Straßen, die das Herz Bischkeks wie ein Gitternetz durchzogen. Manni saß neben McAllister, hatte die Straßenkarte auf den Knien und fluchte.

»Kann doch kein Mensch lesen, diesen kleingedruckten Kram.«

Sein Finger folgte einer unsichtbaren Route, die sie in die Moskowskaya Straße bringen sollte – zur Polizeidienststelle des Lenin-Distrikts, wo Viktors Schreibtisch stand.

»Hätte ich mein Navi noch, wären wir längst da«, knurrte Manni, als er McAllister beinahe wieder in eine Einbahnstraße gejagt hätte. Als sie eine Viertelstunde später auf der gegenüberliegenden Straßenseite eines Betonklotzes parkten, war Lea dankbar, dass die Suche ein Ende gefunden hatte.

»Ich werde jetzt da hochgehen und versuchen, etwas über unseren Freund Viktor herauszubekommen. Ich hoffe, sie kaufen mir die *Interpol*-Masche ab. Drückt mir die Daumen!«

Er war schon halb aus dem Auto, als er sich noch mal zu Lea und Manni umdrehte.

»Und, bitte, tut mir einen Gefallen: Wartet hier!«

Lea blickte McAllister nach, wie er über die Straße lief und in dem Gebäude verschwand.

»Meine Güte, kannst du schmachtend schauen. Dieser Kleinkaliber-Agent hat's dir wirklich angetan.«

Manni hatte sich zu ihr umgedreht.

»Neidisch?«

»Ein wenig. Wobei ich mich aktuell eher nach einer Dusche als nach einem Liebesabenteuer sehne.«

Er hob einen Arm, sog laut Luft ein und verzog das Gesicht. Trotz ihrer Angespanntheit musste Lea lachen.

»Etwas Anständiges zu essen und ein sauberes Bett wären auch nicht zu verachten«, überlegte sie laut.

»Wenn du Bett sagst, meinst du Sex, oder?«

Lea wollte gerade protestieren, als ihr Blick zur Eingangstür der Polizeidienststelle wanderte. Ein Mann trat auf den Gehweg und schickte sich an, die Straße zu überqueren. Der Verkehr war dicht, und so hatte Lea die Gelegenheit, ihn genauer zu betrachten. Die Art, wie er sich bewegte, selbstbewusst das Kinn reckte …

»Manni! Da ist Viktor!«

Manni fuhr auf dem Vordersitz herum und starrte auf den Mann, der genau in diesem Moment die Straße überquerte und auf sie zukam.

»Runter!«, brüllte Manni, rutschte vom Sitz und versuchte, seine langen Beine im Fußraum zu verstauen. Lea rollte fast im selben Moment von der Rückbank und zog sich ihre Jacke über den Kopf.

»Ich glaube, die Luft ist rein«, flüsterte Manni wenig später. Er faltete sich aus seinem Versteck und griff nach dem Türöffner.

»Los, den Scheißkerl schnappen wir uns!«

Lea bekam Manni gerade noch an der Jacke zu fassen.

»Bist du verrückt? Wie stellst du dir das vor? Der Kerl ist brandgefährlich. Außerdem müssen wir auf Ian …«

Aber Lea kam nicht mehr dazu, den Satz zu Ende zu führen. Manni hatte sich losgerissen und stieg aus. Er schlich um das Auto herum und duckte sich zwischen parkenden Fahrzeugen. Einige Passanten warfen ihm irritierte Blicke zu, aber das schien ihn nicht zu stören.

»Was machst du da, du Idiot?«, flüsterte Lea und rutschte auf die andere Seite, um Manni besser im Auge zu behalten.

Plötzlich erwachten seine Hände zum Leben. Sie schienen ihr etwas mitteilen zu wollen, aber Lea konnte beim besten Willen keinen Sinn in dem Gefuchtel erkennen. Sollte sie etwas aufsperren? Manni schlüpfte auf den Fahrersitz.

»Mensch, du solltest das Auto starten!«, zischte er.

»Viktor parkt da vorne aus. Wir müssen ihm folgen!«

Gerade als der Motor ansprang, riss McAllister die Beifahrertür auf.

»Was zum Henker habt ihr jetzt schon wieder vor?«

»Da vorne, in dem grauen Nissan, das ist Viktor.«

McAllister schnallte sich an.

»Dann los! Und fahr nicht zu dicht auf. Er wird seinen Rückspiegel ständig im Blick haben – schon aus Gewohnheit.«

Lea erinnerte sich an Viktors bernsteinfarbene Augen, wie sie die ihren im Rückspiegel gesucht hatten. Ein Teil von ihr weigerte sich immer noch, in Viktor den Mörder zu sehen, der er war.

Manni fädelte sich in den dichten Feierabendverkehr ein und reihte sich ein paar Autos hinter Viktor ein. Es war Büroschluss, und ganz Bischkek schien auf dem Nachhauseweg. Die Kreuzungen waren verstopft, und genervte Autofahrer machten ihrem Ärger durch Hupen Luft. Im Schritttempo schlichen sie über die Chuy, eine der großen Ausfallstraßen. Während Manni Viktor im Auge behielt, studierte McAllister die Straßenkarte. Nachdem sie dem Nissan eine Weile gefolgt waren, brummte McAllister: »Ich glaube, er fährt nach Hause. Vielleicht bekommen wir doch noch unsere Chance, die Speicherkarte zurückzuholen.«

Wie eine wütende Katze fuhr die Angst ihre Krallen nach Lea aus.

»Was hast du vor?«, fragte sie mit dünner Stimme

McAllister strich ihr über die Wange und lächelte.

»Improvisieren.«

Je weiter sie sich vom Zentrum entfernten, desto dünner wurde der Verkehr und umso schwieriger wurde es für Manni, dem Nissan unauffällig zu folgen. Als Viktor in eine Straße einbog, die von langen, grauen Häuserzügen und vereinzelten Straßenlaternen gesäumt war, ließ McAllister ihn in der Querstraße parken.

»Bist du verrückt? Wir verlieren ihn!«

»Werden wir nicht. Vertrau mir.«

»Aber …«

»Er wohnt in dieser Straße. Ich habe im Büro seine Privatadresse bekommen. Wir parken hier und geben ihm 'ne Viertelstunde. Dann statte ich ihm einen Besuch ab.«

Lea lehnte sich nach vorne, um Ians Wärme zu spüren, seinen Geruch einzuatmen. Sie hatte Angst um ihn. Aber sie schwieg.

***

McAllister schob den Duschvorhang zur Seite.

»Hallo, Viktor.«

War der Kirgise erschrocken, dann hatte er sein Mienenspiel gut im Griff. Ein flüchtiger Blick auf Brust und Bizeps genügte McAllister, um festzustellen, dass Viktor in den vergangenen beiden Jahren sein Training sehr ernst genommen hatte. Wie ein nasser Stier stand er da und starrte ihn an. Mit einer Hand bedeckte er seine Männlichkeit, die andere war zur Faust geballt. Ging Viktor zum Angriff über, konnte es eng werden. Aber Nacktheit war ein wirksames Mittel, den Kampfgeist zu dämpfen. Zudem zielte McAllister mit Viktors Dienstwaffe direkt auf dessen Kopf.

»Rüber ins Wohnzimmer. Los!«

McAllister machte ein paar Schritte nach hinten, ohne Viktor aus den Augen zu lassen. Viktor hinterließ auf seinem Weg ins Wohnzimmer kleine Pfützen auf dem Linoleumboden.

»Knie dich auf den Boden, Hände hinter den Kopf.«

Viktor tat, wie ihm geheißen. McAllister fiel der Wolf ins Auge, der den mächtigen Nacken zierte.

»Hübsches Tattoo. Nicht das Einzige, was neu an dir ist, was?«

Er folgte Viktors Blick und kickte mit dem Fuß einen Stuhl außer Reichweite.

»Denk nicht einmal daran. Du bist tot, noch bevor du ihn berührst. Du weißt, ich bin ein exzellenter Schütze.«

»Bist du gekommen, um mir das zu sagen?«

Viktor lächelte breit. Zum zweiten Mal an diesem Tag fühlte sich McAllister äußerst unwohl in seiner Haut. In den zwei Wochen ihrer gemeinsamen Ausbildung hatten sie viel Zeit miteinander verbracht. Er hatte Viktor von der ersten Minute an gut leiden können. Seine Neugierde, die Offenheit, das ansteckende Lachen und seinen unstillbaren Ehrgeiz, ein noch besserer Polizist zu werden. Damit war es jetzt wohl vorbei. McAllister zwirbelte den Schnürsenkel, mit dem er seinen Kollegen hatte fesseln wollen, unschlüssig zwischen den Fingern.

»Warum, Viktor? Warum machst du das?«

Viktors Mundwinkel zuckten kaum merklich, aber genug, um McAllister einen Hinweis auf dessen Gemütsverfassung zu geben.

»Das fragst ausgerechnet du mich?«

Viktor beobachtete McAllister aus schmalen Augen.

»Nach allem, was mir deine kleine Freundin so erzählt hat, gab es nie eine offizielle Ermittlung zu dem Schneeleopardenabschuss. Du hast mich auf eigene Faust losgeschickt. Und mich ins offene Messer laufen lassen. Diese Typen da oben waren russische Killer!«

McAllister war einen Moment lang versucht, auf die Anschuldigungen zu reagieren, doch er durchschaute Viktors Strategie.

»Tut nichts zur Sache. Ich spreche vom Dorflehrer. Und der Speicherkarte. Warum?«

Er zog die Waffe wieder ein Stück höher und sah Viktor direkt in die Augen.

»Für mein Vaterland.«

McAllister presste die Lippen fest aufeinander, um nicht laut loszulachen.

»Nette Geschichte, Viktor. Willst du meine Version hören? Sie handelt von Gier und Geltungssucht.«

Plötzlich ein Geräusch. Links. Genau dort, wo sich die Eingangstür befand. Für den Bruchteil einer Sekunde war McAllister abgelenkt und erkannte seinen Fehler erst, als Viktor bereits wie ein Rammbock auf ihn zuraste und ihm den Arm mit der Waffe zur Seite schlug. Unsanft knallten sie auf den Boden. McAllister versuchte, seine Hand aus Viktors Klammergriff zu befreien. Die *Jarygin* entglitt ihm und schlitterte außer Reichweite. Irgendwo klirrte Glas. Mit einer schnellen Bewegung rammte er Viktor das Knie in den Unterleib, rollte sich unter ihm zur Seite und drückte sich hoch. Der Kirgise stöhnte vor Schmerz, war aber trotzdem fast genauso schnell auf den Beinen wie er. McAllister sah die Faust gerade noch rechtzeitig kommen und duckte sich. In der Ausweichbewegung landete er einen schnellen, gut platzierten Schlag auf Viktors Solarplexus. Wie ein Ballon, aus dem die Luft gelassen wird, sackte er in sich zusammen und machte auf dem Weg nach unten unliebsame Bekanntschaft mit Ians Knie. Benommen hockte er auf dem nassen Boden, Atmen bereitete ihm sichtlich Schwierigkeiten. McAllister wollte sich nach der Waffe umsehen, als sich die Wohnungstür langsam öffnete.

»Manni!«

Ian starrte den Tierfilmer wütend an.
»Was machst du hier?«
Hinter Manni drängelte sich Lea durch die Tür.
»Du warst lange weg. Wir haben uns Sorgen gemacht.«
Ihr Blick fiel auf den nackten Viktor.
»Oh!«
Sie wandte das Gesicht ab. McAllister spürte Wut in sich aufsteigen. Wut auf sich selbst. Er hätte es besser wissen müssen. Bei so einem Einsatz hatten Zivilisten nichts zu suchen. Selbst wenn sie Lea Winter hießen und er in sie verliebt war. Oder vielleicht gerade deswegen. Wie hatte er sich bloß so unprofessionell verhalten können?
»Kommt, verdammt noch mal, rein und macht die Tür hinter euch zu. Oder wollt ihr, dass alle Nachbarn mitbekommen, was hier abgeht?«
Seine Stimme klang kalt. Lea und Manni quetschten sich mit gesenkten Köpfen an ihm vorbei.
»Manni – da hinten«, McAllister zeigte über seine Schulter, »muss eine *9 Millimeter* auf dem Boden liegen. Such sie und bring sie mir.«
Er hörte Manni hinter sich auf dem Boden herumkriechen, aber er ließ Viktor keine Sekunde aus den Augen. Der Kerl war gefährlich wie eine Schlange und vermutlich lange nicht so angeschlagen, wie er vorgab. McAllister konnte fast sehen, wie Viktors Gehirn auf Hochtouren arbeitete.
»Hab sie!«, kam es von hinten.
»Hey, ich glaub, ich verreck! Da ist meine Kamera!«
Lea wollte zu Manni, aber sie kam nicht weit, weil Viktors Hand nach vorne schoss und sich in ihrem Wanderschuh verkrallte. Sie knallte der Länge nach hin. Lea wirkte benommen, aber noch bevor McAllister etwas unternehmen konnte, hatte Viktor sie

hochgerissen. Mit seinem rechten Arm drückte er ihr die Luft ab. Sie röchelte, ihr Gesicht nahm eine bedenkliche Rotfärbung an.

»Nach hinten. Beweg dich!«, befahl Viktor.

Ian machte einen langsamen Schritt Richtung Manni. Lea schlug um sich, versuchte, Viktors Arm von ihrem Hals wegzuzerren. Aber genauso gut hätte sie versuchen können, ein Fangeisen zu öffnen.

»Ian, du bist doch sonst nicht so lahmarschig. Los jetzt!«

»Nicht, wenn du sie erwürgst.«

Augenblicklich wurde Lea ruhiger, woraus McAllister schloss, dass Viktor seinen Griff gelockert hatte. Er positionierte sich in Mannis Nähe, der augenblicklich zur Salzsäule erstarrte.

»Und, was hast du jetzt vor?«, fragte McAllister.

Ohne zu antworten, zerrte Viktor Lea ein Stück zur Seite, um einen besseren Blick auf die beiden Männer zu haben. Zu McAllisters Erleichterung wirkte Lea nicht sonderlich verängstigt. Er meinte sogar, so etwas wie Wut in ihren Augen aufblitzen zu sehen.

»Leg gefälligst die Kamera wieder auf den Tisch! Vorsichtig, wenn ich bitten darf«, herrschte Viktor Manni an. Manni tat, wie ihm geheißen, und positionierte die Kamera langsam auf dem Tisch, der hinter ihm stand. Allerdings legte er nicht nur die Kamera, sondern auch die *Jarygin* auf den Tisch, die er in der Hand gehalten hatte. Er hatte sie so positioniert, dass sie zwar Ian, nicht aber Viktor sehen konnte.

»Wo ist meine Waffe?«

Der Bastard schien sich aufs Gedankenlesen zu verstehen.

»Hier!«, antwortete McAllister, griff nach der Waffe und feuerte, noch bevor Viktor Zeit hatte, Lea wieder in Position zu bringen. Die Kugel bohrte sich in seinen linken Arm, Viktor schrie auf. Lea riss sich von ihm los und stolperte auf die beiden Männer zu. Der Kirgise sackte zu Boden und presste seine Hand auf die Wunde.

Blut sickerte durch seine Finger, sein Gesicht war weiß wie frisch gefallener Schnee.

»Du Idiot hast mir keine Wahl gelassen. Hast du Verbandszeug?«, fragte McAllister, ohne die Waffe zu senken.

»Badezimmerschrank«, stöhnte Viktor und lehnte den Kopf gegen die Wand, die von seinem Blut gesprenkelt war. Aus dem Krater, der sich knapp über Viktors Kopf in der Wand abzeichnete, schloss McAllister, dass die Kugel nicht im Arm stecken geblieben war. Glatter Durchschuss. Mit etwas Glück würde sein Kollege den Arm bald wieder benutzen können. Vorausgesetzt, er überlebte den Blutverlust.

Lea und Manni verarzteten Viktor mit Handtüchern und Verbandsmaterial, das sie im Schrank gefunden hatten, dann hievten sie ihn auf einen Stuhl. Lea warf ihm ein Handtuch in den Schoß, um seine Blöße zu bedecken. Eine Geste, die Ian rührte.

»Also, Viktor, wo ist die Speicherkarte?«

Seine Antwort erübrigte sich in dem Augenblick, als Mannis Stimme von hinten dröhnte: »Hab sie! Steckt in der Kamera.«

McAllister zögerte kurz, doch dann verschnürte er Viktor mit der Nylonschnur, die Manni irgendwo in der Wohnung aufgetrieben hatte. Viktor schien zwar ziemlich bedient, aber McAllister wollte sich nicht noch einmal von ihm überraschen lassen. Manni hatte in der Zwischenzeit die Aufnahmen zurückgespult. Zu dritt drängten sie sich vor das winzige Display und sahen sich die Aufnahmen an. Als der Schuss aus dem Mikro peitschte, spürte Ian Leas Finger, die sich in seinen Arm gruben. Es war eine unschöne Szene, aber er schenkte ihr wenig Beachtung. Ihn fesselte etwas ganz anderes: der Mann, der den Schuss abgefeuert hatte. Erst wenige Wochen zuvor hatte ihn dieses Gesicht aus der *Financial Times* angegrinst. Igor Felipowitsch Potkov, einflussreicher Unternehmer aus London. Ein russischer Oligarch, der sein Vermögen, das er vornehmlich mit Rohstoff-Deals machte, in antike Waffen, Kunst und Fußballspieler investierte.

»Spul zurück!«, wies er Manni an.

McAllister zupfte an seiner Unterlippe. Hatte er sich getäuscht?

»Jetzt mach schon, Manni!«, forderte er ungeduldig.

Endlich flimmerten die Bilder über den Kontrollmonitor. Ians Mund wurde trocken, als Potkov sich bewegte und den Blick auf jemanden freigab, den die Kamera bisher nicht eingefangen hatte. Es gab keinen Zweifel. Der dunkelhaarige Mann, der sich anschickte, hinter Potkov herzulaufen, war Basim Haleeh. Basim Haleeh, der iranische Atombeauftragte. Bei seiner Recherche zum mysteriösen Tod seines Freundes Cyrus war McAllister der Iraner mehrfach untergekommen. McAllister konnte förmlich spüren, wie ihm das Adrenalin bis unter die Haarwurzeln schoss. Sein Puls raste.

»Zeig mir die Szene noch mal in Slow Motion!«

Manni tat, wie ihm geheißen, und spulte zurück. Die Stirn konzentriert in Falten gelegt, verfolgte McAllister noch einmal die Szene. Jetzt wusste er auch, warum jemand Himmel und Hölle in Bewegung setzte, um an dieses Material zu kommen.

»Ihr seid nicht wegen des Abschusses verfolgt worden.«

Zwei Augenpaare sahen ihn ratlos an.

»Was ihr hier dokumentiert habt, ist weit mehr als nur der illegale Abschuss eines Schneeleoparden. Ihr seid möglicherweise Zeugen einer ...«

McAllister hielt inne. Eine Idee nahm in seinem Kopf Gestalt an.

»Kannst du vielleicht mal Klartext reden?«, raunzte Manni ihn an.

»Nicht jetzt und nicht hier. Wie viel Saft hast du noch auf deiner Kamera?«

Manni zuckte mit den Schultern und überprüfte die Anzeige auf der Kamera.

»Nicht mehr viel. Vielleicht für zehn Minuten.«

»Das reicht.«

»Reicht, wofür?«, mischte sich Lea ein.

»Um Viktors Geständnis aufzunehmen.«

***

Es war Vormittag, und Igor Felipowitsch Potkov trabte hinter seinem Personal Trainer her. Der Himmel schimmerte wie ein blaues Stück Rohseide, und das Maigrün der Bäume ließ *Kensington Gardens* leuchten. Wie immer joggten sie entlang des Schotterwegs, der diagonal durch den Park führte. *The Long Water* mit seiner Brücke hinüber zum *Hyde Park* war ihr Ziel. Regelmäßig quälte ihn dort am Ufer sein Trainer mit Stretchübungen, die ihm sein Alter vor Augen führten, bevor es weiter auf baumgesäumten Wegen nach Hause ging, wo die *Power Plate* auf ihn wartete. So ernst er für gewöhnlich sein Sportprogramm nahm, heute war er nicht so recht bei der Sache. Genau genommen war er zu dieser Einheit nur angetreten, um die enormen Mengen an Adrenalin abzuarbeiten, die seit heute Morgen in seinem System zirkulierten. Sein Arzt hatte ihm irgendwann bei einem Routine-Check-up erklärt, dass Adrenalin ursprünglich die Aufgabe hatte, den Körper auf eine bevorstehende Flucht oder einen Kampf vorzubereiten. Wurde Adrenalin durch Stress im Job permanent ausgeschüttet, aber nicht durch Bewegung abgebaut, konnte es nachhaltig den Organismus schädigen. Seither ließ er sich von einem Personal Trainer regelmäßig bis zur Erschöpfung quälen.

Gerade hatte Potkov das Gefühl, dass eine hundertfache Dosis des Hormons in seiner Blutbahn zirkulierte. Hätte er heute seine

Sporteinheit sausen lassen, wäre er entweder explodiert oder an einem Herzinfarkt gestorben. Beides keine verlockenden Optionen, deshalb hatte er sich in seine Sportklamotten gezwängt. Sein Kopf musste frei werden, damit er notwendige Maßnahmen erkennen und ergreifen konnte. Potkov stützte sich am Stamm der mächtigen Buche ab und dehnte die vordere Oberschenkelmuskulatur. Sein Trainer überwachte jede seiner Bewegungen mit Luchsaugen, korrigierte den Beckenstand, drückte die Ferse nach unten. *Sklaventreiber!* Potkov wechselte die Position, stemmte sich jetzt gegen den Baum, stellte erst das linke, dann das rechte Bein nach hinten und dehnte die Achillessehnen. Sein Blick ging hinüber zum Wasser, das dunkelgrün in der Sonne schimmerte. Er dachte an Achilles, den ein Bad im Fluss Styx hätte unverwundbar machen sollen. Potkov fühlte sich dem griechischen Sagenheld im Augenblick sehr nah, nur, dass seine verwundbare Stelle nicht die Ferse, sondern Janysh Borukev war.

Sein Trainer klopfte ihm auf die Schulter. Zeit, aufzubrechen und in großem Bogen zurück nach Hause zu laufen. Nach Hause, wo er heute Morgen den Anruf entgegengenommen hatte. Er sah genau vor sich, wie er am Schreibtisch saß, die *Financial Times* und eine Tasse grünen Tee vor sich, und nach dem Hörer griff. Danach verblassten seine visuellen Erinnerungen. Alles, was er behalten hatte, war Janysh Borukevs Stimme. Diese Stimme, die schon bei der Begrüßung einen nervösen Unterton hatte. Das erste Mal, seit er ihn kannte. Borukev hatte sich nicht mit langen Vorreden aufgehalten.

»Schlechte, ach, was, beschissene Nachrichten. Diese Deutschen haben die Lawine überlebt. Und sie haben die Speicherkarte. Wie auch immer sich das zugetragen hat.«

Potkov meinte, sich zu erinnern, die Tasse weggestellt und die Zeitung zusammengefaltet zu haben. Noch bevor er etwas sagen konnte, hatte es Borukev auf der anderen Seite der Leitung regelrecht zerrissen. Er brüllte ins Telefon wie ein Stier, der zur Schlachtbank geführt wird.

»Und das ist, verdammt noch mal, längst nicht alles. Sie hatten tatsächlich jemanden, der ihnen geholfen hat. Wie's aussieht, ein Engländer.«

Trotz seiner Bestürzung blitzte in Potkov das irrationale Gefühl von Genugtuung auf. Er hatte es gewusst. Er hatte immer gewusst, dass noch jemand seine Finger im Spiel hatte.

»Und wo sind sie jetzt?«

»Woher, zum Henker, soll ich das wissen? Sie sind weg, mitsamt der beschissenen Karte!«

Potkov erinnerte sich, dass er ungefähr an diesem Punkt des Gesprächs den ersten Schock verarbeitet hatte und sein Gehirn sich von Not- auf Normalbetrieb umstellte.

»Woher hast du diese Informationen?«

Während Potkov die letzten Meter zu seinem Haus joggte, versuchte er, noch einmal die Geschichte zu rekonstruieren, die Janysh ihm aufgetischt hatte. Die Hauptrolle spielte ein kirgisischer Polizist, der über einen Mittelsmann an die Speicherkarte gekommen sein sollte. Pflichtbewusst hatte der Mann sofort Kontakt zu Maksim Borukev aufgenommen und um ein Treffen gebeten. Dummerweise sei just dieser Mann Opfer eines Überfalls geworden. Die beiden Deutschen und ein Engländer sollten ihm nun ihrerseits die Speicherkarte gestohlen haben. Potkov hatte sich während des Gesprächs gefragt, ob Janysh ihn für grenzdebil hielt. Da hatte er noch nicht geahnt, dass der Wirtschaftsminister auch noch einen potenziellen Informanten aus dem Hut zaubern würde: einen schwer verletzten *SIS*-Agenten, der in einem Krankenhaus in Bischkek lag und angeblich über den Verbleib der Speicherkarte Bescheid wusste. Nach diesem Satz hatten Potkovs Mordgelüste ihren vorläufigen Höhepunkt erreicht. Janysh konnte von Glück sagen, dass er ihm bei diesem Gespräch nicht persönlich gegenübergesessen hatte. Er hasste nichts mehr, als wenn jemand versuchte, ihn für dumm zu verkaufen.

Seine Hausdame öffnete die Tür und reichte ihnen frische Handtücher. Potkov rieb sich den Nacken und das verschwitzte Gesicht ab. Der Duft von frisch gewaschenem Frottee hüllte ihn ein und schenkte ihm einen kurzen Moment der Entspannung. Seine beiden Riesenschnauzer stürmten auf ihn zu, aber er schickte die Tiere mit einem scharfen Kommando zurück auf ihren Platz. Er nahm die Treppe hinab ins Untergeschoss, wo er sich ein paar Jahre zuvor ein Fitness-Studio hatte einrichten lassen. Potkov zog seine Laufschuhe aus, stellte sie ordentlich neben die Sprossenwand und stieg auf die *Power Plate.*

»Heute nur Entspannung«, wies er den Trainer an. Fünf Minuten stand er nur da. Knie leicht gebeugt, Augen geschlossen. Das sanfte Rütteln durchflutete seinen Körper, löste die Verspannung im Nacken- und Schulterbereich. Potkov wusste, dass er den Stecker ziehen musste. Das offizielle Angebot, das seine Tochterfirma für die stillgelegte Uran-Aufbereitungsanlage abgegeben hatte, musste verschwinden, sämtliche Pläne für die unterirdische Halle vernichtet werden. Der russische Beraterstab war unproblematisch. Für eine kleine »Aufmerksamkeit« würden die Experten ihr Engagement aus dem Gedächtnis streichen. Und sollte Borukevs unfähiger Geheimdienst nicht imstande sein, die Speicherkarte aufzutreiben, würde er auch dafür eine Lösung finden. Er war zuversichtlich. Sollte der Film irgendwo auftauchen, würde jemand aus seinem Netzwerk mit großer Wahrscheinlichkeit darauf aufmerksam werden.

Nichts durfte zu ihm führen. Zumindest nichts, das sich hieb- und stichfest beweisen ließ. Potkov lebte in der Grauzone, im Grenzbereich der Legalität, im Königreich der Vermutungen. Dort fühlt er sich zu Hause. Wie auch seine Anwälte. Er hatte mittlerweile den Überblick verloren, wie viele Verleumdungsklagen er in den vergangenen Jahren erfolgreich durchgefochten hatte. Eine teure, aber äußerst lohnenswerte Angelegenheit.

In Gedanken stellte er eine Liste seiner Kontakte zusammen, die ihm beim Verwischen der Spuren behilflich sein würden. Sie war lang. Den restlichen Tag würde er wohl oder übel mit Telefonieren verbringen. Langsam besserte sich seine Laune. *Always go forward, never turn back.* Der Leitspruch von Junípero Serra, einem Franziskanermönch, der im 18. Jahrhundert als Missionar in Kalifornien tätig gewesen war. Er war Potkov zur zweiten Natur geworden.

***

Lea und Manni blickten müde in die Dunkelheit des verlassenen Kaufhaus-Parkplatzes, während McAllisters Finger einen nervösen Rhythmus auf dem Lenkrad trommelten. Er musste eine Entscheidung treffen. Jetzt. Diese Filmaufnahmen waren möglicherweise der Schlüssel zu Cyrus' Tod. Es konnte kein Zufall sein, dass der Iraner gemeinsam mit Potkov und dem kirgisischen Wirtschaftsminister auf die Jagd gegangen war. Wenn er der Sache auf den Grund gehen wollte, hatte er jetzt die Chance dazu. Viktor machte ihm wenig Sorgen, der hatte im Moment genug damit zu tun, seinen Kopf aus der Schlinge zu ziehen. Viktor musste dem kirgisischen Geheimdienst eine plausible Geschichte auftischen, und Ian war sicher, dass er seinen Namen heraushalten würde. Dafür sorgte das Geständnis, das er in seiner Jackentasche trug. Natürlich konnte er nicht ausschließen, dass Maksim Borukev Viktor einer verschärften Befragung unterzog und ihm Informationen abpresste. Gerade deshalb musste McAllister das Zeitfenster nutzen.

Wie er es auch drehte und wendete: Elliot Wilcox war seine einzige Chance. McAllister setzte sich so, dass er Manni und Lea im Blickfeld hatte. Zumindest ihre Silhouetten. Leas Profil hob sich scharf im Mondlicht ab. Wie gerne hätte er sie jetzt berührt, geküsst, ihren Atem an seiner Wange gespürt, das alles hier einfach hinter sich gelassen. Er schluckte hart.

»Hört zu, ihr beiden«, er versuchte, seiner Stimme einen festen Klang zu geben, »wir müssen ein Versteck für euch finden. Die Sache wird zu brenzlig.«

Lea beugte sich zu ihm, er nahm den Duft ihrer Haut wahr.

»Was meinst du? Wir haben alles, was wir brauchen. Jetzt müssen wir nur noch irgendwie über die Grenze. Und fertig.«

McAllister atmete tief ein. Er durfte sich jetzt keinen Fehler erlauben.

»Diese Aufnahmen, die ihr gemacht habt, sind ziemlich brisant.«

McAllister kam nicht dazu, seine Ausführung zu beenden. »Vielleicht sagst du uns endlich mal, was da im Busch ist?«, fiel ihm Manni ins Wort.

»Würde ich, wenn du mich ausreden ließest. Also: Auf eurem Film befindet sich nicht nur Borukev, sondern auch ein prominenter russischer Geschäftsmann, sowie ein nicht ganz unwichtiger strategischer Berater aus dem Iran.«

Manni pfiff leise durch die Zähne.

»Da schau an, darum waren die wie ein Wespenschwarm hinter uns her. Krumme Geschäfte?«

McAllister steckte seinen Arm durch die Lücke zwischen den Vordersitzen und suchte Leas Hand. Sie war eiskalt.

»Vermutlich. Ich werde ein paar Kollegen informieren und der Sache nachgehen. Alleine.«

Leas Finger lösten sich von den seinen. Seine Hand verweilte auf ihrem Knie.

»Was hast du vor?«, fragte sie tonlos.

»Telefonieren. Dann sehen wir weiter.«

McAllister stieg aus dem Auto und lief ein paar Schritte über den Parkplatz, direkt auf eine Telefonzelle zu, die in der Nähe des Supermarkteingangs stand. Gedankenverloren spielte er mit den Münzen in seiner Hosentasche. Leas Zurückweisung war schmerzlich, aber er wollte denselben Fehler nicht ein zweites Mal machen. Die Beleuchtung in der Telefonzelle war mehr als dürftig, und er hatte Schwierigkeiten, die Nummer von seinem Handy abzutippen. Er hielt den Atem an, es knackte kurz, dann schnarrte das Freizeichen. Das Ding funktionierte tatsächlich. Er hatte mehr Glück als Verstand.

»Ja?«, kam es verschlafen aus dem Hörer.

»Ian hier.«

»Weißt du, wie spät es ist?«

Elliot Wilcox' Stimme klang verärgert.

»Glaubst du, ich rufe dich an, weil ich's witzig finde?«

»Was hast du für mich?«

McAllister schilderte ihm in knappen Worten, was sich in den vergangenen Stunden zugetragen hatte. Er sprach gehetzt, denn die Münzen in seiner Hand wurden schnell weniger. Dieses Telefon war gefräßiger als ein hungriges Krokodil.

»Was schlägst du vor?« Man konnte Wilcox vieles vorwerfen, fehlender Pragmatismus gehörte nicht dazu.

»Ich statte morgen früh deinem Kollegen im Krankenhaus einen Besuch ab und rufe dich von dort aus an, damit du ihn autorisieren kannst, mir die Kontaktdaten seines Informanten in Bischkek zu geben.«

»Warum bringst du nicht einfach die Speicherkarte in die Britische Botschaft, und wir kümmern uns um die Sache?«, fragte Elliot nach kurzem Schweigen.

McAllister kratzte mit dem Fingernagel an einem ausgefransten Sticker, den irgendjemand an der Innenseite der Glasscheibe angebracht hat. Ein silberner Adler auf blauem Grund.

»Und was passiert mit den beiden Deutschen?«

»Wozu gibt's die Deutsche Botschaft? Sollen die sich doch um ihre Leute kümmern.«

McAllister schüttelte den Kopf. Deutsche Botschaft? Zu riskant. Was sollten Lea und Manni dort erzählen? Was würden sie damit ins Rollen bringen? Diplomatische Verwicklungen waren das Letzte, was sie jetzt gebrauchen konnten. Im Gegensatz zu den Borukev-Brüdern, die den Vorfall zu vertuschen versuchten, würden die Deutschen der Sache auf den Grund gehen.

»Zu riskant, vergiss es. Gegenvorschlag: Ich behalte die Karte, und ihr holt uns raus. Heute Abend. Über die amerikanische Air Base. Dürfte kein Problem sein, Amtshilfe zu beantragen.«

Die Anzeige des Telefons blinkte. McAllister warf die letzten vier Münzen in den Schlitz und fuhr fort: »Gib mir einen Tag, und ich versuche, etwas zu finden, womit wir diesen Potkov festnageln können. Du kennst diese Typen, Elliot. Wenn wir ihm zu viel Zeit lassen, wird er jede Spur, die zu ihm führt, vernichten. Du willst herausfinden, was die Iraner hier möglicherweise aushecken, und ich, warum Cyrus sterben musste. Ich vermute, da gibt es eine große Schnittmenge. Ich ruf dich in ein paar Stunden wieder an.«

Er hängte den Hörer auf die Gabel, Münzen rauschten durch die Maschine.

***

Manni war eingenickt und brabbelte im Schlaf vor sich hin, Lea malte Kringel an die Fensterscheibe. Sie war alleine mit ihren

Gedanken, die sie zurückführten in die Berge. Es schien ihr, als sei eine Ewigkeit vergangen, seit sie der Schneeleopardin das Senderhalsband umgelegt hatten. Die Schneeleopardin, die einfach so abgeknallt worden war. Nur, weil die Typen das Geld und die Macht hatten. Ihre Fingerspitze fühlte sich taub an, aber wie in Trance zog sie weiter Kreise über die kühle Oberfläche und bemerkte dabei nicht, dass sich McAllister dem Auto näherte. Erst als er die Tür öffnete, schrak sie hoch.

»Darf ich?«, flüsterte er und kroch zu ihr auf die Rückbank. Leise schloss er die Tür. Noch bevor Lea etwas sagen konnte, hatte er sie an sich gezogen. Sie spürte seine warmen Lippen, die über ihre Augen, ihre Nase und ihre Wangen streiften. Erst ließ sie es nur geschehen, doch dann brach ihr Widerstand zusammen. Seine Fingerspitzen zeichneten die Linie ihrer Augenbrauen nach, glitten zu ihren Ohren, hinab zum Kinn, streichelten ihren Hals. Sein Mund fand den ihren, sie öffnete die Lippen und spürte seine Zunge, die wie ein Schmetterling in ihrem Mund tanzte. Sie drückte sich enger an ihn, ihre Hände suchten nach seiner Haut. Er zuckte zusammen, als sich ihre kalten Hände unter den Pulli schoben, seinen Bauch berührten und von dort aus weiterwanderten. Sie lächelte und spürte, dass auch er lächelte. Sie küssten sich hungriger, wilder, wie Teenager, die seit Jahren nur auf diesen einen Tag gewartet hatten. Tief sog sie seinen Geruch ein, der sie wie ein Kokon umfing. Seine Finger schienen jeden Zentimeter ihres Rückens, ihrer Rippen, ihres Bauches, ihrer Brüste zu erforschen. Glitten tiefer, scheiterten am Bund ihrer Wanderhose. Als McAllister leise an ihrem Hals fluchte, grinste sie. Sie versuchte, ihm zu helfen, aber ihre Hände waren von der Kälte steif und ungeschickt. Seine Zunge glitt über ihren Hals, seine Zähne fanden ihr Ohrläppchen, knabberten sanft, während sie verbissen mit Knöpfen und Reißverschlüssen kämpften.

»Ich möchte ja nichts sagen, aber habt ihr zu Hause kein Bett?«, brummte Manni von vorne.

Lea zuckte zusammen, atemlos vor Lust und gleichzeitig beschämt, weil sie Mannis Gegenwart völlig vergessen hatte. McAllister lachte laut auf.

»Leider nein«, und zog mit einem Ruck den Reißverschluss seiner Hose zu. Er legte den Arm um Lea und zog sie an sich.

»Entschuldige, Manni, aber wir haben uns eine ganze Weile nicht gesehen.«

Manni brummte etwas Unverständliches. McAllister küsste Lea noch einmal und stieg aus, um sich vorne auf den Fahrersitz zu quetschen.

»Es wird bald hell. Wir sollten uns auf den Weg machen.«

Er startete den Motor, wendete auf dem Parkplatz und fädelte in den Verkehr der Frühlarbeiter ein.

»Auf den Weg, wohin?«

Lea war es leid, ständig durch die Gegend zu kurven. Alles, was sie sich jetzt wünschte, waren eine heiße Dusche und ein Bett. Am besten zusammen mit Ian.

»In der Nähe meines Hotels gibt es ein kleines Gästehaus. Ich hoffe, dass eure Namen dort nicht interessieren, wenn wir entsprechend Geld auf den Tisch legen.«

Lea ließ sich in die Polsterung sinken, schloss die Augen und genoss die Wärme, die sich langsam im Auto ausbreitete. Sie sperrte die Welt aus, dachte an nichts anderes als an Ians Berührungen, seinen Atem, seinen Herzschlag, den sie unter ihren Händen gespürt hatte. Sie dämmerte vor sich hin, ließ sich tragen von dem wohligen Gefühl und verweigerte den beunruhigenden Gedanken, die an ihr Bewusstsein klopften, den Zugang. Erst als McAllister das Auto vor einem Holzhaus mit grünen Fensterrahmen und üppigem Garten parkte, erwachte sie aus ihrer Trance. Sie kletterten aus dem Auto und schlichen über die Steinplatten, die schnurgerade durch den Vorstadtdschungel zur Haustür führten. Im Inneren des Hauses schlug ein Hund an. Lea sah an sich herunter. Es war sieben Uhr morgens, sie war verdreckt und ihre Hose an einem Knie zerrissen. Niemand würde ein Zimmer an sie vermieten. Die Tür öffnete sich, und ein Mütterchen mit zerknittertem Gesicht lächelte ihnen entgegen. Sie trug eine cremefarbene Wollmütze, einem Eierwärmer nicht unähnlich. Die Kopfbedeckung betonte ihre ausgeleierten Ohrläppchen, in denen silberne Ohrringe baumelten. McAllister stieg die Stufen hoch, begrüßte sie freundlich und flüsterte ihr etwas zu. Die alte Frau legte den Kopf schief, als lauschte sie einem fernen Echo, und ihre Runzeln wurden noch tiefer. Sie lächelte.

»Alles klar! Unsere Wirtin hat ein großes Zimmer für meine Frau und mich und ein Einzelzimmer für Manni. Dusche befindet sich auf dem Gang, aber wir sind im Moment ohnehin die einzigen Gäste.«

»Siehst du, er weiß, wie man das hier macht«, knurrte Manni Lea zu. Ganz offensichtlich hatte er ihr die Nacht im Stall immer noch nicht verziehen.

Sie folgten der Alten und wurden noch im Eingangsbereich von einem riesigen Schäferhund gestoppt. Aber anstatt zu bellen oder zu knurren, drückte sich das Tier gegen Leas Beine und schob ihr seinen mächtigen Kopf unter die Hand.

»Das ist Volcan«, informierte sie die Wirtin. »So gefährlich wie die Lämmer hinten im Stall.«

Volcan folgte ihnen bis zu den Zimmern im ersten Stock und ließ sich nur widerwillig von seiner Besitzerin verscheuchen.

Zweckmäßig, fiel Lea beim Anblick des braunen Linoleumbodens ein. Sie stellte ihren Rucksack auf den einzigen Stuhl im Zimmer und ging zum Fenster. Der matte Himmel konnte dem leuchtenden Grün des Gartens nichts anhaben. Büsche und Bäume bildeten ein Dickicht, in dem Vögel nach Käfern und Larven jagten, zartrosa Blüten sprenkelten das Blattwerk. Als sie sich wieder umdrehte, war sie alleine im Zimmer. Sie schlüpfte aus ihrer Jacke, zog die Wanderschuhe aus und stellte sie vor die Tür. Sie spähte den Gang entlang und sah Manni mit einer Tasse Tee die Treppe hochkommen.

»In einer halben Stunde gibt's Frühstück.«

Lea nickte.

»Ich gehe noch schnell duschen. Wo ist Ian?«

Manni zuckte mit den Schultern und schlurfte in sein Zimmer.

Unter normalen Umständen hätte Lea die Gemeinschaftsdusche nicht betreten. Gesprungene Fliesen, verfärbtes Emaille, dunkle Flecken in den unteren Ecken. Aber nach den vergangenen Tagen kam ihr die Nasszelle wie ein Wellness-Tempel vor. Sie drehte die Wasserhähne voll auf und schälte sich aus den Klamotten. An ihren Oberschenkeln leuchteten violette Striemen. Ein Andenken von der Hasenscharte. Das warme Wasser rieselte über ihren Körper. Sie schloss die Augen und atmete den Dampf tief ein.

»Soll ich dich einseifen?«

Sie lächelte und genoss das Kribbeln, das McAllisters Stimme in ihr auslöste. Provozierend langsam drehte sie ihm ihre Kehrseite zu. Seine Hände glitten über ihre Schulter, ihre Arme, massierten sanft ihre Seite, arbeiteten sich nach vorne und liebkosten ihre Brüste. Mit kreisenden Bewegungen seifte er ihren Bauch ein, ließ seine Finger bis zum Ansatz ihrer Schambehaarung wandern, verharrte kurz, dann zog er sie an sich. Lea stöhnte, als sich seine Zähne in ihre Halsbeuge gruben. Sie wollte sich umdrehen, ihn küssen, aber er presste sie mit seinem Körper gegen die Fliesen.

»Kein Entkommen«, flüsterte er in ihr Ohr, während seine Hände die Innenseite ihrer Oberschenkel streichelten. Das monotone Rauschen des Wassers und der Rhythmus ihres Atems verschmolzen zu einer Melodie, an die sich Lea noch lange erinnern sollte.

Kapitel 15

McAllister saß in seinem Auto und hatte die Straßenkarte von Bischkek auf den Knien ausgebreitet. Eine halbe Stunde, länger würde er nicht brauchen, um zu diesem Otunbajev zu gelangen. Bisher war alles nach Plan verlaufen. Wilcox hatte es tatsächlich geschafft, ihre Ausreise in die Wege zu leiten. Noch heute Nachmittag von der amerikanischen Air Base aus nach London. Am Flughafen würde er sich mit Elliot treffen und ihm die Speicherkarte aushändigen. In den wenigen Stunden, die ihm bis dahin noch blieben, musste er herausfinden, was dieser Otunbajev über die Geschichte mit Potkov wusste. Wenn es stimmte, was ihm sein *SIS*-Kollege soeben im Krankenhaus erzählt hatte, dann hatte der Mann eine Rechnung mit dem Borukev-Clan offen. Angeblich war Otunbajev ein über die Grenzen hinaus angesehener Kernphysiker gewesen, bevor ihn die Regierung diskreditiert hatte. Als Auslöser für diese Hetzkampagne sah Otunbajev seine Weigerung an, das Gutachten über die stillgelegte Uran-Aufbereitungsanlage zu frisieren, das anlässlich des Verkaufs erarbeitet worden war. Das lag mehr als ein Jahr zurück. Seither hatte er weder in der Industrie noch an einer Uni einen Job gefunden. Nicht in Kirgistan, nicht in Kasachstan, nirgendwo. Was die Borukev-Brüder allerdings nicht bedacht hatten: Otunbajev war bei seinen Kollegen äußerst beliebt und gelangte relativ einfach an delikate Hintergrundinformationen. Und er war schlau genug, dieses Wissen zu Geld zu machen.

Da der Mann weder Telefon noch Handy hatte, war McAllister gezwungen, ihn unangemeldet aufzusuchen. McAllister öffnete das

Handschuhfach, griff nach Viktors Dienstwaffe und platzierte sie unter der Straßenkarte auf dem Beifahrersitz. Möglicherweise war er nicht der Einzige, der sich für Otunbajev interessierte. Er wollte vorbereitet sein. Langsam ließ er das Auto auf die Ausfahrt des Krankenhausparkplatzes zurollen. Ein Rettungswagen schnitt ihm den Weg ab und bog in die Auffahrt der Notaufnahme. McAllister kniff die Augen zusammen und versuchte, das Nummernschild zu entziffern. War das schon der Krankentransport aus Kasachstan, mit dem sein Kollege ins Nachbarland überstellt werden sollte? Wilcox wurde es in Bischkek zu heiß, er wollte seinen Mann aus der Schusslinie bringen. Der Rotschopf war zwar eigentlich noch nicht transportfähig, aber drei Stunden Fahrt nach Almaty waren immer noch besser, als dem kirgisischen Geheimdienst in die Hände zu fallen. Die Vorkommnisse der vergangenen 24 Stunden hatten eindeutig nicht dazu beigetragen, die Beziehungen zwischen den beiden Geheimdiensten zu verbessern. Ausnahmsweise waren McAllister und Wilcox hier einer Meinung. Hinter ihm wurde jemand ungeduldig und hupte. McAllister trat aufs Gas und lenkte den Wagen Richtung Zentrum.

Otunbajev lebte in einem Holzhaus, das sich in nichts von den Nachbarhäusern unterschied. Vielleicht war der Vorgarten ein wenig unordentlicher, der Blumenschmuck etwas spärlicher. Abgesehen von diesen Kleinigkeiten fügte sich das Gebäude nahtlos in seine Umgebung ein. McAllister parkte das Auto etwas entfernt, aber noch nahe genug, um einen guten Blick auf den Eingang zu haben. Zehn Minuten verstrichen, nichts passierte. McAllister steckte die *Jarygin* in seinen Hosenbund und stieg aus. Ein Hund lief die Straße entlang, hob witternd den Kopf in seine Richtung und lief weiter. Die geduckte Haltung und das räudige Fell verliehen dem Tier etwas Linkisches. McAllister behielt ihn im Auge, während er die Straße überquerte. Er ging durch die Gartenpforte, nahm die drei Stufen hinauf zur Tür auf einmal und klopfte. Es blieb still. McAllister machte einen Schritt zurück und starrte nach oben. Er glaubte, eine schemenhafte Bewegung an einem der Fenster wahrgenommen zu haben. Er klopfte noch einmal, dieses Mal fordernder. Fast geräuschlos schwang die Tür auf, und vor ihm stand ein hagerer Mann um die sechzig. Sein Anzug war zu groß, aber er trug ihn mit der Würde eines Mannes, der die Welt verändern wollte. Die wenigen Haare hatte er sorgfältig über den Kopf gekämmt, seine Augen blickten McAllister wach an.

»Ich glaube nicht, dass wir uns kennen?«, fragte Otunbajev in bestem Englisch.

Ian schüttelte den Kopf und reichte ihm die Hand.

»Nein. Aber wir haben einen gemeinsamen Freund beim *SIS*. Kann ich reinkommen?«

Der Wissenschaftler musterte ihn von oben bis unten, dann drehte er sich wortlos um und verschwand im Inneren des Hauses. McAllister betrat den Flur, seine Augen brauchten ein paar Sekunden, um sich an die Dunkelheit zu gewöhnen.

»Hier entlang«, tönte es von rechts. Jetzt erst sah McAllister die Tür, die nur einen Spaltbreit offen stand. McAllister griff nach der *9 Millimeter*. Entweder war der Kerl etwas eigen, oder er hatte Besuch. Mit der Schuhspitze stieß er die Tür auf, aber in dem Raum war niemand außer Otunbajev.

»Sie müssen sich keine Gedanken machen. Außer uns beiden ist niemand hier.«

Schnell ließ er die Waffe verschwinden und sah sich um. Die Wände des Zimmers verschwanden fast vollständig hinter Bücherregalen. Bücher stapelten sich auch auf dem Boden, quollen aus Kisten und lagen verstreut auf dem Tisch.

»Darf ich Ihnen eine Tasse Tee anbieten? In der Liebe zu diesem Getränk sind sich unsere beiden Kulturen sehr ähnlich.«

McAllister war beeindruckt. Drei kurze Sätze hatten Otunbajev genügt, ihn als Briten einzuordnen. Otunbajev musste in England studiert, vielleicht sogar gelehrt haben. Obwohl McAllister unruhig war, nahm er das Angebot an. Während sein Gastgeber in der Küche nebenan verschwand, studierte McAllister die Buchrücken. Werner Heisenberg, Arthur Compton, Enrico Fermi, Juli Borissowitsch Chariton. Aber Otunbajev schien sich nicht nur für Quantenmechanik und Atombombenprojekte zu interessieren, auch die Werke großer Philosophen fanden sich in den Regalen.

»Sie interessieren sich für Philosophie?« Otunbajev schob vorsichtig ein paar Bücher zur Seite und stellte ein Tablett mit zwei Gläsern und einer Teekanne auf den Tisch.

»Ich habe mich während meines Studiums ein wenig mit Wissenschaftstheorie auseinandergesetzt.«

Otunbajev lächelte. »Ah. Wahrheit und Verifikation. Liegt Ihnen noch immer etwas an der Wahrheit?«

McAllister nahm das Glas, das ihm sein Gastgeber anbot, und goss Milch hinein. Weiße Schlieren durchzogen den Tee.

»Ich arbeite für eine Polizeiorganisation. Was denken Sie?«

Otunbajev setzte sich auf die Bank und zeigte auf einen Stuhl, auf dem ein flachgedrücktes Kissen lag.

»Nehmen Sie Platz, damit wir uns besser unterhalten können.«

McAllister spähte aus dem Fenster. Vor dem Haus war alles ruhig.

»Ich nehme an, Sie können sich ausweisen, Mr …«

»McAllister.«

Ian stellte das Glas ab und griff in die Innentasche seiner Jacke.

»Nicht notwendig«, unterbrach ihn Otunbajev.

»Ein Stück Papier ist schnell gefälscht. Ich verlasse mich lieber auf meine Menschenkenntnis. Warum sind Sie zu mir gekommen, Mr McAllister?«

In kurzen Worten schilderte er Otunbajev sein Anliegen, ohne ins Detail zu gehen oder Potkovs Namen zu erwähnen. Der Wissenschaftler rührte in seinem Glas und sagte lange nichts.

»Bedauerlicher Zwischenfall, die Sache mit Ihrem Freund. Ich hoffe, er wird wieder vollständig genesen?«

McAllister nickte ungeduldig. Er war nicht zum Small Talk hierhergekommen. Aber er verstand, dass er nach den Regeln des Hausherrn spielen musste.

»Ich hatte eigentlich nicht vor, meinen Lebensabend in einem Gefängnis zu verbringen. Man muss kein Wissenschaftler sein, um sich auszurechnen, dass mich dieses oder ein noch schlimmeres Schicksal erwartet, wenn ich mich mit Ihnen einlasse, nicht wahr?«

McAllister registrierte, dass Otunbajevs Anzug an den Ärmeln abgestoßen war.

»Wie viel?«

Der Wissenschaftler lachte auf.

»Ihr Geld interessiert mich nicht. Nehmen Sie mich mit nach London, und ich werde Ihnen erzählen, was ich weiß.«

Darauf war McAllister nicht vorbereitet gewesen. Er hatte von Wilcox zwar ein Verhandlungsmandat bekommen, aber da war nur von Geld die Rede gewesen.

»Von dieser Abmachung weiß ich nichts.«

Otunbajev nahm einen Schluck Tee.

»Mr McAllister, wie lange, glauben Sie, dauert es, bis der Geheimdienst hier auftauchen wird? Ihrem Verhalten von vorhin nach zu urteilen, könnte es jede Minute so weit sein. Was soll ich also mit Ihrem Geld? Bringen Sie mich von hier weg, und Sie bekommen Ihre Informationen.«

McAllister wusste, dass es schwer werden würde, einen kirgisischen Staatsbürger ohne Erklärung über die amerikanische Air Base auszuschleusen. Wilcox wäre »not amused«, wenn er Otunbajev anschleppte. Aber vielleicht gab es eine Möglichkeit, den Mann in Bischkek unterzubringen. Er musste es zumindest versuchen.

»Und wer garantiert mir, dass Sie tatsächlich über relevante Informationen verfügen?«

Otunbajev zog an den Manschetten seines Hemdes und knöpfte das Sakko zu.

»Sie wollen doch etwas über Igor Felipowitsch Potkov erfahren. Oder sollte ich mich da täuschen?«

Otunbajev stand auf, nahm ein Buch aus dem Regal und klemmte es sich unter den Arm, dann zog er eine gepackte Reisetasche unter der Bank hervor.

»Gehen wir?«

McAllister stierte ihn an wie ein Weltwunder. Hatte Otunbajev ihn erwartet? Unmöglich! Woher hätte er wissen sollen …

»Ich glaube, wir sollten jetzt wirklich los«, drängte Otunbajev und griff an der Garderobe nach seinem Hut.

Ohne zuzusperren oder sich noch einmal umzudrehen, stieg er die Treppe hinab. McAllister hatte das Gefühl, dass der Mann schon lange mit seinem Leben in Kirgistan abgeschlossen hatte.

McAllisters Augen scannten die Häuser, Gärten und Straßen ab, alles schien unverändert. Als sie auf das Auto zumarschierten, sah McAllister den Hund. Er lag mit eingeschlagenem Schädel keine fünf Meter von seinem Auto entfernt. Selbst aus der Entfernung konnte McAllister erkennen, dass jemand mit großer Wucht auf das Tier eingeprügelt haben musste. Sein Magen zog sich zusammen, in seinem Nacken kribbelte es. Er verlangsamte seine Schritte.

»Haben Sie ein Auto?«, flüsterte er Otunbajev zu.

Der sah ihn irritiert an.

»Ja, warum?«

»Okay, hören Sie zu, Professor. Tun Sie einfach so, als hätten Sie etwas im Haus vergessen. Dann drehen wir uns um, gehen zurück und holen Ihren Wagen. Alles ganz langsam.«

Otunbajevs Augen waren voller Angst, aber er nickte. Abrupt blieb er stehen und schlug sich mit der Hand auf die Stirn, um ein Haar wäre ihm der Hut vom Kopf gesegelt. Er deutete zum Haus. Oscarreif war die Vorstellung nicht, aber sie würde ihren Zweck erfüllen. Sie gingen die zehn Meter zur Gartenpforte zurück, und McAllister spürte förmlich, wie schwer es Otunbajev fiel, nicht loszurennen. McAllisters Augen suchten die Umgebung ab. Nichts. Trotzdem, irgendetwas war hier faul. Er deckte Otunbajev mit seinem Körper, so gut es ging. Der Wissenschaftler stolperte die Stufen hoch, fiel fast durch die Tür. Seine zittrigen Hände pflügten durch eine Schale, die auf einem Sideboard stand.

»Beeilen Sie sich!«

Otunbajev verstreute den Inhalt der Schale auf dem Boden.

»Hier!«

McAllister griff nach dem Schlüssel.

»Wo steht Ihr Auto?«

»Hinten, in der Garage.«

»Gibt es einen Hinterausgang?«

Otunbajev nickte und hetzte durch den Flur. In letzter Sekunde erwischte McAllister den Wissenschaftler noch am Ärmel und verhinderte, dass er in seiner Panik durch die Tür stürmte.

»Bleiben Sie gefälligst hinter mir!«, herrschte er ihn an.

Die *9 Millimeter* im Anschlag drückte er die Hintertür mit der Schulter auf. Im Garten war alles still.

»Rechts oder links?«, flüsterte er Otunbajev zu.

»Links, wir können von hinten in die Garage.«

Geduckt schlich McAllister die Hauswand entlang, Otunbajev dicht neben ihm. McAllister schielte in das Innere der Garage.

Kaum mehr als ein Bretterverschlag und heller, als er erwartet hatte. Ein alter, russischer Geländewagen nahm fast den ganzen Raum ein. Otunbajev hatte das Auto rückwärts eingeparkt. Perfekt!

»Ist Benzin im Tank?«

»Vollgetankt und gut in Schuss. Ich hatte ihn mir für den Notfall gekauft …« Otunbajev versagte die Stimme.

»Steigen Sie ein und schnallen Sie sich an!«

»Das Garagentor?«

»Vergessen Sie die paar Bretter. Halten Sie sich lieber fest.«

McAllister drehte den Schlüssel, der Motor schnurrte wie ein Kätzchen. *Vielleicht bin ich paranoid*, schoss es ihm durch den Kopf. Er gab Gas, ließ die Kupplung schnalzen, und der Jeep hechtete nach vorne. Otunbajevs Schrei übertönte das Krachen der Holzbretter. Sie schossen durch den Splitterregen über die Zufahrt, McAllister lenkte scharf nach rechts und trat das Gaspedal bis zum Bodenblech durch. Keine Paranoia. Aus dem Augenwinkel sah er ihn. Der Typ musste sich in einem Busch verschanzt haben. Der Gärtner war das bestimmt nicht. Die Aktion hatte ihnen einen kleinen Vorsprung verschafft, aber McAllister machte sich keine Illusionen: Wo einer von dieser Sorte war, waren bestimmt noch mehr. Otunbajev saß neben ihm und wimmerte leise.

»Wir müssen aus der Stadt, uns für ein paar Stunden verstecken. Irgendeine Idee?«

Otunbajev strich seinen Mantel glatt und setzte sich auf.

»Nicht weit von hier gibt es ein stillgelegtes Kieswerk mit großen Schuppen. Biegen Sie links in die nächste Straße.«

McAllisters zog nach links, als eine Schar Hühner direkt vor ihnen auseinanderstob. Keine Chance, auszuweichen. Ein dumpfer Knall, eine Wolke aus Federn, dann klatschte einer der Vögel gegen die Windschutzscheibe und hinterließ blutige Schlieren auf der Beifahrerseite. McAllisters Augen hefteten sich an den Rückspiegel. Die Straße hinter ihnen war leer. Noch. Er trat aufs Gaspedal. Die Häuser standen jetzt weniger dicht, weiter vorne konnte McAllister Äcker und Wälder ausmachen. Die Straße führte sie schnurgerade darauf zu. Wie auf dem Präsentierteller. Nichts, was sie vor neugierigen Augen verbergen würde. Er betete, dass ihre Verfolger die Spur noch nicht aufgenommen hatten, sonst … Der Jeep knallte mit dem rechten Vorderrad durch ein Schlagloch. Die Stoßdämpfer ächzten, Otunbajev schrie auf. McAllister riss das Lenkrad scharf nach links und konzentrierte sich sofort wieder auf den Rückspiegel. Zwei Autos, die schnell näher kamen.

»Verdammt!«

Neben ihm blieb es still. McAllister riskierte einen kurzen Seitenblick auf Otunbajev. Sein Gesicht hatte die Farbe von Zement angenommen.

»Mir ist übel.«

»Aber immerhin leben Sie noch, oder?«

Die Tachonadel kletterte auf 140, trotzdem holten ihre Verfolger auf. Die beiden Ersatzmagazine der *Jarygin* klimperten in seiner Jackentasche. 36 Schuss plus 17, die noch im Magazin in der Waffe steckten. Er würde es ihnen so schwer wie möglich machen. Ein würgendes Geräusch riss ihn aus seinen Gedanken. Otunbajevs Gesicht war in einer Tüte verschwunden, der säuerliche Geruch von Erbrochenem stieg McAllister in die Nase. Der Wissenschaftler kurbelte das Fenster hinunter und warf die Tüte nach draußen. Sie klatschte gegen das Seitenfenster. McAllister war dankbar, dass Otunbajev sie zugeknotet hatte.

»Besser?«

Der Professor nickte. Sein Gesicht war grau, die Wangen eingefallen, aber er saß aufrecht und mit gerecktem Kinn neben ihm. Ian fing an, den Mann zu mögen.

McAllister hatte das Gefühl, dass sie sich kaum fortbewegten, der Wald nur quälend langsam näher kam. Er wollte runter von der Straße, von der freien Fläche, über die sie wie eine Tontaube flogen. Freigegeben zum Abschuss.

»Wo genau ist diese Kiesgrube?«

»Wir müssen ein Stück durch den Wald, dort geht ein Weg ab. Vielleicht noch zehn Minuten …«

Verstecken konnten sie vergessen, das wusste er, aber vielleicht konnten sie sich wenigstens verschanzen. McAllister starrte in den Rückspiegel. Die Autos hielten immer den gleichen Abstand. Wie Wölfe, die ihre Beute hetzten, bis sie müde wurde. Raubtiere, die sich ihrer Überlegenheit sicher waren. McAllisters Mund wurde trocken. Er ahnte, was die Typen vorhatten. Das letzte Haus lag bereits ein paar Kilometer hinter ihnen, jetzt gab es nur noch Äcker, Wälder und die Kiesgrube – und Rehe und Füchse als einzige Zeugen. Kurz liebäugelte er damit, über die Felder auszubrechen, aber verwarf die Idee sofort wieder. Der Boden war vom Regen noch nass. Was, wenn sie stecken blieben? Das wäre ihr Todesurteil. Endlich tauchten sie in den dunklen Schatten der Bäume ein.

»Wie weit noch?«

»Gleich da vorne, rechts!«, stieß Otunbajev mit gepresster Stimme hervor. McAllister registrierte die Lücke, bremste und schaltete zurück. Der Jeep bockte und brach seitlich aus. Kies! McAllister steuerte gegen, gab Gas. Die Räder drehten durch, Steine spritzten in alle Richtungen davon, dann hatte sich der Jeep wieder gefangen. Er presste die Zähne zusammen und konzentrierte sich auf den schmalen Schotterweg, der vor ihnen lag. *Wie weit noch?* Ein Blick in den Rückspiegel sagte ihm, dass ihre Gnadenfrist abgelaufen war. Ihre Verfolger verkürzten den Abstand. Ian kurbelte das Fenster hinunter. Er wollte vorbereitet sein. Sie mussten möglichst schnell in diese verdammte Kiesgrube. Das Lenkrad zuckte wie ein Bündel Schlangen in seinen Händen, er packte fester zu. *Peng!* Der Jeep machte einen Satz nach vorne und Otunbajevs Kopf gleich darauf Bekanntschaft mit dem Armaturenbrett.

»Shit!« McAllister fluchte. Sie hingen ihnen an der Stoßstange. Nur die Tatsache, dass der Jeep höher war als das Auto hinter ihnen, hatte Schlimmeres verhindert. Das Spiel war eröffnet.

»Ducken Sie sich und halten Sie sich gut fest!«, schrie McAllister und beschleunigte. Er sah die Bodenwelle nicht kommen. Sie segelten durch die Luft. Drei, zwei, eins – die Reifen knallten auf den Schotterweg, die Stoßdämpfer federten den Aufprall kaum ab. McAllister blieb die Luft weg, doch er fing sich schnell und trieb das Auto weiter. Die Bäume lichteten sich, die Straße wurde breiter. Die Kiesgrube. Schotterhügel, die aussahen wie monströse Ameisenhaufen, dazwischen Straßen. Förderbänder, vermutlich seit Jahren nicht mehr in Betrieb, streckten ihre langen Hälse in alle Richtungen. Weiter hinten Schuppen. Ein Bagger ohne Reifen stand wie vergessen davor. McAllister setzte alles auf eine Karte. Sie mussten diese Schuppen erreichen, bevor die beiden Autos sie in die Zange nehmen konnten. Der Motor jaulte auf, als er Gas gab. Die Schotterstraße war höllisch steil, die ausgewaschenen Fahrrinnen forderten seine ganze Aufmerksamkeit. Sie schafften es nach unten, ohne sich zu überschlagen. Ihre Verfolger klebten immer noch an ihrer Stoßstange, teilten sich auf, um sie einzukreisen. Wieder musste McAllister an Wölfe denken. Die Autos waren jetzt so nah, dass er das Grinsen auf den Gesichtern sehen konnte. Und die Waffen, welche die Männer in Anschlag brachten.

»Achtung! Sie schießen!«

Er hatte den Satz noch nicht beendet, als eine Kugel das Seitenfenster hinter ihm durchschlug. Das Glas barst mit lautem Klirren, es regnete Splitter auf die Rückbank und McAllisters Hinterkopf. Er zog den Wagen nach links und rammte dem Verfolger die Stoßstange in den Kotflügel. Der Fahrer versuchte auszuweichen. Doch die Wucht des Zusammenstoßes war so groß, dass es den Wagen vom Weg schleuderte. Das Auto raste wie in einem Stunt den Kieshügel hinauf, kam kurz zum Stillstand und rutschte dann im Zeitlupentempo seitlich ab, kippte, überschlug sich einmal, zweimal. Aber McAllister hatte keine Zeit, sich darüber zu freuen. *Pock! Pock!* Projektile, die ins Auto einschlugen. Auf Otunbajevs Seite. McAllister versuchte, das Auto mit dem Schützen abzudrängen, aber der verbeulte Lada ließ sich nicht so leicht abschütteln. *Pock!* McAllister erspähte die Ausweiche. Sofort wusste er, was zu tun war. Er beschleunigte, zog die Handbremse und ließ den Jeep driften. Kieselsteine schlugen wie Hagelkörner gegen die Bodenplatte, die Zeit schien sich ins Unendliche zu dehnen. McAllister nahm den Staub wahr, der rund um sie aufstieg. Dann hatte sich das Auto gefangen, und sie schossen nach vorne. Genau auf den Lada zu. Wie im Schlaf griff McAllister nach der *Jarygin*, lehnte sich aus dem Fenster und feuerte vier Schuss ab. Die Windschutzscheibe des Ladas zerplatzte, McAllister hörte den Fahrer noch schreien, bevor die Karre einen Abflug machte und gegen die Stütze eines Förderbandes knallte. Ein unheilvolles, metallisches Kreischen ertönte. Wie ein müder Greis legte sich das Förderband langsam zur Seite und krachte mit voller Wucht auf den Lada. Das Blechdach knickte ein wie ein Blatt Papier, das gefaltet wurde. Der Schütze hatte sich in letzter Sekunde aus dem Auto befreit und war aus der Gefahrenzone gehechtet. Der Fahrer hatte weniger Glück. Sein Arm hing leblos aus dem deformierten Seitenfenster. Ian trat wieder aufs Gaspedal. Sein Ziel war der Schütze, aber der sprang mit einem Riesensatz zur Seite. Nicht weit genug. McAllister hatte die Tür aufgerissen und mähte ihn damit wie mit einem Dreschflegel um. Er hörte den Aufprall und den Schrei, sah einen Schatten und katapultierte sich nach draußen. Sein Widersacher versuchte, sich aufzurappeln, aber da war er schon bei ihm und bohrte ihm ein Knie in den Rücken. Seine Hand verkrallte sich in den strähnigen Haaren und riss den Kopf nach hinten. Der Mann stöhnte auf.

»Für wen arbeitet ihr?«

Ein gurgelndes Lachen war die einzige Antwort.

»Los, rede!«

McAllister verlagerte das Gewicht, sein Knie bohrte sich tiefer in den Rücken des Mannes. Er spürte, wie die Rippen nachgaben.

»Ihr seid so gut wie tot!«

Der Mann spuckte die Worte aus wie Kerne. Ian checkte die Umgebung. Aber von den anderen war weit und breit nichts zu sehen, und die Waffe des Mannes lag unerreichbar im Dreck.

»Ich würde die Klappe nicht so weit aufreißen, mein Freund.

Aber wenn du schon mal in Plauderlaune bist: Wie habt ihr mich so schnell gefunden?«

Ein rasselndes Lachen drang aus der Kehle. McAllister vermutete, dass eine Rippe die Lunge punktiert hatte.

»Dein rothaariger Freund im Krankenhaus war ganz schön gesprächig, bevor wir ihn in die Hölle geschickt haben.«

Unwillkürlich riss Ian den Kopf des Mannes noch ein Stück weiter nach hinten. Der Mann röchelte. McAllister spürte, wie die Körperspannung nachließ. Der Kirgise war ohnmächtig geworden.

»Ich hoffe, du verreckst hier«, zischte er, stand auf und ging zurück zum Auto. Sie mussten sich beeilen. Er konnte nicht ausschließen, dass die Typen Verstärkung gerufen hatten. Außerdem würde in weniger als fünf Stunden ihr Flieger nach London abheben. Ob Wilcox über die Vorkommnisse im Krankenhaus informiert war? McAllister ließ sich auf den Fahrersitz fallen.

»Die Typen sind wir los – vorerst zumindest«, sagte er in betont munterem Tonfall zu Otunbajev. Aber der Wissenschaftler antwortete nicht. Das Gesicht war abgewandt, die Haltung seltsam verkrümmt. Ian schüttelte ihn an der Schulter.

»Professor? Alles klar …?« Das Blut an der Innenverkleidung der Tür sagte ihm, dass er sich vergeblich um ein Gespräch bemühte. Otunbajev hatte es erwischt, McAllister hatte es im Eifer des Gefechts nicht bemerkt. McAllisters Finger tasteten nach der Halsschlagader. Der Puls war schwach, aber einigermaßen regelmäßig. Er beugte sich über Otunbajev und öffnete den Mantel. Ein dunkler Fleck hatte sich auf dem Sakko ausgebreitet. Er durchsuchte die Brusttaschen und fand, was er brauchte: ein Stofftaschentuch. Frisch gewaschen und sauber gefaltet. McAllister riss Otunbajevs Hemd auf. Die Kugel war seitlich, oberhalb des Beckenknochens eingetreten. Mit etwas Glück waren Knochen und Niere intakt. Aber Otunbajev hatte bereits viel Blut verloren. McAllister presste das Taschentuch auf die Einschussstelle und überlegte fieberhaft, wie er Druck auf die Wunde ausüben konnte. Sein Blick fiel auf das Buch im Fußraum. Er platzierte es notdürftig zwischen Türverkleidung und Otunbajev. Es funktionierte, zumindest vorerst. Er kramte in der Reisetasche des Professors, zog einen Pullover heraus und schob ihn unter dessen Kopf. Für mehr war keine Zeit. McAllister steuerte das Auto so vorsichtig wie möglich aus der Schottergrube. Trotzdem stöhnte Otunbajev auf, wenn der Wagen durch eine der Spurrinnen oder ein Schlagloch holperte. Als sie die befestigte Straße erreichten, gab McAllister Gas. Seinen Berechnungen zufolge konnten sie in 20 Minuten im Zentrum von Bischkek sein. Otunbajev brauchte dringend ärztliche Hilfe.

***

Lea starrte auf die Uhr. Die Zeiger krochen quälend langsam vorwärts. Ian war seit Stunden unterwegs. Sie wusste weder, wo er war, noch, was er vorhatte. Er hatte sie einfach mit Manni im Gästehaus sitzen lassen. Sie nahm einen Schluck Tee. Die Wärme tat gut, erreichte aber nicht ihr Innerstes.

»Und er hat wirklich gar nichts gesagt?«, fragte Manni, der ihr am Küchentisch gegenübersaß und sein viertes Fladenbrot mit Aprikosenmarmelade bestrich.

»Nur, dass wir heute Nachmittag aus Bischkek verschwinden.«

Manni biss in das Brot und schlürfte an seinem Tee.

»Ihr solltet wirklich mehr miteinander reden. Das ist das A und O in einer Beziehung. Hat zumindest meine Exfrau immer gesagt.«

Er grinste, in seinem rechten Mundwinkel klebte Marmelade. Lea lächelte etwas schief zurück.

»Das kannst du besser, Engelchen. Iss noch was, das bringt dich auf andere Gedanken.«

Lea wäre gerne alleine gewesen, aber McAllister hatte ihr eingeschärft, bei Manni zu bleiben. Den Rucksack mit der Speicherkarte immer in Griffnähe. Sollten ihre Verfolger sie im Gästehaus aufstöbern, hätten sie nur ein paar Sekunden, um durch die Hintertür zu verschwinden und sich durch den Dschungel auf das Nachbargrundstück zu kämpfen. Von dort aus sollten sie sich zu Fuß zu seinem Hotel durchschlagen, das unweit von hier lag. Im Gartenpavillon, der um diese Jahreszeit noch nicht in Betrieb war, würde er sie treffen. Sie bezweifelte, dass sie noch einmal die Kraft aufbringen konnte, davonzulaufen. Draußen schlug Volcan an. Lea fuhr wie elektrisiert von der Eckbank hoch. Vorsichtig schielte sie aus dem Fenster. Kinder standen am Zaun und warfen Stöckchen in den Garten. Volcan stürzte mit Begeisterung hinterher.

»Ich werde langsam paranoid«, murmelte sie.

Lea kauerte sich wieder auf die Eckbank und goss sich Tee nach. Ihre Hände zitterten.

»Wird Zeit, dass wir nach Hause kommen«, sagte Manni und legte seine Hand auf ihre Finger, die immer noch den Griff der Teekanne umklammerten.

»Ich muss schließlich irgendwann wieder arbeiten.«

Arbeiten. Der Gedanke schien weit weg. In den vergangenen Tagen hatte sie vergessen, dass es noch ein anderes Leben gab. Eines, in dem niemand sie verfolgte und um die Ecke bringen wollte. Zu Hause, in Berlin.

»Das Schneiden wird 'ne ganze Weile dauern, aber das wird ein Hammerbeitrag. Das weiß ich jetzt schon«, plapperte Manni vor sich hin.

»Wie meinst du das?«, hakte sie nach.

Manni sah sie verständnislos an.

»Schon vergessen, Schätzchen? Ich bin Tierfilmer. Ich produziere Dokumentarfilme.«

»Schon. Aber was willst du schneiden?«

Manni sah sie an, als hätte sie nicht mehr alle Objektive in der Kameratasche.

»Na, das Material. Du erinnerst dich? Wir haben gedreht …?«, antwortete er gedehnt. Sein Gesichtsausdruck zeigte deutlich, dass er sich ernsthaft Sorgen um ihre psychische Verfassung machte.

»Du redest von der Speicherkarte, die wir bei Viktor gefunden haben?«

»Klar. Und von der Flash-Karte aus der großen Kamera. Auf der ich die Interviews, das Besendern des Schneeleos, die Party und all den anderen Kram drauf habe.«

Bilder stürzten auf sie ein. Oleg, der vor der Kamera stand und das Senderhalsband erklärte, der geduldig das *Plov* im Topf rührte, der am Flughafen nach ihr Ausschau hielt. Sie hatte in den vergangenen Tagen nicht an ihn gedacht. Es war, als hätte jemand die Erinnerung an ihn mit einem Skalpell aus ihrem Gedächtnis operiert. Bis eben. Unruhe befiel sie. Seit ihrer Flucht in den Wald bei Tokmak war der Kontakt abgebrochen. Sie hatte keine Ahnung, wo er war oder wie es ihm ging. Und umgekehrt. Sie musste mit ihm Kontakt aufnehmen. Doch in den kommenden Minuten würde ihre Aufmerksamkeit Manni gelten. Sie schob die Gedanken an Oleg und die *Wildlife Protection Society* fort und versuchte, sich zu erinnern. Hatte Manni diese Flash-Karte schon einmal erwähnt?

»Welche Flash-Karte meinst du? Wo kommt diese Karte plötzlich her?«

Manni schob sich den letzten Rest Fladenbrot in den Mund und wischte sich die Finger an der Serviette ab.

»Aus einer Innentasche meiner Jacke, die ich extra dafür habe nähen lassen. Gehen sonst schnell verloren, diese Dinger.«

Ihre Augen fixierten ihn, suchten nach einem Zeichen der Reue, des schlechten Gewissens, nach irgendetwas. Aber sein Gesichtsausdruck glich dem eines unschuldigen Kindes.

»Du hattest diese andere Karte also die ganze Zeit bei dir?«

Sein Nicken schien etwas in seinem Gehirn auszulösen. Die Gesichtsmuskeln erschlafften und zogen die Mundwinkel mit nach unten. Seine Augen wurden unruhig.

»Niemand hat die Karte bei dir gefunden?«, bohrte sie nach.

Wortlos schüttelte er den Kopf. Mannis Sprachprozessor hatte offensichtlich Totalschaden.

Lea führte ihren Monolog fort, wenn auch jetzt mit sehr leiser Stimme. »Du hattest die ganze Zeit eine Speicherkarte bei dir und bist da oben nicht auf die Idee gekommen, sie den Schlägertypen auszuhändigen?«

Ein kurzes Schulterzucken. »Sie wollten die Aufnahmen vom Abschuss, nicht den anderen Kram. Ich bin gar nicht auf die Idee gekommen.«

Manni machte eine Pause, mit den Augen tastete er ihr Gesicht ab. »Komm schon, Lea, dir wäre es genauso gegangen. Du weißt doch selbst, wie sehr einem Angst das Gehirn vernebeln kann.«

Im Militärlager hatte er ihr erklärt, dass die Speicherkarte mit dem Abschuss beim Lehrer deponiert war. Warum hatte er bei dieser Gelegenheit nicht auch diese zweite Karte erwähnt? Eine leise Ahnung beschlich sie.

»Das reicht mir nicht, Manni. Soll ich dir sagen, wie ich das sehe? Du wolltest deinen *Hammerbeitrag* – koste es, was es wolle. Im Zweifelsfall mein Leben. Und ausgerechnet du erzählst mir was von den skrupellosen Jung-Filmern? Ich könnte kotzen.«

Gefangen hinter dem Tisch, zusammengekauert auf der Eckbank, funkelte sie ihn an und schluckte, um die Tränen zurückzudrängen. Sie und Manni waren ein Team, Freunde fürs Leben. Zumindest hatte sie das gedacht.

»Glaubst du wirklich, ich hätte dich ans Messer geliefert?«

Lea sah aus dem Fenster, wich Mannis flehendem Blick aus, den er ihr über den Tisch hinweg zuwarf. Seine Hand schob sich an den Resten des Frühstücks vorbei in ihre Richtung.

»Ich hatte die Flash-Karte in meiner Panik völlig vergessen, Lea. Wirklich! Die Schmerzen, die Angst. Ich bin doch auch nur ein Mensch. Lea, du musst mir glauben!«

Sie saß vor ihrem Teller und betrachtete ihn, als hätte sie vergessen, wie Essen funktionierte. Ein Gefühl der Erschöpfung machte sich in ihr breit. Was, wenn es stimmte, was er sagte? Volcans aufgeregtes Bellen drang durchs Fenster. Manni reckte den Hals. Mit einem Mal war er auf den Beinen.

»Ian ist da!«

Lea zwängte sich am Tisch vorbei und lief auf Strümpfen zur Eingangstür. Volcan tänzelte mit einem Stock im Maul um Ian herum und wollte spielen. Aber der tätschelte ihm nur gedankenverloren den Kopf. Lea erschrak, als sie sein Gesicht sah. Grau und eingefallen, als wäre er binnen Stunden um Jahre gealtert. Sie stand am Treppenabsatz und wollte etwas Aufmunterndes sagen, aber die Worte blieben ihr im Hals stecken. Ians Hose und Jacke waren voller Blut. Dunkel und eingetrocknet. Unwillkürlich musste sie an einen Serienkiller denken. Ohne zu lächeln, sah er zu ihr hoch.

»Abmarsch in zwei Minuten.«

Für den Bruchteil einer Sekunde war Lea irritiert, fast beleidigt. Dieser Ian war nicht der, mit dem sie noch ein paar Stunden zuvor leidenschaftlichen Sex unter der Dusche gehabt hatte. Er schob sich an ihr vorbei durch die Tür, seine Hand berührte leicht ihre Wange, dann hörte sie seine Schritte auf der Treppe. Was war passiert? Volcan stand vor ihr und sah sie erwartungsvoll an. Sie griff nach dem Stöckchen und schleuderte es in einen der dichten Büsche, um den Hund loszuwerden.

Das Speisezimmer war leer bis auf die Wirtin, die gerade die Reste des Frühstücks abräumte. Als sie Lea kommen hörte, drehte sie sich um und präsentierte ihren Schneidezahn aus Gold.

»Alle oben.«

Lea stieg die Treppe hoch, hörte Manni und Ian diskutieren. Selbst jetzt fiel ihr auf, wie müde Ians Stimme klang. Er hatte sich umgezogen. Nur noch der dunkle Fleck an der Jackentasche war zu sehen.

»Fertig?«, fragte er, in ihre Richtung gewandt. Normalerweise hätte sie gegen sein Herumkommandieren aufbegehrt, aber ihre Intuition sagte ihr, dass Ians Nerven zum Zerreißen gespannt waren.

»Ich bezahle unsere Rechnung. Wir treffen uns in fünf Minuten hinter dem Haus.«

Manni und Lea sahen sich wortlos an und verschwanden in ihren Zimmern. Als sie sich am Treffpunkt einfanden, wirkte McAllisters Miene dunkler als die Regenwolken, die sich mittlerweile am Horizont auftürmten. Ohne ein Wort lief er voran und verschwand zwischen den Büschen.

»Welche Laus ist dem denn über die Leber gelaufen?«, flüsterte Manni. Lea zuckte mit den Schultern.

»Hast du das Blut gesehen?«

Waschweib, dachte Lea, aber sie musste sich eingestehen, dass auch sie gerne gewusst hätte, was in den vergangenen Stunden geschehen war. Ian war für gewöhnlich gelassen und ruhig. In so einem Zustand hatte sie ihn noch nie erlebt. Sie bog ein paar Zweige zur Seite und quetschte sich durch die grüne Wand aus Blättern.

»Was machen wir hier eigentlich?«

Ian drehte sich zu ihr um und schenkte ihr ein schmales Lächeln.

»Mein Auto steht in einer Parallelstraße. Kleine Sicherheitsmaßnahme.«

»Kleine Sicherheitsmaßnahme? Was ist passiert, Ian?«

»Das willst du nicht wissen. Glaub mir, Lea. Wichtig ist jetzt nur, dass wir sicher zur Air Base kommen. Das wird schon schwierig genug.«

Sie folgten Ian auf einem Pfad, der sich zwischen zwei Grundstücken hindurchschlängelte. Lea blieb mit ihrem Rucksack immer wieder an einem der Zäune hängen. Sie fluchte. Endlich tauchte eine Straße vor ihnen auf. Ian blieb stehen und beobachtete die Umgebung.

»Los jetzt. Macht schnell.«

Mit großen Schritten ging er auf einen ramponierten Geländewagen zu und schloss auf. Lea drehte sich zu Manni um. Aber seine

Miene spiegelte nur ihre eigene Ratlosigkeit wider. Sie war immer noch wütend auf ihn, trotzdem half ihr seine Gegenwart, nicht die Nerven zu verlieren. Ian wendete gerade den Wagen, als es aus Lea herausplatzte: »Könntest du uns jetzt bitte endlich erklären, was hier eigentlich los ist?«

»Ich erzähle euch alles, sobald wir im Flieger sitzen, aber jetzt müssen wir erst die Karre loswerden.«

»Hast du 'nen Plan?«, fragte Manni, als wäre Ians Vorschlag das Natürlichste der Welt.

»Wir fahren zurück zum Supermarkt. Sollte nicht so schwer sein, dort ein unauffälligeres Auto zu finden.«

Manni nickte anerkennend. Die beiden benahmen sich wie Kleinkriminelle, die seit Jahren gemeinsam auf Beutezug gingen. Lea ließ sich in die Polster der Rückbank fallen und beobachtete die Autos, die wie Boote auf einem Fluss vorüberzogen. Endete dieser Albtraum denn nie?

Kapitel 16

Igor Felipowitsch Potkov schob den Manschettenknopf durch das Knopfloch. Eine Bewegung, die ihm über die Jahre in Fleisch und Blut übergegangen war. Zufrieden betrachtete er die kleinen Kunstwerke aus Platin, die jetzt an seiner Umschlagmanschette funkelten. Gold und Brillanten, wie sie seine jungen Landsmänner gern trugen, fand er ordinär. Er schlüpfte in das Sakko seines Maßanzuges, strich ein paar Staubflusen von der Schulter und betrachtete sich im Spiegel. Seriös. Reich, aber nicht protzig. Wie oft hatte er seinem Sohn erklärt, dass Understatement unabdingbar war, wollte man in die Londoner Gesellschaft eingelassen werden. Geld alleine reichte nicht. Russen in Pelz und Gold und mit schlechten Manieren blieben die Türen verschlossen. Nicht diejenigen zu den teuren Bars und Restaurants, aber die, die in Politik und Adel führten. Er nahm das Haustelefon zur Hand und informierte seine Haushälterin, dass Carl den Wagen vorfahren konnte. Lange hatte er darüber nachgedacht, seinen Neffen als Chauffeur einzustellen. Aber es bereitete ihm ein geradezu diebisches Vergnügen, einen Engländer samt blasierter Aussprache für sich arbeiten zu lassen. Potkov überprüfte noch einmal, ob er alles Nötige dabeihatte. Dann nahm er den schwarzen Cashmere-Mantel und ging nach draußen. Lautlos glitt der Bentley heran und blieb stehen. Carl sprang aus dem Wagen und öffnete die Tür zum Fond. Potkov atmete den Geruch von Leder und Holz tief ein. Nach all den Jahren erfüllte ihn dieser Duft immer noch mit Freude. Umsichtig steuerte Carl den Wagen in den dichten Londoner Feierabendverkehr. Wenn alles glattlief, würden sie nicht mehr als 20 Minuten zur *Tate Modern* benötigen. Potkov überlegte für eine Sekunde, sich ein Glas Whiskey aus der Minibar zu gönnen. Erst ein paar Tage zuvor hatte er zehn Flaschen *Glenmorangie* bei einer Auktion ersteigert und brannte darauf, den Whiskey zu verkosten. Aber er besann sich eines Besseren. Der heutige Abend war zu wichtig, als dass er das Risiko eingehen wollte, sich durch den *Single Malt* die Sinne vernebeln zu lassen. Er lehnte sich zurück und genoss die Vorfreude, die sich langsam in ihm breitmachte. Ein Essen zu Ehren der Förderer der *Tate Modern*. Er würde zwischen den Werken von Dalí, Ernst, Picasso und Tanguy dinieren. Das Recht dazu hatte er sich mit einem siebenstelligen Betrag für den anstehenden Umbau des alten Kraftwerks an der Themse erworben. Und er durfte einen Gast mitbringen. Die Wahl war ihm angesichts der prekären Situation, in der er sich aktuell befand, nicht schwergefallen. Die Vorzeichen standen gut. Seine Assistentin hatte ihm signalisiert, dass die Einladung zu diesem gesellschaftlichen Highlight freudig aufgenommen worden war. Das Essen war der langatmige Teil, den er mit Konversation mit seiner Tischdame – er hoffte inständig, dass er nicht wieder mit so einem mit Klunkern behangenen Drachen konfrontiert wurde – hinter sich bringen musste. Danach würden ein paar Floskeln mit dem Bürgermeister und dem Kurator ausgetauscht, deren Frauen ein paar Komplimente gemacht. Dann konnte er sich während der Führung mit seinem Gast zurückfallen lassen und die wirklich wichtigen Dinge besprechen. Er stieg aus dem Bentley und schritt durch den festlich erleuchteten Eingang. Obwohl er einer der Ehrengäste war, musst er seine Taschen leeren und den mobilen Detektor passieren. Man wollte offensichtlich nichts riskieren, wenn sich das »Who 's Who« der Londoner Gesellschaft versammelte. Er fragte sich, ob auch sein Gast das Procedere über sich hatte ergehen lassen müssen. Überall Polizisten in Zivil, die sich von den Gästen nur durch ihre breiten Schultern und die unauffälligen Headsets unterschieden. Potkov hatte seinen Leibwächter zu Hause gelassen. Er hielt nichts davon, wenn sich Sicherheitskräfte gegenseitig auf die Füße traten. Außerdem fühlte er sich sicher genug. Eines der hübschen Mädchen schwebte auf ihn zu und bot ihm ein Glas Champagner an. Abwesend griff er danach, denn er hatte genau in diesem Moment seinen Gast entdeckt, der etwas abseits stand und das Treiben beobachtete. Typisch Colin. Nicht umsonst hatte er sich damals für ein Psychologie- und Philosophie-Studium in Harvard entschieden. Der Grundstein seiner Karriere. Die scharfe Beobachtungsgabe und das Talent zur Diplomatie hatten dann ein Übriges getan. Er war noch jung gewesen, als er viele Jahre zuvor außenpolitischer Berater der Regierung geworden war. Das war lange, bevor er schließlich mit der Leitung der Behörde betraut wurde. Potkov ging lächelnd auf seinen Freund zu.

»Na, Colin, alter Knabe? Bereit für ein paar Häppchen in Gesellschaft von Surrealisten?«

Colin Sinclair nahm die dargebotene Hand und drückte sie fest.

»Igor, mein Freund! Ich danke dir für die Einladung. Wurde Zeit, dass ich wieder mal unter Menschen komme.«

»Die Leitung des *SIS* ist bestimmt kein Spaziergang. Du hast dir diese kleine Auszeit redlich verdient.«

Sie schlossen sich den anderen Gästen an, die auf die Rolltreppe zuschlenderten, um in den zweiten Stock befördert zu werden, wo das Diner stattfand. Immer wieder winkte Potkov einem bekannten Gesicht zu, schüttelte Hände. Auf der Rolltreppe hielt er etwas Abstand zu seinem Vordermann und wandte sich lächelnd an Colin Sinclair.

»Nach dem Essen muss ich dir von meinem neuesten Abenteuer erzählen. Kirgistan. Du wirst nicht glauben, was mir da passiert ist.«

Noch bevor Sinclair antworten konnte, nickte Potkov dem Staatssekretär zu, der mit seinem Gefolge am oberen Ende der Rolltreppe stand und auf ihn zu warten schien.

***

McAllister hatte den Rückspiegel nicht aus den Augen gelassen. Soweit er beurteilen konnte, war ihnen niemand vom Parkplatz des Supermarkts gefolgt. Manni hatte sich als pragmatisch und zudem als Naturtalent in Sachen Autodiebstahl erwiesen. Von der Wahl des Autos – ein roter Dacia – bis zum Knacken desselben hatte es keine fünf Minuten gedauert, dann waren sie vom Parkplatz gerollt. Jetzt tauchte der *Manas*-Flughafen mit seinem Tower vor ihnen auf. Ian war angespannt, denn er wusste, dass ihnen nun eine heikle Situation bevorstand. Er zog seine Mütze tiefer ins Gesicht, hieß Manni, seinen auffälligen Pferdeschwanz ebenfalls unter einem Wollungetüm zu verstecken, und wies Lea an, sich auf dem Rücksitz zu verstecken. Kontrollposten würden nach einem lädierten Jeep mit drei Personen Ausschau halten. Zumindest hoffte er das. Aber seine Sorge schien unberechtigt – unbehelligt gelangten sie auf das Flughafengelände. Auf der Zufahrtsstraße war weit und breit nichts von einer Kontrolle zu sehen. McAllister steuerte den Wagen am Flughafengebäude vorbei, wie Wilcox ihn angewiesen hatte, und bog gegenüber auf eine schmale Straße ein. Schon von weitem konnte er die Baracken der *U. S. Air Force* sehen, die wie Bauklötze hintereinander aufgereiht standen. Das weitläufige Gelände wurde von einem hohen Zaun mit Stacheldraht geschützt, hinter dem Soldaten mit Hunden Patrouille liefen.

»Das ist ja eine irre Anlage. Was machen die Amis hier in Kirgistan?«

McAllister sah kurz zu Manni hinüber, zog sich die Mütze vom Kopf und fuhr sich durch die Haare.

»Ist ein Versorgungsstützpunkt für ihre Streitkräfte. Beispielsweise in Afghanistan.«

Seine Hand tastete nach hinten und bekam Leas Oberschenkel zu fassen.

»Du kannst jetzt wieder hochkommen. Ich glaube, wir sind sicher.«

Genau in diesem Moment entdeckte er im Rückspiegel ein Auto, das in hohem Tempo auf sie zugeschossen kam.

»Vielleicht war ich etwas voreilig ...«

Manni und Lea drehten sich fast gleichzeitig um und starrten durch die Heckscheibe.

»Ach, du heilige Scheiße«, flüsterte Manni.

Aber der beigefarbene Jeep zog links an ihnen vorbei und donnerte weiter Richtung Rolltor.

»Da kommt wohl nur jemand zu spät zum Dienst. Glück gehabt.«

Sie wurden vom Kontrollposten gestoppt. McAllister öffnete das Fenster.

»Ian McAllister. Colonel Frank Wright erwartet uns.«

Der Soldat studierte die Einträge auf seinem Clipboard.

»Ihre Ausweispapiere, Sir. Fahren Sie bitte links in die Parkbucht, und warten Sie auf meine Kollegen.«

Ian reichte ihre Pässe aus dem Fenster. Der Motor hatte seine letzte Umdrehung noch nicht vollendet, da tauchten schon zwei Soldaten auf und rollten eine Art Spiegel unter die Bodenplatte. Die Angst vor Bomben war bei den Amerikanern omnipräsent.

»Das ist ja mal ein freundlicher Empfang«, murrte Manni. Ian warf ihm einen scharfen Blick zu. Die Amerikaner verstanden keinen Spaß, wenn es um Sicherheit ging.

»Würden Sie bitte aussteigen?«, forderte sie einer der Männer auf. Sie filzten den Innen- und Kofferraum und die Rucksäcke. Unaufgeregt und effizient wie jemand, der diese Aufgabe mehrmals täglich durchführte. Ian war heilfroh, dass er Viktors Dienstwaffe entsorgt hatte.

»Sie können passieren. Folgen Sie dem Jeep, Sir!«

Im Schritttempo fuhren sie durch das offene Tor. Hinter den Baracken schälte sich ein riesiges Tankflugzeug aus dem Gegenlicht, unweit davon stand eine *A767* auf dem Rollfeld. McAllister folgte dem Jeep durch die Gassen und parkte neben ihm vor einer der Baracken.

»Ich schätze, wir sind da. Packt eure Sachen zusammen.«

Im Rückspiegel betrachtete er Leas Gesicht. Sie war blass, ihre Bewegungen wirkten fahrig. Während der Fahrt war sie schweigsam, fast abwesend gewesen.

»Wir haben es bald geschafft«, versuchte er, sie aufzumuntern. McAllister redete sich ein, dass ihre Distanziertheit nichts mit ihm zu tun hatte, dass sie einfach Zeit brauchte, die Erlebnisse und Strapazen der vergangenen Tage zu verarbeiten.

»Folgen Sie mir. Ich werde Sie jetzt zu Colonel Wright bringen.«

Ohne ihre Antwort abzuwarten, marschierte der Soldat voraus. Seine Stiefel klatschten schwer auf das Linoleum. Ian, Lea und Manni folgten dem Geräusch im Gänsemarsch durch den Gang.

Colonel Frank Wright war ein hoch aufgeschossener Mann mit dem Gesicht eines Raubvogels. Sein stechender Blick verstärkte diesen Eindruck noch. Der Colonel hielt sich nicht lange mit Vorreden auf.

»Es geht mich nichts an, was Sie hier tun, und ich will es auch nicht wissen.«

McAllister hatte nicht den Eindruck, dass Wright eine Antwort von ihm erwartete. Also schwieg er.

»Ich wurde angewiesen, Ihnen zu helfen. Ihr Glück, dass wir heute Crews nach New York und Chicago ausfliegen und einen Stop-over in *London Heathrow* machen können. Sonst hätten Sie ein paar Tage hier in den Gästebaracken verbringen müssen.«

Wright machte eine kurze Pause und musterte ihre Gesichter, als wollte er sie sich für immer einprägen.

»Ich denke, so ist es uns allen lieber«, fuhr er fort. »Ihr Flieger geht in einer Stunde.«

McAllister spürte Colonel Wrights Abneigung fast körperlich. Er konnte es ihm nicht verdenken. Die Anweisung, ihnen zu helfen, war ihm von oben aufgedrückt worden. Vermutlich fürchtete der Colonel, dass dieser ungewöhnliche Vorgang das gute Verhältnis zur kirgisischen Regierung trüben könnte.

»Wir sind Ihnen sehr zu Dank verbunden, Colonel Wright. Ich kann Ihnen versichern, dass niemand über unseren aktuellen Aufenthaltsort Bescheid weiß. Wir haben entsprechende Vorsichtsmaßnahmen getroffen ...«

Wrights Miene blieb undurchdringlich, er nickte leicht.

»Umso besser. Ich wünsche Ihnen einen guten Flug.«

Ein Soldat brachte sie in einen spartanisch eingerichteten Aufenthaltsraum.

»In 30 Minuten werden Sie abgeholt und zum Flugzeug begleitet.«

Mit drei Bechern dünnem Kaffee und einer Flasche Wasser ließ er sie alleine. Manni schnappte sich eine alte Ausgabe des *Life-Magazins*, das er in einem der Regale gefunden hatte, und ließ sich mit seinem Kaffee am Tisch nieder. Lea stand am Fenster und beobachtete das Treiben auf dem Stützpunkt. McAllister legte ihr einen Arm um die Taille und zog sie an sich.

»Es ist vorbei. Wir haben es geschafft«, flüsterte er ihr ins Ohr. Doch statt der erwarteten Erleichterung zeugte ihr Gesichtsausdruck von Misstrauen.

»Was ist heute Vormittag passiert, Ian? Woher kam das ganze Blut?«

Ian wog seine Worte sorgfältig ab.

»Ich habe versucht, jemandem das Leben zu retten.«

»Versucht?«

Für gewöhnlich schätzte er Leas Hartnäckigkeit und ihren scharfen Verstand, aber jetzt war er zu müde, um sich einem ihrer Verhöre zu stellen.

»Er hat nicht überlebt. Leider.«

Er dachte daran, wie sich die Hand des Professors plötzlich in seinen Jackenärmel gekrallt und Otunbajev ihn mit schwacher Stimme aufgefordert hatte, das Auto anzuhalten.

»Wer war der Mann?«

»Ein Wissenschaftler, von dem ich mir wichtige Informationen erhofft hatte.«

Alles, was er stattdessen bekommen hatte, war ein Buch. Ein dickes, in Leder gebundenes Buch voller Blutflecken, das jetzt schwer in seinem Rucksack lag. Die Tür öffnete sich, und ein Soldat mit Kindergesicht betrat den Raum.

»Das Flugzeug steht bereit. Würden Sie mir bitte folgen?«

Wortlos nahmen sie ihre Rucksäcke, Manni schob das Magazin wie selbstverständlich in eine der Seitentaschen. In der *Boeing* wurden ihnen Plätze ganz hinten zugewiesen, in einigem Abstand zu den Soldaten, die bereits lautstark ihre Ablösung feierten. Lea setzte sich ans Fenster, Ian quetschte sich neben sie auf den Mittelplatz. Manni ließ sich neben ihm in den Sitz fallen. Eine Stewardess vergewisserte sich noch einmal, dass sie ihre Sitzgurte vorschriftsmäßig geschlossen hatten, dann rollte die *A767* über die Startbahn. McAllister wollte die angespannte Situation zwischen Lea und sich endlich beenden und beschloss, in die Offensive zu gehen, bevor sie alle vor Erschöpfung einschlafen würden.

»Ich weiß, ihr beide wollt unbedingt wissen, was heute Vormittag passiert ist. Ich muss allerdings vorwegschicken, dass ich einige Informationen nicht mit euch teilen kann – so gerne ich das würde.«

Ian spürte, wie Lea sich versteifte. Ihn beschlich eine leise Ahnung, dass dies vermutlich nicht der beste Gesprächseinstieg gewesen war. Aber er wollte diese Sache endlich hinter sich bringen.

»Ihr erinnert euch, was ich in Viktors Wohnung gesagt habe? Dass ihr vermutlich nicht nur wegen des Abschusses verfolgt wurdet?«

»Klar, Mann!«

Manni rutschte ungeduldig auf seinem Sitz hin und her.

»Ich vermute, dass ihr Zeugen eines konspirativen Treffens geworden seid, bei dem möglicherweise nicht ganz legale Geschäfte besprochen wurden.«

»Sagtest du bereits. Geht das auch konkreter?«

Hatte McAllister vermutet, dass Lea ihn mit Fragen bombardieren würde, wurde er jetzt eines Besseren belehrt. Während Manni seine Neugierde kaum zähmen konnte, saß sie nur neben ihm und blickte ihn durchdringend an.

»Nein. Ich kann euch im Moment nur so viel verraten, dass die Aufnahmen einen sehr einflussreichen, russischen Geschäftsmann sowie einen Berater aus dem Nahen Osten zeigen.«

»Ha! Kann mir vorstellen, dass ihnen unser kleiner Dreh nicht gefallen hat. Worum geht's? Waffen? Drogen? Komm schon, Ian ...«

»Kein Kommentar, Manni. Aber ich hoffe, dass der britische Auslandsgeheimdienst dank eurer Aufnahmen die Kerle unschädlich machen kann.«

»Und du bist genau zum richtigen Zeitpunkt in Kirgistan. Seltsamer Zufall, findest du nicht, Ian?« Lea strich sich eine Haarsträhne aus der Stirn, ohne ihn aus den Augen zu lassen. Mit einem Mal wurde ihm bewusst, was ihr durch den Kopf ging. Ihr gemeinsames Abenteuer im Kongo. Er hatte damals dank ihrer Hilfe ein internationales Firmennetzwerk, das in den illegalen Schmuggel von Coltan verwickelt war, auffliegen lassen. Immer noch schwärte in ihr der Verdacht, dass er sie damals als Köder benutzt hatte. Ein dunkler Schatten, gegen den er seit Beginn ihrer Beziehung kämpfte. Und jetzt flammte die ganze Geschichte erneut auf.

»Ja, Lea, ein Zufall! Lass mich zu Ende erzählen, und du wirst sehen, dass du keinen Grund hast, misstrauisch zu sein.«

Manni sah verwirrt vom einen zum anderen, aber darum konnte sich Ian jetzt nicht kümmern. Ohne auf Details, Namen oder Nationen einzugehen, berichtete er von seiner Freundschaft zu Cyrus Wahdat, den mysteriösen Umständen seines Todes und der noch ungeklärten Verbindung nach Kirgistan. Seinen Trip in den Iran ließ er unter den Tisch fallen, Elliot Wilcox führte er schlicht als ehemaligen Kollegen, der jetzt beim *SIS* arbeitete, ein.

»Als Elliot hörte, dass ich auf dem Weg nach Kirgistan war, bat er mich um einen Gefallen, über den ich leider Stillschweigen bewahren muss.«

Der Gedanken an seinen rothaarigen *SIS*-Kollegen versetzte ihm einen Stich.

»Aber dass ausgerechnet ihr ein wichtiges Puzzlestück zu diesem Fall in den Händen haltet, war nicht abzusehen.«

»Und was ist mit dem toten Mann?«, fragte Lea ungerührt.

»Ein Informant des *SIS*. Leider kam er nicht mehr dazu, sein Wissen mit mir zu teilen. Wir wurden verfolgt, wahrscheinlich vom kirgisischen Geheimdienst. Sie haben auf uns geschossen.«

»So durchsiebt, wie der Jeep war, ist es ein Wunder, dass du nicht auch noch dabei draufgegangen bist«, kommentierte Manni trocken.

McAllister nickte, holte seinen Rucksack aus dem Fußraum und schnürte ihn auf. Vorsichtig zog er das dicke, in Leder gebundene Buch heraus. Das Blut auf dem Einband erinnerte ihn mit brutaler Schonungslosigkeit an jene Szenen, die sich im Auto abgespielt hatten. Nachdem Otunbajev ihn aufgefordert hatte, stehen zu bleiben, hatte McAllister den Wagen auf den erstbesten Parkplatz gelenkt. Auf der Suche nach einer möglichst uneinsehbaren Ecke war ihm dann der verspielte Bau mit den Zwiebeltürmchen aufgefallen. Eine orthodoxe Kirche. Dahinter ein Friedhof. Otunbajev hatte ihn ebenfalls entdeckt und gelächelt.

»Perfekt, Mr McAllister. Hier werde ich gut aufgehoben sein.«

Seine Stimme war kaum mehr als ein Windhauch gewesen. Seine Augen waren geschlossen, Äderchen überzogen wie ein feines Spinnennetz die Lider. Die wächserne Gesichtsfarbe und die durchscheinende Haut sagten McAllister, dass er einen sterbenden Menschen vor sich hatte. Er sah so etwas nicht zum ersten Mal. Spontan hatte er nach Otunbajevs Hand gegriffen, um ihm ein Gefühl von Nähe zu vermitteln. Wie gerne hätte er etwas Tröstliches gesagt, aber der Anblick des Professors schnürte ihm die Kehle zu. Er hatte ihn retten wollen, diesen hageren Mann mit der Haltung eines Riesen.

»Das Buch. Nehmen Sie das Buch, und passen Sie gut darauf auf.«

Noch bevor er nachfragen konnte, was genau er damit meinte, war Otunbajevs Herz stehen geblieben. McAllister erinnerte sich im Nachhinein nicht mehr daran, wie lange er im Auto gesessen hatte, bevor der professionelle Teil seines Gehirns wieder das Kommando übernommen hatte. Otunbajev unbeobachtet aus dem Auto zu hieven, ihn an die Friedhofsmauer zu lehnen und das Buch an sich zu nehmen, hatte jedenfalls nicht mehr als fünf Minuten beansprucht.

»Ian?«

Leas Stimme schien von weit her zu kommen.

»Ian? Alles klar bei dir?«

Ihr Tonfall klang besorgt, was er mit Erleichterung zur Kenntnis nahm.

»Alles in Ordnung. Ich musste nur gerade an den armen Kerl denken, der …« Er verstummte und fuhr mit der Hand über den dunklen Fleck auf dem Buchdeckel.

»Das hat er mir noch in die Hand gedrückt. Keine Ahnung, was ich mit dem Buch soll. Ich hoffe, das Labor findet etwas Brauchbares.«

Lea starrte auf das Buch, als hätte sie Angst, dass es zum Leben erwachen könnte. Die Blutflecken schienen ihr lebendig. Parasiten gleich krochen sie über den Deckel, wanden sich hinab zu den weißen Seiten, drangen ein in die empfindlichen Eingeweide des Buchs und hinterließen dort eine Spur der Vernichtung. Gewelltes Papier, verklebte Seiten, unlesbare Buchstaben. Zögernd streckte sie eine Hand danach aus, berührte eine der unversehrten Lederecken, sah Ian in die Augen. Die Traurigkeit in seinem Blick traf sie unvorbereitet. Sie spürte, dass er ihr mehr erzählen, Bilder, die seine Erinnerung heimsuchten, durch Reden vertreiben wollte. Aber da war sie wieder, diese Mauer, die sie nie würde durchdringen können. Lea war unsicher, ob ihre Beziehung und Ians Job auf Dauer vereinbar waren. Die vergangenen Tage hatten ihr einen Vorgeschmack darauf gegeben, wie ein Leben mit Ian aussehen könnte. Mimik, die sie außerstande war, zu deuten. Dämonen, die sie nicht kannte und nie kennenlernen würde. Halbwahrheiten und Geheimniskrämerei. Das Flugzeug sackte ruckartig nach unten. In letzter Sekunde konnte Lea ihren Becher mit Wasser auffangen. Sie stellte sich die Frage, ob sie aus Angst und Erschöpfung zu hart mit Ian ins Gericht gegangen war. Er machte nur seinen

Job, und der war nicht alltäglich. Liebte sie ihn unter anderem nicht auch deshalb, weil sie hinsichtlich ihrer Vorstellungen und Ideale auf einer Wellenlänge waren?

»Darf ich?«, fragte sie und zeigte auf das Buch. Ian legte es ihr in den Schoß. Lea öffnete es vorsichtig, der Buchrücken knirschte. Ein modriger Geruch stieg ihr in die Nase. Es war eine alte Ausgabe von Kants *Kritik der praktischen Vernunft*. Englisch. Vorsichtig löste sie die erste Seite von der nächsten – das Blut hatte sie zusammengeklebt. Kategorischer Imperativ. Prinzipien der Moral, hergeleitet aus der menschlichen Vernunft. Mit viel Fingerspitzengefühl befreite sie Seite um Seite. Eine monotone Arbeit, aber Lea hatte das Gefühl, dass sie es dem Buch und seinem einstigen Besitzer schuldig war. Auf einigen Seiten hatte jemand am Rand Notizen hinterlassen. Ganz fein, mit Bleistift geschrieben. Es schien, als sei das Buch intensiv durchgearbeitet worden. Lea war verwundert. Warum versah jemand eine so kostbare Ausgabe mit seinen handschriftlichen Anmerkungen? Sie schaltete die Lampe oberhalb ihres Sitzes ein. Die Schrift war zart wie Spinnenseide, winzig, kaum zu entziffern. Lea brachte das Buch näher an ihre Augen. Was war das? Kürzel? Zahlen? Ein paar Satzfragmente auf Französisch. Einige Passagen über die moralische Pflicht als Basis von Freiheit waren unterstrichen. Daneben ein Kommentar: *12.4.10. mit WC übereingekommen, über Treffen mit PI informiert. Abyssus abyssum invocat!*

Lea runzelte die Stirn. Das Gekritzel las sich wie die Notizen eines Verrückten. *Abyssus abyssum invocat?* Latein war für sie nie mehr als ein notwendiges Übel gewesen. Sie versuchte, sich zu erinnern. Abyssus? Irgendwo im hintersten Winkel ihres Gedächtnisses blitzte eine Erinnerung auf. *Gab es da nicht einen Film: The Abyss? Hatte er nicht den deutschen Titel Der Abgrund?*

Sie blätterte weiter. Wieder eine unterstrichene Passage. Der Mensch als autonomes Vernunftwesen. Der Vermerk war deutlich kürzer. *8.2.10. PI mit B. Alea iacta est?*

Der Würfel ist gefallen? Schnell schlug sie eine andere Seite auf. Ein weiterer Eintrag. Dieses Mal von Dezember 2009. Je weiter sie blätterte, umso älter schienen die Notizen zu werden.

»Ian?«

»Hm?« Ian hatte die Augen geschlossen, neben ihm schnarchte Manni.

»Wie gut ist dein Latein?«

Er zwang widerwillig seine Lider auseinander und sah sie schlaftrunken an.

»Wieso?«

»Abyssus abyssum invocat?«

Er richtete sich in einem Sitz auf und sah sie verwundert an.

»*Abgrund ruft nach Abgrund.* Seit wann interessierst du dich für Bibelsprüche?«

Sie reichte Ian wortlos das Buch und tippte mit dem Zeigefinger auf die Notiz am Seitenrand. Er beugte sich über das Buch und kniff die Augen zusammen.

»Ich sehe nichts.«

»Ist ganz dünn mit Bleistift geschrieben.«

Ian kramte eine Taschenlampe aus seinem Rucksack hervor und knipste sie an. Der Strahl wanderte über die Seite und verharrte an der unterstrichenen Stelle. Unvermittelt fing der Lichtpunkt an zu zittern. Hektisch blätterte McAllister durch die Seiten, ließ den Lichtkegel über den Text wandern. Gelegentlich hielt er inne, um eine der Notizen genauer zu betrachten. Lea konnte seine Anspannung förmlich spüren.

»Was ist das?«

Ian legte ihr die Hand in den Nacken und küsste sie.

»Du bist unbezahlbar, mein Schatz! Wenn ich mich nicht täusche, hast du soeben die Aufzeichnungen unseres Informanten gefunden. Er scheint Protokoll über die Treffen der Protagonisten in dieser Geschichte geführt zu haben.«

Er strahlte sie an.

»Du und deine Hartnäckigkeit. Ganz nebenbei hast du mir gerade den Hals gerettet. Denn ich glaube, der letzte Eintrag beweist, dass ich in Bezug auf meinen Studienfreund richtiggelegen habe. Er stand vermutlich im Begriff, die ganze Sache auffliegen zu lassen, und das war auch der Grund, warum er …«

Lea hatte zwar keine Ahnung, worauf Ian anspielte, aber es war ihr gleichgültig. Das erste Mal seit Tagen hatte sie das Gefühl, dass er seinen Panzer abgelegt hatte.

Kapitel 17

Ian küsste Lea auf die Stirn und sah kurz darauf Manni fest in die Augen.

»Ich muss noch schnell das Treffen mit dem *SIS* hinter mich bringen, dann können wir abzischen. Ich wäre euch sehr verbunden, wenn ihr ausnahmsweise wirklich hier auf mich warten würdet.«

Er legte ein paar Pfundnoten auf den Tisch.

»Der Kaffee geht auf mich.«

»Mensch, Ian, es ist Mitternacht! Ein Bier und ein Burger wären mir lieber«, murmelte Manni.

Obwohl er den größten Teil des Fluges verschlafen hatte, schien er die Augen kaum offenhalten zu können.

»Sorry, Manni, aber das Café hier ist der einzige Laden im ganzen Flughafenbereich, der noch geöffnet hat. Die Sandwiches sind übrigens sehr zu empfehlen.«

Ian nahm seinen Rucksack, strich Lea noch einmal über die Wange und machte sich auf zu seinem Treffen mit Elliot in der Business-Lounge der *BA*. Obwohl er kaum ein Auge zugetan hatte, fühlte er sich voller Energie. Der lange Flug hatte sich als Glücksfall erwiesen. Eng aneinandergeschmiegt, hatten Lea und er in der Dunkelheit gesessen und sich flüsternd unterhalten. Ihre Berührungen und Worte hatten einen Kokon aus Vertrautheit gesponnen, in dem das Misstrauen und die Missverständnisse der vergangenen Tage keinen Platz mehr hatten. Und er hatte das Buch.

McAllister betrat die Lounge, wo Elliot im Vorraum bereits auf ihn wartete.

»Du hast auch schon mal besser ausgesehen.«

Er streckte Ian zögerlich die Hand entgegen, als befürchtete er, sich mit einer gefährlichen Krankheit anzustecken.

»Ich habe einen Besprechungsraum für uns reservieren lassen. Hungrig?«

McAllister schüttelte den Kopf. Er wollte die Sache nur möglichst schnell hinter sich bringen. Das Licht in der Lounge war gedämpft, Passagiere dösten in den ausladenden Polstermöbeln oder arbeiteten an Laptops. Elliot führte ihn in einen Raum, der durch eine Glasfront vom restlichen Wartebereich abgetrennt war. McAllister nahm sich ein Tonic Water vom Sideboard und setzte sich an den Tisch. Ein kurzer Blick in Elliots angespanntes Gesicht sagte ihm, dass dieses Gespräch alles andere als vergnüglich werden würde. Der *SIS*-Mann nahm gegenüber Platz und fixierte ihn.

»Lass mich kurz zusammenfassen, Ian: Ein Kollege von *Interpol* wurde angeschossen, mein *SIS*-Agent, sein Informant und ein paar kirgisische Geheimdienstler sind tot, und du hast mich mit einem potenziellen Beweismittel erpresst, damit ich dich und deine Freunde aus Kirgistan raushole. Ich hoffe, du hast ein paar gute Erklärungen für das Chaos, das du da drüben angerichtet hast?«

Ian lehnte sich zurück und verschränkte die Arme hinter dem Kopf. Elliots Chefallüren waren nichts Neues. Nur diesmal musste Ian ihn um jeden Preis auf seine Seite ziehen, wenn er nicht vorzeitig den Dienst quittieren wollte. Aber auch für Wilcox stand viel auf dem Spiel, denn er hatte ebenfalls hoch gepokert. McAllister war sich dessen durchaus bewusst.

»Du wirst auf deine Kosten kommen, Elliot. Und das weißt du.«

Seelenruhig öffnete er den Rucksack und legte das Buch sowie die Speicherkarte auf den Tisch.

»Das«, seine Hand ruhte auf dem Ledereinband, »wird dich bei deinen Ermittlungen weit nach vorne bringen. Die Sache mit deinem Kollegen tut mir leid, aber dafür musst du den kirgisischen Geheimdienst verantwortlich machen. Wenn es dich beruhigt – sein Mörder liegt jetzt mit dem Gesicht nach unten im Schlamm.«

Elliots Gesicht zuckte nervös.

»Fang an.«

McAllister holte tief Luft und begann, die Geschichte aufzurollen. Wie Lea und Manni den Abschuss des Schneeleoparden gefilmt hatten, ohne genau zu wissen, wen sie da vor sich hatten. Die Verfolgungsjagd, Viktors Auftauchen, die Ermordung des Lehrers. Gelegentlich stellte Wilcox eine Zwischenfrage, aber ansonsten ließ er McAllister gewähren. Als Ian zu der Stelle kam, als er die Aufnahmen vom Abschuss das erste Mal gesichtet hatte, hob Elliot die Hand.

»Woher wusstest du eigentlich, dass Potkov und Basim Haleeh auf den Aufnahmen zu sehen waren?«

McAllister zuckte mit den Schultern.

»Ich hatte mich in London mit Cyrus' seltsamem Autounfall beschäftigt. Du erinnerst dich?«

Ein knappes Nicken von Wilcox genügte als Antwort.

»Bei der Gelegenheit habe ich diverse Zeitungsartikel durchgearbeitet und bin mehrfach auf Basim Haleeh gestoßen. Ist ja kein Unbekannter. Und über Potkov gab es kürzlich ein Porträt in der *Financial Times.*«

McAllister schnaubte verächtlich.

»Äußerst schmeichelhafter Artikel für so einen Verbrecher.«

Elliot sah ihn ungeduldig an.

»Weiter.«

Ian wollte den Faden gerade wieder aufnehmen, als ihm unvermittelt etwas einfiel.

»Auf der Speicherkarte befindet sich übrigens auch ein detailliertes Geständnis meines Freundes Viktor. Davon brauche ich eine Kopie.«

Ein kurzes Lächeln huschte über Elliots Gesicht. McAllister wertete das als Zusage und fuhr mit der Geschichte fort.

Er erzählte von seinen Gesprächen am Krankenbett des *SIS*-Agenten, der Begegnung mit Otunbajev, dem Showdown in der Kiesgrube und dem Tod des Professors.

»Einer Sache bin ich mir sicher: Cyrus wurde ermordet, und er war garantiert kein Doppelagent.«

Elliots Stirn zeigte Falten der Skepsis.

»Da weißt du mehr als wir. Was macht dich so sicher?«, hakte er nach.

McAllister öffnete das Buch und knipste die Taschenlampe an. Er richtete den Lichtkegel auf den letzten Eintrag Otunbajevs.

»Der Professor hat Aufzeichnungen gemacht. Diese hier bezieht sich meiner Meinung nach auf Cyrus.«

Er drehte das Buch so, dass Elliot einen Blick darauf werfen konnte. Elliot holte eine Brille aus der Brusttasche seines Sakkos, setzte sie auf und beugte sich über das Buch.

»Ich sehe nichts«, brummte er.

»Schau genau hin.«

Ian hielt den Lichtkegel auf die Stelle, wo die Passage zur moralischen Pflicht als Basis der Freiheit unterstrichen war.

»12.4.10. mit WC übereingekommen, über Treffen mit PI informiert. Abyssus abyssum invocat!«, las Elliot laut vor und setzte nach: »Was soll ich mit dem Blödsinn?«

»Das sollen deine Leute überprüfen. Aber wenn du mich fragst, dann steht WC für Wahdat Cyrus und PI für Potkov Igor. Und wenn Cyrus ein Doppelagent gewesen wäre, warum hätte er euren Informanten über das Treffen mit Potkov in Kenntnis setzen sollen? Es muss einen Grund geben, warum Otunbajev ausgerechnet die Textpassage zur moralischen Pflicht angestrichen hat. Verstehst du nicht? Außerdem bin ich mir absolut sicher, dass uns Otunbajev mit seiner handschriftlichen Notiz *Abyssus abyssum invocat* – Abgrund ruft nach Abgrund – relevante Informationen zuspielen wollte. Es war ihm enorm wichtig, dass ich das Buch an mich nehme und bei euch abliefere.«

McAllister war irritiert, als er in Elliots skeptische Miene blickte.

»Was? Glaubst du, ich spinne?«

Elliot nahm die Brille ab und fuhr sich mit der Hand über das Gesicht.

»Es ist egal, was ich glaube. Selbst wenn sich das, was du hier konstruierst, als mögliche Interpretation erweist, hilft es uns nicht wirklich weiter.«

McAllisters Nacken versteifte.

»Wie darf ich das verstehen?«

»Alles, was wir haben, ist ein Buch, von dem du behauptest, es von Otunbajev bekommen zu haben, und ein paar wirre Einträge, die wir noch nicht verstehen. Bedauerlicherweise kann Otunbajev nichts mehr von dem, was du erzählst, bestätigen.«

McAllister lachte auf.

»Komm schon, Elliot! Du bist beim Geheimdienst. Seit wann arbeitet ihr mit sauber getippten und eidesstattlich versicherten Dossiers? Ein Schriftenvergleich sollte genügen, um einen ersten Aufschluss über die Authentizität der Quelle zu geben.«

Elliots Blick wurde leer.

»Otunbajevs Haus ist vor ein paar Stunden bis auf die Grundmauern abgebrannt. Und vermutlich vernichtet jemand genau in diesem Moment sorgfältig alle Dokumente, die mit ihm in Zusammenhang stehen.«

Eine bleierne Müdigkeit überfiel McAllister. Otunbajevs Tod durfte nicht umsonst gewesen sein. Er wollte etwas erwidern, aber Elliot gebot ihm mit einer Handbewegung, zu schweigen.

»Entspann dich, wir werden nichts unversucht lassen. Trotzdem, von dieser Speicherkarte erhoffe ich mir mehr. Vorausgesetzt, es ist darauf wirklich alles so gestochen scharf zu erkennen, wie du behauptest.«

Ian stand auf, nahm sich eine Coke und stürzte sie in langen Zügen hinunter. Er konnte sich nicht erlauben, jetzt schlappzumachen. Er würde in absehbarer Zeit kaum erneut die Gelegenheit bekommen, sich ungestört mit Elliot zu unterhalten. Er ließ sich auf den Sessel fallen und massierte seinen steifen Nacken.

»Was hat Potkov wirklich vor, Elliot? Eine alte Uran-Wiederaufbereitungsanlage in Kirgistan zu kaufen, ist an sich noch nicht illegal. Und in dieser Anlage hoch angereichertes Uran für eine Bombe zu produzieren und vor den Augen der Internationalen Atomenergiebehörde in den Iran zu verhökern, ist bei der engmaschigen Überwachung so gut wie unmöglich. Also, was will er?«

Wilcox' Kopf wippte langsam vor und zurück. Als McAllister schon dachte, keine Antwort mehr zu erhalten, räusperte sich sein Gegenüber und schob ein Stück Papier über den Tisch.

»Unterschreib das.«

McAllister starrte auf das Formular. Eine Geheimhaltungserklärung, in der mit drakonischen Strafen gedroht wurde, sollte er diese brechen. In einem ersten Impuls wollte er Elliot den Zettel zurückschieben, besann sich dann aber eines Besseren. Er brauchte Elliot und den *SIS* als Rückendeckung gegen seinen Chef und einen möglichen Untersuchungsausschuss. Er griff nach dem Kugelschreiber, den Elliot ihm hingelegt hatte, und unterschrieb das Dokument.

»*Quid pro quo*, Elliot. Also?«

Wilcox nahm das Papier an sich und verstaute es in seiner Mappe.

»Wie ich dir bereits in Isfahan sagte, haben wir nichts Konkretes. Unter anderem auch deshalb, weil dein Freund Cyrus nicht mehr dazu kam, sein Wissen mit uns zu teilen.«

Cyrus, der jetzt tot ist, weil ihr ihn gezwungen habt, für euch zu schnüffeln, dachte Ian.

»Auffällig war«, fuhr Wilcox fort, »dass sich der Iran vor einigen Monaten plötzlich kooperativer verhielt und sogar in Aussicht stellte, noch 2010 die Atom-Inspekteure ins Land zu lassen. Sie sollen Zutritt zu allen Anlagen erhalten, ganz ohne die sonst üblichen Restriktionen. Dann hat Cyrus uns vor einiger Zeit wissen lassen, dass tatsächlich mit dem Rückbau einiger Geheimlabore begonnen werden sollte.«

McAllister nickte gedankenverloren. Eine Öffnung für die *IAEA*-Inspekteure würde eine Lockerung der Sanktionen gegen den Iran bedeuten.

»Dieser plötzliche Sinneswandel hat uns skeptisch gemacht. Und nicht nur uns, wie du dir vorstellen kannst. Wir hatten schon längere Zeit befürchtet, dass der Iran die Produktion von waffenfähigem Uran irgendwann ins Ausland verlagern könnte.«

Wilcox machte eine Pause, er genoss es sichtlich, Ians ungläubige Miene zu studieren.

»Und hier kommt Potkov ins Spiel. Wir denken, dass die alte Aufbereitungsanlage nur zur Tarnung dienen sollte. Sie könnte ganz nach Vorschrift und unter Aufsicht Uran für Brennstäbe anreichern, würde ihm aber die Möglichkeit geben, Spuren zu verwischen.«

»Spuren?«, fragte McAllister nach.

»Nun ja, wenn er eine alte Anlage aufrüstet, fallen beispielsweise Importe gewisser technischer Komponenten weniger auf. Oder der Transport von Brennstäben könnte genutzt werden, um etwaiges anderes Material aus dem Land zu bringen. Zudem gehört zur Aufbereitungsanlage auch eine Uranlagerstätte. Keiner weiß genau, wie viel Uran dort gefördert werden kann oder ob aus Kasachstan zugekauft werden muss. Damit werden die Verarbeitungsmengen unübersichtlich. Um dir nur einige Beispiele zu nennen.«

Obwohl Ian sich konzentriert hatte, ergaben Elliots Worte nur bedingt Sinn für ihn.

»Er kann also bestimmte Aktivitäten vertuschen, so weit kann ich dir folgen. Aber warum sollte er das tun?«

»Vielleicht, weil er eine unterirdische Anreicherungsanlage für die Produktion von waffenfähigem Uran plant? Die in irgendeinem Felsmassiv oder einem stillgelegten Bergwerk in Kirgistan versteckt ist und somit für keinen Satelliten der Welt aufzuspüren wäre? Alles Vermutungen, noch haben wir keine Beweise.«

Wenn das stimmt, dachte McAllister, *ist es kein Wunder, dass jemand Himmel und Hölle in Bewegung gesetzt hat, um an die Speicherkarte zu kommen.* Elliot schien seine Gedanken zu lesen.

»Die Tatsache, dass du im Besitz von Aufzeichnungen bist, die Potkov, Borukev und Haleeh zusammen zeigen, und die Hartnäckigkeit, mit der deine Freunde verfolgt worden sind, zeigt uns, dass dieses Szenario durchaus denkbar ist.«

Elliot verfiel plötzlich in Schweigen, als wäre ihm erst in diesem Moment bewusst geworden, welche Bedrohung von diesem Szenario ausging. *Abyssus abyssum invocat* – Abgrund ruft nach Abgrund, ging es McAllister durch den Kopf. Konnte es sein, dass Otunbajev auf eine unterirdische Anlage angespielt hatte? Er behielt seine Vermutung vorerst für sich, um den Redefluss seines Gegenübers nicht vorzeitig zu stoppen.

»Soweit wir beurteilen können«, hub Wilcox in diesem Moment wieder an, »ist der Deal mit der alten Aufbereitungsanlage zwischen Potkov und Borukev noch nicht durch.«

»Heißt das, dass sich das Projekt noch in der Planungsphase befindet?«, fragte McAllister.

Wilcox blickte über den Tisch, jegliche Blasiertheit war aus seinem Gesicht gewichen und hatte der Sorge Platz gemacht.

»Ich hoffe es. Und mit diesem Material«, er zeigte auf das Buch und die Speicherkarte, »können wir in Kirgistan und im Iran Feuer legen. Die sollen ruhig wissen, dass wir ihnen auf die Finger schauen.«

Ian wusste, worauf Elliot anspielte. Ein ungewünschtes Regime zu destabilisieren, war eine Geheimdienst-Spezialität und gängige Praxis. Autokraten, die ihr Land und ihr Volk ausbeuteten, so wie die Borukevs, hatten genug Feinde, denen sensible Informationen zugespielt werden konnten. Je nach Region warf man noch Waffen oder Geld in den Ring und wartete dann, bis sich das Gemisch entzündete.

»Gibt es Kopien von der Speicherkarte?«, unterbrach Wilcox seine Gedanken.

»Ich denke, nicht. Viktor hatte vermutlich nicht genug Zeit, eine anzufertigen …«

»Ich wollte wissen, ob du dir eine Kopie gezogen hast?«

Elliots Gesicht zeigte keinerlei Regung.

Ian lächelte. »Jetzt machst du dir extra die Mühe, zu so später Stunde noch nach Heathrow zu kommen, um dein Beweismaterial entgegenzunehmen, und wirst möglicherweise trotzdem nicht gut schlafen. Ein Jammer.«

Ihre Blicke trafen sich, und ein stummer Wettkampf begann.

Ohne Ians Blick auszuweichen, antwortete Wilcox schließlich: »Ich werde mich um den Ausschuss und deinen Chef kümmern. Du hast mein Wort. Also?«

Aus Ians Lächeln wurde ein breites Grinsen. Wilcox hatte eine schnelle Auffassungsgabe.

Auf dem Weg zurück zum Café traf McAllister nur noch vereinzelt Menschen. Es war mittlerweile nach ein Uhr nachts, und außer der Putzkolonne und ein paar gestrandeten Passagieren war niemand mehr in den Hallen unterwegs. Schon von weitem konnte er Lea und Manni ausmachen. Sie hatten es sich auf den Stühlen des Cafés bequem gemacht, und ihre Haltung sagte ihm, dass sie eingeschlafen waren. Sanft strich er Lea über die Haare. Verschlafen hob sie den Kopf und lächelte.

»Dachte schon, du kommst gar nicht mehr.«

»Tja, falsch gedacht. Wir fahren jetzt alle erst mal zu mir und schlafen eine Runde. Morgen früh kümmern wir uns dann um eure Rückflüge.«

McAllister hoffte inständig, dass seine Putzfrau das Chaos in seiner Wohnung beseitigt hatte.

***

Igor Felipowitsch Potkow nippte an seinem Single Malt und kniff die Augen zusammen. War das da eine Unregelmäßigkeit oder nur das Spiel des Lichts? Er stellte das Glas auf den Tisch und ging auf die Knie. Sein Gesicht nur wenige Zentimeter vom Boden entfernt, bürstete seine Hand das Fell wieder und wieder gegen den Strich. Er schloss die Augen. Seidenweich, zart und irgendwie warm. Fast, als wäre der Schneeleopard noch am Leben. Er brachte sein Gesicht noch näher an das cremefarbene Fell und zuckte zurück. Der Geruch war streng und chemisch. Bereits heute Morgen, als Janysh das Fell im Herrenzimmer zum ersten Mal vor ihm ausgerollt hatte, war ihm das Odeur aufgefallen. Borukev hatte seine Reaktion bemerkt und ihm versichert, dass sich der Mief vom Präparieren innerhalb weniger Tage verlieren würde. Potkov stemmte sich wieder hoch und griff nach seinem Glas. Die Zeichnung des Fells war atemberaubend. Scharf abgegrenzte, schwarze Flecken am Kopf, die zum Rücken hin verliefen, erst heller und dann am Schwanz wieder dunkler wurden. Auf cremefarbenem, grauem oder je nach Lichteinfall sogar bläulich schimmerndem Untergrund. Potkov hatte nicht schlecht gestaunt, als Janysh Borukev heute Morgen ohne Voranmeldung vor seiner Tür gestanden hatte. Janysh hatte ihm erzählt, dass er am Vorabend erst spät in London eingetroffen war. Ganz offensichtlich hatte er es eilig gehabt, seine heiße Fracht loszuwerden, die er im Diplomatengepäck ins Land geschafft hatte. Drei Monate waren seit ihrem letzten Telefonat vergangen. Potkov wäre jede Wette eingegangen, dass er nie wieder etwas von den Borukev-Brüdern hören würde. Er hätte verloren.

So, wie Janysh ausgesehen hatte, hatte er in den vergangenen Wochen wenig zum Lachen gehabt. Der Kirgise hatte nicht nur Gewicht, sondern auch Spannkraft verloren. Seine Schultern hingen nach vorne, der Nacken war gebeugt. Tränensäcke saßen wie Geschwüre unter seinen Augen, die einst feisten Backen hatten der Schwerkraft nachgegeben. Auch von seinem Selbstbewusstsein war wenig übrig geblieben, vielmehr umgab ihn die Aura eines Verlierers. Potkov vermutete, dass Janysh nicht mehr nach Kirgistan zurückkehren würde. Oder, besser gesagt, nicht mehr zurückkehren konnte. Seit ihr Deal geplatzt war, hatte sich die politische Situation in der ehemaligen Sowjet-Republik zunehmend destabilisiert. Noch klammerte sich Janyshs Bruder an das Präsidentenamt, aber Potkov war sicher, dass nicht nur Janyshs, sondern auch die Tage seines Clans gezählt waren. Zumindest, wenn es danach ging, was ihm sein Freund Colin Sinclair vom *SIS* signalisiert hatte. Nicht mehr lange, und die Geschicke Kirgistans würden von einer demokratisch gewählten Regierung bestimmt werden. Janysh war offensichtlich als Einziger der Borukev-Brüder schlau oder vielleicht auch uneitel genug, um genau das zu erkennen. Potkov schätzte, dass sein Jagdgefährte seine Offshore-Konten längst aufgelöst und sich nach einem neuen Wirkungskreis umgesehen hatte. Das Schneeleopardenfell war reines Kalkül, so viel war Potkov klar.

Er ließ die bernsteinfarbene Flüssigkeit lange in seinem Glas kreisen, bevor er einen Schluck nahm, und dachte an das Abendessen. Colin hatte ihn ein paar Wochen zuvor angerufen, und noch am selben Abend hatten sie sich im Club getroffen.

Der *Brunello* stand dekantiert auf dem Beistelltisch, trotzdem hatten sie sich während der ersten beiden Gänge – Pilzconsommé und Wildkräutersalat – ausschließlich mit Wasser begnügt. *Wer mit Dynamit hantiert, sollte sich keine Zigarette anstecken*, hatte er gedacht und seinem Freund Sinclair in knappen Worten alles geschildert, was ihm bezüglich der Borukev-Brüder und ihrer Verbindungen relevant erschien. Auch hinsichtlich des Themas Basim Haleeh hatte er bei dem *SIS*-Mann einige Wissenslücken geschlossen. Er hatte mit nichts hinter dem Berg gehalten, denn diese Kontakte waren ohnedies verbrannt und schon sehr bald wären sie keinen Pfifferling mehr wert. Allerdings sollte er sich, so hatte ihm sein Freund Colin nahegelegt, in den kommenden Jahren etwas zurückhalten, was Geschäfte mit zweifelhaften Regimen anging. Der Kongo-Deal mit den Chinesen würde also warten müssen. Aber Potkov war der Ansicht, dass das alles in allem ein fairer Preis dafür war, dass die Speicherkarte unter Verschluss blieb. Sollte Colin dennoch auf die Idee kommen, das Material irgendwann gegen ihn verwenden zu wollen, dann würde ihn das heimlich aufgezeichnete Gespräch dieses Abends bestimmt von dieser Dummheit abhalten.

Bei diesem Gedanken musste Potkov schmunzeln. Er zog den Schliffstopfen aus der Kristall-Karaffe und schenkte sich großzügig nach. Ihm war heute nach Feiern zumute. Die Borukevs würden bald im Gefängnis oder bestenfalls im Exil versauern, und Basim Haleeh war aller Wahrscheinlichkeit nach tot. Zumindest vermutete Potkov, dass es sich bei jenem nicht namentlich genannten Regierungsberater, der gemeinsam mit dem Industrie-Staatssekretär bei einem Attentat ums Leben gekommen war, um Basim handelte. Armer Basim. Seine Freunde im iranischen Regime hatten ihm wohl nicht verziehen, dass die Auslagerung der Produktion von waffenfähigem Uran gescheitert war. Vorläufig zumindest. Nach der Nachrichtensendung hatte Potkov mehrfach versucht, Basim auf seinem Handy zu erreichen, aber die Leitung war tot gewesen. Wie gut, dass seine Drähte in den Iran sich nicht ausschließlich auf Basim beschränkt hatten. So konnte er glaubhaft lancieren, dass er nicht nur ein loyaler Freund des Regimes war, sondern sich auch um einen neuen Produktionsstandort für eine Anreicherungsanlage bemühen würde. Schließlich musste er dafür sorgen, dass der iranische Geheimdienst bezüglich seiner Person keine Sicherheitsbedenken bekam. Trotzdem hatte Colin ihm geraten, die Sicherheitsvorkehrungen im und um das Haus zu verschärfen.

Potkov nahm einen großen Schluck Whiskey und genoss das warme Gefühl, das sich in seinem Magen ausbreitete.

***

Der Abspann lief, und Lea konnte nicht umhin, Manni aus den Augenwinkeln heraus zu beobachten. Jeder Muskel seines Körpers schien zum Zerreißen gespannt. Die Dokumentation war in der Welt, und Manni war bereit, das Urteil zu empfangen. Er schloss die Augen, hielt die Luft an. Applaus brandete auf, Mannis Schultern entspannten sich, er atmete tief ein. Noch für einen kurzen Augenblick hielt er die Augen geschlossen, als wollte er die Ovationen mit jeder Faser seines Körpers aufsaugen, dann erstrahlte ein Lächeln auf seinem Gesicht, wie Lea es bei ihm noch nie zuvor gesehen hatte. Er hatte es geschafft. Seine Dokumentation *Phan-*

tom der Berge war unter den Finalisten des diesjährigen *Wildscreen-Film-Festivals*. Und in wenigen Minuten würde der Moderator den Gewinner verkünden. Sie lehnte sich gegen Ian und flüsterte: »Glaubst du, er wird gewinnen?«

»Würde mich wundern, wenn nicht. Aufnahmen von Schneeleoparden in freier Wildbahn sind immer noch eine Rarität.«

Lea nahm einen Schluck Rotwein und stocherte in ihrem Dessert, das noch nicht abgetragen worden war.

»Vielleicht kommt er dann endlich darüber hinweg, dass er die Aufnahmen des Abschusses nicht einbauen durfte.«

Ihre Stimme klang provokanter, als gewollt, sie beobachtete Ians Reaktion. Aber sein Gesicht verriet nichts. Er lächelte nur gut gelaunt und nickte. Lea wusste, dass Ian das Thema Speicherkarte mied wie ein Frosch die Wüste. Aber so leicht wollte sie ihn nicht davonkommen lassen. Natürlich, dass Tom, Mannis Assistent, heute mit ihnen am Tisch saß und Oleg relativ unbeschadet das Gefängnis verlassen hatte, war Ian und seinen Verbindungen zu verdanken. Das war Lea durchaus bewusst. Ebenso, dass die Aufnahmen, die internationale Politiker bei einem Schneeleoparden-Abschuss und potenziell unsauberen Geschäften zeigten, der reinste Sprengstoff waren. Aber verdammt, sie und Manni hatten diesen Albtraum in Kirgistan gewiss nicht durchgestanden, damit irgendwelche Geheimdienste Beweismaterial sammeln konnten. Sie wollten diese Typen an den Pranger stellen, ein Exempel statuieren. Der Welt beweisen, dass die Tage gezählt waren, in denen Politiker und Geschäftsmänner Recht mit Macht oder Geld beugen und sich ihr Diplomatengepäck mit Fellen und Stoßzähnen vollstopfen konnten. Sie …

»Lea?«

Beim Klang von Ians Stimme schreckte Lea hoch. Die Reste des Schokokuchens, die eben noch vor ihr auf dem Teller gelegen hatten, waren zu Krümeln atomisiert. Irritiert starrte sie auf die Gabel in ihrer Hand.

»Lea? Was ist los? Du warst total in Gedanken. Die Preisverleihung beginnt!«

Ian hatte recht. Sie waren heute Abend wegen Manni hier. Ihre Herzensangelegenheit musste warten. Als der Moderator wie ein Gockel auf die Bühne stolzierte, schmunzelte sie. Das *Wildscreen-Film-Festival* hier in Bristol wollte Hollywood offensichtlich in nichts nachstehen. Ein großer Umschlag, ein geheimnisvolles Lächeln und ein blonder Engel, der an die Seite des Moderators schwebte und ins Publikum strahlte. Ihr Blick ging wieder zu Manni. Seine Augen waren starr auf die Bühne gerichtet, der Mund ein schmaler Strich. Es war vermutlich seine letzte Chance, diesen renommierten Preis für Dokumentarfilmer zu ergattern. Jede Zelle seines Körpers, sein ganzes Sein schien diese Auszeichnung zu wollen, um dem Nachwuchs und den Sendern zu beweisen, dass er noch lange nicht zum alten Eisen gehörte. Das Licht im Saal wurde gedimmt, ein Spot richtete sich auf den Moderator, der hinter einem Pult stand und das Kuvert aufriss. Schlagartig wurde es ruhig, und sogar Lea bekam vor Aufregung feuchte Hände. Natürlich hatten sie Auseinandersetzungen gehabt und waren auch nicht immer einer Meinung gewesen, aber sie waren auf diesem Höllentrip Freunde geworden. Im Moment wünschte sie sich nichts sehnlicher, als dass Manni den Preis gewinnen würde. Der Moderator sah ins Publikum, lächelte, spitzte die Lippen.

Eine Fanfare erklang.

»Der Gewinner des *Wildscreen-Film-Festivals* 2010 ist …«

Die Fanfare wurde lauter, das Lächeln des Moderators breiter. Lea schloss die Augen.

»… *Phantom der Berge,* von Manfred Fuchs!«

Lea schrie auf und fiel Ian um den Hals. Sie wollte zu Manni, doch der stand bereits neben ihr, zog sie vom Stuhl hoch und umarmte sie.

»Komm!«

Er hielt ihr den Arm hin. Lea sah ihn irritiert an.

»Mach schon, Engelchen! Wir müssen auf die Bühne!«

»Was? Ich doch nicht!«, stammelte Lea.

Manni strich sich ein paar blonde Strähnen hinters Ohr.

»Natürlich! Das ist unser Film. Alleine hätte ich das nie geschafft. Also, komm jetzt. Oder soll ich dich tragen?«

Lea grinste, zog ihr Kleid glatt und hakte sich bei Manni unter. Begleitet von tosendem Applaus, der warm wie ein Sommerregen auf sie herabprasselte, schritten sie durch den Mittelgang auf die Bühne zu. Manni hörte gar nicht mehr auf, ihren Arm zu drücken.

Ein paar Stunden später saßen sie in der Bar des *Redwood Hotels and Country Clubs* und feierten. Manni nahm einen Schluck von seinem Gin Tonic. Seinem dritten. Sein Pferdeschwanz hatte sich mittlerweile fast aufgelöst, die blonden Haare hingen ihm lose über die Schultern. Lea rief ihm über den Tisch zu: »Hey, Manni, schau mal …«

Dann rollte sie langsam den rechten Ärmel ihres Kleides hoch. Manni und Ian runzelten gleichzeitig die Stirn. Wie Zwillingsbrüder.

»Striptease für Arme, oder was soll das sein?«, nuschelte Manni und grinste so breit, dass seine Augen sich zu Schlitzen verengten.

»Nein, ich wollte dir nur die blauen Flecken zeigen, die du mir verpasst hast, als du dich vorher so an mir festgeklammert hast.«

»Es geht das Gerücht um, er hätte dich nur mit auf die Bühne genommen, weil er seinen Rollator zu Hause vergessen hat«, lachte

Ian und kippte den letzten Rest Bier hinunter. Lea öffnete ihre Handtasche und suchte nach dem Handy. Ein Foto von Manni, wie er derangiert im schweren Ledersessel hing und betrunken vor sich hin grinste, musste sein. Aber sosehr sie auch ihre Tasche durchwühlte, ihr Telefon tauchte nicht auf. Sie vermutete, dass sie es auf dem Zimmer vergessen hatte, nachdem sie versucht hatte, Oleg in Kirgistan erreichen. *Mist!*

»Ian, hast du dein Handy dabei?«, flüsterte sie.

»Klar. Wieso?«

»Schieß ein Foto von Manni – als Erinnerung an diesen denkwürdigen Abend.«

Spitzbübisch zwinkerte sie ihm zu. Ian griff in die Innentasche seines Sakkos, zog seinen Blackberry heraus und richtete die Linse auf Manni. Plötzlich stockte er und ließ das Handy sinken. Seine Miene wurde für eine Minute ernst, dann strahlte er übers ganze Gesicht, als hätte jemand eine Lampe angeknipst.

»Gute Nachrichten!«

Manni, der in seinem Ledersessel fast eingeschlafen war, richtete sich auf und beugte sich über den Tisch.

»Ja, ich weiß! Ich habe den ersten Preis gewonnen!«

Ian winkte ab.

»Ich habe Nachricht von meinem Freund Elliot beim *SIS* bekommen. Asim Borukev wurde heute Abend von der Opposition gestürzt und hat sich nach Kasachstan abgesetzt. Aktuell ist die Polizei wohl gerade dabei, seiner sauberen Verwandtschaft in ihren Häusern und Wohnungen Besuche abzustatten. Elliot rechnet mit einigen Verhaftungen.«

Leas Herz machte einen Satz. Konnte es tatsächlich sein, dass sie mit der Speicherkarte etwas ins Rollen gebracht hatten? Ians Wolfsaugen funkelten sie voller Genugtuung an. Selbst Manni war mit einem Schlag wieder nüchtern.

»Jetzt bekommt unser kirgisischer Großwildjäger endlich, was er verdient. Siehst du, Engelchen, hat sich gelohnt, dass wir so hartnäckig waren.«

***

Oleg Ratschenkow kniete auf dem Boden und überprüfte den Felsen. Hier war sie, die perfekte Stelle, um eine Fotofalle aufzubauen. Überall Spuren des Schneeleoparden – alte und neue. Der Wissenschaftler war sich sicher, dass die Raubkatzen hier regelmäßig vorbeikamen. Er signalisierte Erkinbek, dass er den Rucksack abstellen und das Equipment auspacken konnte. Es war bereits die fünfte Kamera, die sie in den vergangenen drei Tagen aufgestellt hatten. Es handelte sich um neue Kameras. Kameras, zusätzlich zu jenen, die bereits in der Nähe ihres Lagers aufgebaut waren. Mit dem neuen Equipment konnten sie endlich auch in weiter entfernten Gebieten nach den scheuen Katzen suchen. In ihrer Jurte warteten zudem fünf nagelneue Satelliten-Halsbänder auf ihren Einsatz. Er war seinem Traum, das Verhalten der Schneeleoparden und ihr Verbreitungsgebiet genauer zu studieren, ein gutes Stück nähergekommen. Und damit auch seinem Lebensziel, das *Phantom der Berge* in Kirgistan vor dem Aussterben zu bewahren. Zu verdanken hatte er das Manni, dem verrückten Tierfilmer, der einen Teil seines *Wildscreen*-Preisgeldes dafür gespendet hatte, und der neuen Regierung von Kirgistan, der Land und Leute wirklich am Herzen lagen. Der neue Umweltminister hatte Oleg schon kurz nach Amtsantritt seine Unterstützung im Kampf um das Überleben der Schneeleoparden zugesagt. Und kommende Woche hatte er gemeinsam mit Lea einen Termin beim Staatssekretär, um die Errichtung eines neuen Schutzgebietes zu diskutieren. Oleg summte ein altes, kirgisisches Volkslied, während er die letzte Schraube der Kamerahalterung festzog.